ANJA KLING UND GE

DANN EBEN OH

ANJA KLING UND GERIT KLING

DANN EBEN OHNE TITEL

... wir konnten uns
mal wieder nicht einigen

Zwei Schwestern, eine Geschichte

mit Olaf Köhne und Peter Käfferlein

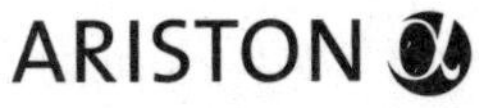

Sollte diese Publikation Links auf Webseiten Dritter enthalten,
so übernehmen wir für deren Inhalte keine Haftung,
da wir uns diese nicht zu eigen machen, sondern lediglich
auf deren Stand zum Zeitpunkt der Erstveröffentlichung verweisen.

Bibliografische Information der Deutschen Bibliothek

Die Deutsche Bibliothek verzeichnet diese Publikation in der Deutschen
Nationalbibliografie; detaillierte bibliografische Daten sind im Internet
unter http://dnb.de abrufbar.

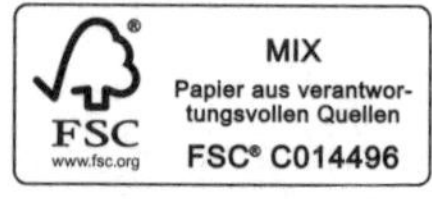

Verlagsgruppe Random House FSC® N001967

2. Auflage
© 2020 Ariston Verlag in der Verlagsgruppe Random House GmbH,
Neumarkter Straße 28, 81673 München
Alle Rechte vorbehalten
Redaktion: lüra – Klemt & Mues GbR
Bildredaktion: Susanne Maier
Umschlaggestaltung: Eisele Grafik-Design, München
unter Verwendung eines Fotos von Mirjam Knickriem
Satz: Satzwerk Huber, Germering
Druck und Bindung: GGP Media GmbH, Pößneck
Printed in Germany

ISBN: 978-3-424-20223-6

Inhalt

Prolog

GERIT
Wie soll unser Buch denn heißen?

ANJA
Was Lustiges wäre schön.

GERIT
»Wer ist eigentlich die Ältere?« Das ist doch lustig.

ANJA
Das findest nur *du* lustig. Wie findest du: »Kling-Kling«?

GERIT
Ach herrje, das hört sich an wie »palim-palim«. Worum soll es in unserem Buch überhaupt gehen?

ANJA
Ich fände es schön, wenn durch die hoffentlich humorvolle Art des Erzählens klar wird, dass wir alle in unserer Familie, und gerade wir als Schwestern, ein bisschen nach dem Motto leben: Mit Humor bekommt man die Dinge und das Leben besser hin. Nicht immer alles nur mit starrem Blick sehen und mit einer Alles-ist-ganz-ernst-Einstellung an die Dinge herangehen. Und sich selbst nicht so bierernst nehmen. Unser Buch soll unterhaltsam sein, aber auch spannend. Zum Beispiel der Teil über die Geschichte unserer Flucht, über die ich lange Zeit gar nicht sprechen wollte, weil sie mich emotional immer noch sehr aufwühlt.

GERIT

Wir sollten auch vermitteln, dass das Leben nicht immer nur geradeaus geht, sondern natürlich Umwege nimmt, Ecken und Kanten hat – und dass es auch hoch und runter ging in unserer Beziehung zueinander, dass es schwere Zeiten, schwierige Momente gab. Wenn man uns in der Öffentlichkeit erlebt, in Interviews, in Talkshows, zeigen wir uns innig, was ja in der Regel auch den Tatsachen entspricht. Aber jeder, der selbst Geschwister hat, weiß, dass nicht immer alles nur rosarot ist, dass es den Hand-in-Hand-durchs-Wunderland-Zustand nicht auf Dauer gibt. Wir mussten auch viel kämpfen, jede an ihrer eigenen Front. Durch unsere Auseinandersetzungen fanden wir auch immer wieder zueinander. Und so konnte etwas Neues entstehen. Unser Buch soll ehrlich über die Konflikte berichten, die wir als Schwestern über die Jahre miteinander austrugen, aber auch darüber, wie man sich fühlt, wenn man als Schauspielerin älter wird. Es wäre schön, wenn die Leserinnen und Leser uns von einer anderen Seite kennenlernen und Dinge erfahren, die man aus den bunten Zeitungen oder Talkshows nicht kennt.

Einige Wochen, viele Telefonate und noch mehr WhatsApp-Chats mit weiteren Titelideen später …

ANJA

Ich hab's. »Hans Wurst und die Feder am Arsch« – das ist doch ein super Titel. Gibt ja auch passende Geschichten dazu.

GERIT

Ja, aber das will der Verlag nicht. Kein »Arsch« im Titel.

ANJA

Herrgott noch mal, dann eben ohne Titel.

1

Wer ist eigentlich wer?

GERIT

Als wir Kinder waren, sahen wir völlig unterschiedlich aus. Anja hatte lange, wunderschöne, dunkelblonde Haare, und ich war eher noch dunkler als heute.

ANJA

Und du hattest immer so eine Powermähne. Dickes, aber eher kurzes Haar.

GERIT

Das waren die Achtziger. Und ich hatte in der Jugend ein ganz rundes Gesicht. Alles an mir war rund. Augen rund, Gesicht rund, alles rund.

ANJA

Das hast du dir immer eingebildet. Ein bisschen Babyspeck vielleicht. Aber den hatte ich auch.

GERIT

Nein, Anja, ich war ein ganz anderer Typ als du. Damals sahen wir uns überhaupt nicht ähnlich. Es gibt Beweisfotos, erst neulich fielen mir wieder welche in die Hände. Da dachte ich: Ist ja irre, wie verschieden wir waren.

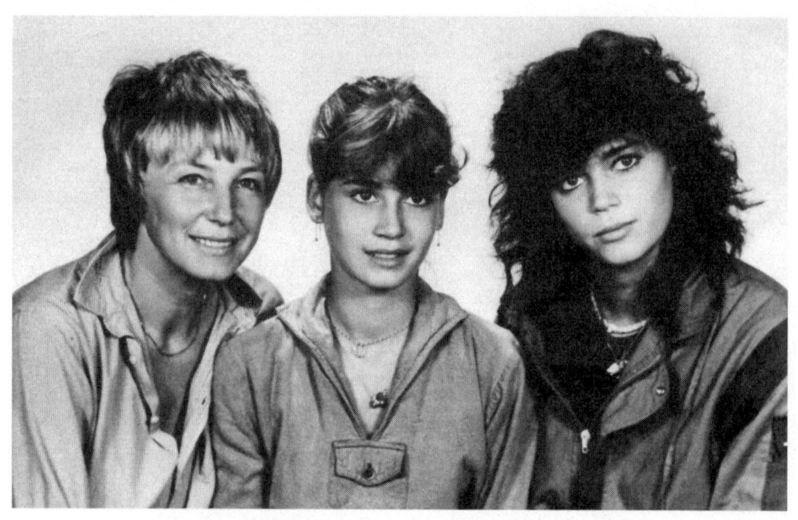

Anja und Gerit Kling mit ihrer Mutter Margarita

GERIT

Solange ich mich zurückerinnern kann, waren wir unglaublich eng verbunden und versuchten, so viel Zeit wie möglich miteinander zu verbringen. Kein Blatt passte zwischen uns. Ich kam am 21. April 1965 im thüringischen Altenburg in der tiefsten DDR zur Welt. Zur selben Zeit kämpfte der Regimekritiker Biermann mit der Tragik seines Auftrittsverbots, die Scorpions gründeten ihre Band, und die Antibabypille kam in der DDR auf den Markt. Anja wurde fünf Jahre nach mir, am 22. März 1970, geboren. In der Rolle der großen Schwester fühlte ich mich von Anfang an pudelwohl. Den Hauptteil unserer Kindheit und Jugend verbrachten wir in Wilhelmshorst, einer kleinen Gemeinde sieben Kilometer südlich von Potsdam gelegen, mit heute etwas mehr als 3000 Einwohnern. Der Westen – das immer leuchtende und glamouröse Westberlin – befand sich in greifbarer Nähe, war für uns aber unerreichbar. Nach Wilhelmshorst zogen wir, als ich zehn und Anja gerade fünf Jahre alt war. Das Haus, das meine Eltern gegen unsere Drei-Zimmer-Neubauwohnung in Potsdam tauschen konnten, war ein kleines Holzhaus. Viereinhalb Zimmer, Küche und Minibad mit kohlebetriebener Zentralheizung. Anja und ich bekamen ein gemeinsames Zimmer und waren glücklich, dass ab sofort niemand mehr unter uns wohnte, der mit dem Besen gegen die Decke donnerte, wenn wir mal wieder angeblich zu laut über den Flur rannten. Zu dem Haus gehörte auch ein riesiger Garten, und ringsherum war viel Wald. »Garten« ist eigentlich untertrieben, es war eine Art Park, mit großen Tannen und Kastanienbäumen, Wiesen und Blumenbeeten. Es gab dort seltene Vögel, wie zum Beispiel den Pirol, der durch sein gelbes Gefieder auffällt und den man nicht oft zu Gesicht bekommt. Gleich in unserem ersten Jahr in Wilhelmshorst fanden wir ein kleines, junges Pirolvögelchen, das aus dem Nest gefallen war. Anja und ich zogen es groß, jagten einen Sommer lang mit Fliegenklatschen jedem Käfer hinterher, um unser Pflegekind zu ernähren, und schafften es tatsächlich, es in nächtelangen Aktionen seinen Vogeleltern wieder zuzuführen. Schnappi nannten wir unseren Pirol.

Anja und ich, wir waren wie ein Kiek und ein Ei – in der Kindheit, während der ganzen Schulzeit und auch später, als wir studierten und eigene Wege gingen. Was keine Selbstverständlichkeit ist, denn immerhin trennten uns fünf Jahre – ein Altersunterschied, der bei anderen Geschwistern ganze Welten bedeutet, gerade wenn die eine in die Pubertät kommt, während die andere noch Kind ist. Bei uns war das irgendwie nicht der Fall. Für mich war es selbstverständlich, dass ich Anja überallhin mitschleppte. Als ich älter wurde, nahm ich sie mit zu Einladungen, auf Partys, ja sogar in die Disco. Wozu ich sie ein bisschen überreden musste, weil ihr das nicht ganz geheuer war. Ich aber war einfach nur glücklich, wenn wir zusammen waren. Anja wiederum stand mir bei, wenn ich Probleme mit dem Lernen oder in der Schule hatte. Unser Vater sagt immer, wir hätten uns als Schwestern perfekt ergänzt. Den Jungs, die mit mir ausgehen wollten, passte es gar nicht, dass ich stets Anja im Schlepptau hatte. Was ich ignorierte. Manchmal bekam ich »Beschwerdebriefe« von Verehrern, da stand in etwa:

»Wenn Du Deine kleine Schwester noch mal mitbringst, kannst Du selbst auch gleich zu Hause bleiben.« Woraufhin ich dachte: Nix da, jetzt erst recht. Also, wir waren immer sehr verbunden miteinander. Was die eine als Schwäche hatte, war die Stärke der anderen. So hat sich alles ausgeglichen. Davon profitieren wir beide bis heute. Natürlich änderte sich vieles, als wir älter wurden und später sogar denselben Beruf ausübten. Es gab Phasen der Entfremdung, auf die jedoch immer wieder eine Annährung folgte. Das würde jedem Pärchen so gehen, ob es nun Geschwister sind oder Mann und Frau, die im selben Umfeld arbeiten, zumal, wenn man in der Öffentlichkeit steht. Wir schafften es aber jedes Mal, den Ausgleich zu finden. Aus schwierigen Situationen sind wir als Schwestern letztlich immer gestärkt herausgekommen. Auch wenn wir miteinander Stress hatten – am Ende hielten wir zusammen und haben uns nie verloren.

Was uns heute selbst am meisten amüsiert, ist der Umstand, dass wir ganz oft verwechselt werden. Und je älter wir werden, desto öfter passiert uns das. Früher sahen wir, wie gesagt, sicherlich noch unterschiedlicher aus. Mit den Jahren sind wir uns optisch ähnlicher geworden. Und heute ist es, wenn wir uns entsprechend zurechtmachen, frappierend, wie gleich wir aussehen können, wenn wir wollen. Auch unsere Stimmen und Stimmlagen ähneln sich ja, was Außenstehenden auffällt, wenn sie beobachten, wie wir reden, artikulieren, gestikulieren und erzählen.

Neulich war ich mit der Familie, meinem Mann und meinem Sohn, in einem Restaurant essen. Die ganze Zeit über merkte ich schon, dass die Gäste an einem der anderen Tische zu uns herüberschauten. Nach so vielen Jahren in der Öffentlichkeit spürt man schnell, wenn man von anderen erkannt wird. Die Leute fingen an zu tuscheln. Guckten wieder zu mir, flüsterten weiter, schauten ganz schnell wieder fort. Irgendwann hatten wir unser Essen beendet, zahlten und wollten das Lokal verlassen. In dem Moment sprachen die Leute vom Nachbartisch mich an.

»Sagen Sie mal, Sie sind doch die Anja Kling, oder?«

»Nee. Ich bin die Schwester«, sagte ich.

»Ha!«, sagte die eine Frau, starrte mich noch mal intensiv an. »Dann wären Sie ja die *Gerit* Kling. Na, das wüsste ich aber!«

Da diskutieren die Leute doch tatsächlich mit dir über deine Identität …

ANJA

So etwas Ähnliches ist mir auch kürzlich passiert. Ich war beim Blumenkaufen, und vor dem Laden steht immer eine Frau und bietet frischen Spargel und Erdbeeren an. Ich ging zu ihr. Sie schaute mich an, drehte den Kopf nach links, nach rechts, begutachtete mich von oben bis unten.

Schließlich sagte sie ganz überschwänglich und freudig erregt: »Hallo!«

Ich: »Ja, hallo.«

Sie: »Das ist sie doch!« Mit verschwörerischem Blick.

Ich: »Wie bitte?«

Sie: »Das ist sie doch! Jaaa, das ist sie doch. Die Gerit, ne?«

Ich: »Nee, nee.« Ganz freundlich. »Das bin ich nicht.«

Sie: »Ha, doch, doch.«

Ich: »Nee, nee, wirklich nicht.«

Sie: »Jetzt verarscht sie mich aber! Ich seh das doch.«

Ich: »Nein, Sie irren sich.«

Jetzt ein ratloser Blick. Sie dachte wohl: Und wer ist dann die hier? Muss irgendeine Unbekannte sein, kein Promi, schade. Und sagte, plötzlich ziemlich unfreundlich: »Aaah … Ach so. Na, was woll'n Se denn?«

Diese Verwechslungen sind schon erstaunlich. Man erkennt sicherlich denselben Stall, aber ich finde, wir sehen uns weiß Gott nicht so ähnlich, dass man uns nicht auseinanderhalten könnte. Am ehesten gleichen wir uns im Habitus, in der Gestik, im Sprechen. Als Gerit und ich einmal zusammen drehten, kam die Tonmeisterin entnervt zu uns und beschwerte sich, dass das so nicht ginge. Sie müsse uns sehen können, sonst wisse sie nicht, bei wem gerade die Tonangel sei. Es kam sogar schon vor, dass ich im Tonstudio Sprachaufnahmen für Gerit machte, und kein Mensch hörte einen Unterschied. Meine Schwester sollte ein paar Takes für eine TV-Serie nachsynchronisieren, war aber zeitlich verhindert. Also sprang ich ein. Und mir selbst ist einmal passiert, dass ich auf unserem Anrufbeantworter eine Nachricht für meinen Mann hinterließ – »Schatz, ich komme heute ein bisschen später« –, und als ich nach Hause kam und den AB abhörte, dachte ich: Nanu, wieso teilt mir Gerit denn mit, dass sie später kommt?

Seit ein paar Jahren pflegen wir eine lieb gewonnene Familientradition: Zu besonderen Anlässen wie runden Geburtstagen oder zu Hochzeiten produzieren wir Überraschungsfilme für den Jubilar oder Feiernden. Alles in Eigenregie geschrieben, gedreht und geschnitten, unter höchster Geheimhaltungsstufe, damit die Überraschung klappt. Das Witzige daran ist, dass wir uns in den Filmen gegenseitig spielen und die Macken der anderen persiflieren. Alles total überzogen, auch ein bisschen böse, da müssen aber alle durch. Soll ja lustig sein. In den Filmen, die wir für unsere Eltern drehten, spielte ich Gerit und unseren Vater, Gerit mich und unsere Mutter. Unsere Kinder spielten sich selbst. Die Szenen fanden immer im elterlichen Schlafzimmer statt. Meine Mutter (Gerit) und mein Vater (ich) gehen ins Bett, wir beginnen ein Gespräch, das Licht geht noch einmal an, und dann werden Themen wie Technikverständnis, Sprachkenntnisse, Trinklaunen oder Filmangebote der Töchter diskutiert.

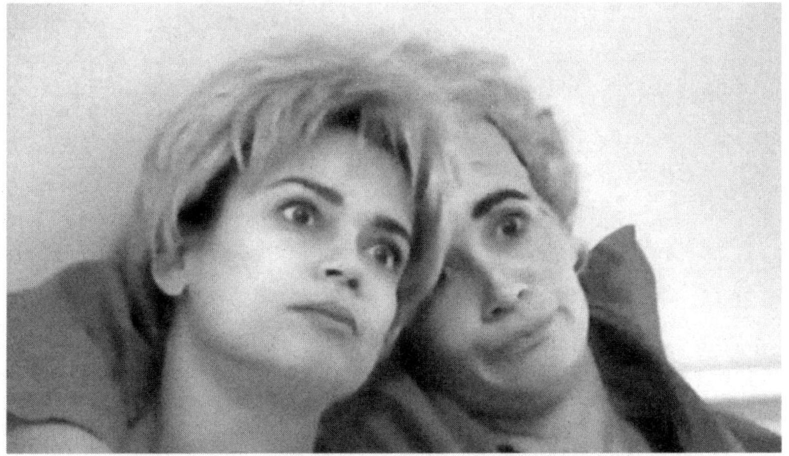

Geburtstagsvideo für die Eltern: Anja verkleidet als Vater Ulrich (rechts), Gerit als Mutter Margarita (links)

Drei solcher Filme entstanden bislang, zu den 60., 65. und 70. Geburtstagen unserer Eltern. Sie wurden bei den Feiern vor versammelter Mannschaft gezeigt. Zum 75. schonten wir unsere Eltern, auch weil sie sagten, nun reiche es mal mit den ganzen Macken, die wir da von ihnen aufführten. In dem Film, mit dem ich Gerit zu ihrem 50. überraschte, erkannten selbst engste Freunde nicht, wer wer ist.

Einer fragte Gerit tatsächlich, nachdem der Film auf der Party gelaufen war: »Wieso hast du dich denn selbst so gespielt? Du nimmst dich ja ganz schön auf die Schippe.«

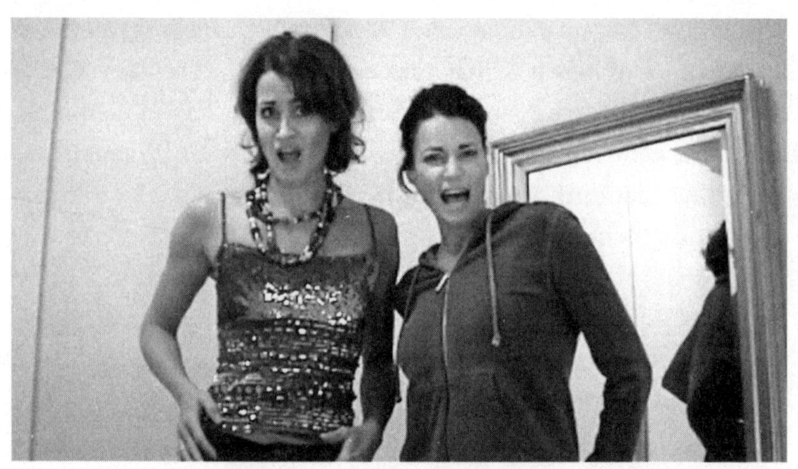

Rollentausch fürs Geburtstagsvideo:
Anja als Gerit (links) und Gerit als Anja (rechts)

»Was meinst du? Das ist ein Film, den Anja für mich gemacht hat – als Geburtstagsüberraschung.«

»Wie jetzt? Aber das warst doch du?«

»Nee, war ich nicht. Das war Anja.« Er hatte es nicht kapiert.

Mittlerweile bekommen unsere Kinder immer größere Rollen. Zur Hochzeit von Oli und mir hatte sich die Familie etwas besonders Originelles ausgedacht: Der Überraschungsfilm war ein Blick in die Zukunft unserer Ehe. Dabei spielte meine Tochter Alea mich in 25 Jahren, und Oli wurde von meinem Sohn Tano dargestellt, beide werden interviewt von Birgit Schrowange, natürlich verkörpert von Gerit.

Es ist nicht immer leicht, aber wir können uns gegenseitig wirklich gut hochnehmen, ohne dass die andere das übel nimmt. Niemand kennt meine Macken besser als Gerit, und umgekehrt gilt das genauso. Gerit spielt mich immer ein bisschen als Trümmerfrau. Sie schlüpft einfach ungeschminkt in eine Hausklamotte, macht sich einen Zopf und fertig ist die Anja. Und ich stelle Gerit stets als Obertusse dar, mit ganz viel Glitzer-Glitzer, in engen Klamotten und auf High Heels, dann schminke ich mich extra stark und behaupte, Gerit zu sein. Eigentlich hätten wir da schon beide einen Grund, eingeschnappt zu sein.

Gerit war für mich als Schauspielerin immer ein Vorbild. Ich liebe sie vor allem im Theater. Wenn sie auf der Bühne steht, ist sie wirklich in ihrem Element. Ein richtiges Bühnenpferd. Und ich bin jedes Mal aufgeregt, weil ich denke: Jetzt muss sie da raus und vor diesen vielen Menschen bestehen. Am liebsten möchte ich das Buch mitnehmen, um ihr wenigstens aus dem Publikum zuflüstern zu können, falls sie einen Hänger hat. Hat sie aber nie. Ich saß in jeder Premiere von Gerit und bin unheimlich stolz auf alles, was sie gemacht hat.

2

Hauptrollen werden einem nicht in die Wiege gelegt

GERIT
Es gibt eine Geschichte, die ich nur aus Erzählungen kenne. Ich war damals sechs Monate alt. Ich armes Hascherl.

ANJA
Nicht weinen, Gerit.

GERIT
Aber es tut mir immer noch so leid um mich.

ANJA
Du hast geschlafen, als Mama reinkam!

GERIT
Nein. Ich schlafe ja mittags nicht …

GERIT

Die erste Wohnung unserer Eltern befand sich in Potsdam auf dem Kiewitt an der Havel. Eine kleine Neubauwohnung mit zwei Zimmern, einem winzigen Bad und einer Küche ohne Fenster, aber mit Durchreiche. Alles winzig. Als Anja zur Welt kam, wohnten wir noch ein Jahr zu viert auf diesen 35 Quadratmetern und zogen dann in die Albert-Klink-Straße – lustigerweise Klink, aber mit K. Dort wurde meinen Eltern eine Dreizimmerwohnung zugewiesen. So lief das ja damals in der DDR. Räumlich verbesserten wir uns gewaltig. Auf einmal lebten wir auf 55 Quadratmetern – das war ein Quantensprung. Anja und ich teilten uns ein kleines Zimmer. Unsere Betten standen sich gegenüber, und wir hielten uns beim Einschlafen an den Händen. Unser Vater war damals Herstellungsleiter bei Dokfilm, dem Dokumentarfilmstudio der DEFA in Babelsberg, und unsere Mutter unterrichtete Kunst an einer Schule.

An meine ersten Lebensmonate, an die Zeit, als ich in die Krippe kam, habe ich natürlich keine eigenen Erinnerungen, aber das Gefühl, von meiner Mutter getrennt zu sein, muss für mich sehr schlimm gewesen sein. Von der ersten bis zur letzten Minute, die ich in der Krippe verbrachte, weinte ich. Sobald sie mittags Unterrichtsschluss hatte, kam sie sofort und holte mich ab. Die Krippe befand sich im DDR-Grenzgebiet. Um dorthin zu kommen, benötigte man einen Passierschein, ansonsten wurde man abgewiesen. Da meine Mutter auch sonnabends in der Schule arbeitete, musste sie sich beeilen, denn die Krippe war an den Tagen nur bis 14 Uhr geöffnet. Bis dahin mussten alle Kinder abgeholt sein. Aber einmal passierte Folgendes: Unsere Eltern, beide so jung und neu in der Gegend, kannten niemanden in Babelsberg. An diesem besonderen Samstag war mein Vater auf einer Dienstreise. Meine Mutter war also ganz allein. Sie kam zu der alten Villa, in der die Krippe untergebracht war, und fand sie verschlossen vor, Türen und Fensterläden verrammelt, kein Mensch weit und breit. Und das, obwohl es erst 13 Uhr war und die Krippe eigentlich noch eine ganze Stunde hätte geöffnet sein müssen.

Unsere Mutter war in heller Aufregung. Ihre Tochter müsse doch noch in dem Gebäude sein, dachte sie. Und die Leiterin würde doch erst abschließen und nach Hause gehen, nachdem das letzte Kind abgeholt war! Meine Mutter lief um das Gebäude herum, auf der Suche nach einem Lebenszeichen. Der Schuppen, in dem die Kinderwagen abgestellt wurden, war leer – bis auf meinen. Also musste ich noch da sein. Meine Mutter rief die Feuerwehr. Man machte ihr unsanft klar, dass sie für den Schaden selbst zu bezahlen hatte, sollten Schlösser oder sonst etwas aufgebrochen werden müssen. Sie war natürlich mit allem einverstanden. Der Feuerwehrmann schlug die Scheibe eines Kellerfensters ein, damit sie eine Tür öffnen konnten, und durch den Keller liefen sie nach oben – der Feuerwehrmann vorneweg, meine Mutter in der Mitte und zuletzt die Leiterin der Nachbarwochenkrippe, die zufällig dazugekommen war. Sie rissen alle Türen auf – und da, in einem der Zimmer, lag ein kleines Mädchen, einsam, verlassen, verheult und wach. Meine Mutter nahm mich auf den Arm und trug mich den ganzen Nachmittag hin und her, um mich und auch sich selbst zu beruhigen. Am Abend berichtete sie meinem Vater, was geschehen war, und gemeinsam beschlossen sie, die Krippenleiterin anzuzeigen. Das wäre der richtige Schritt gewesen. Die Geschichte hatte sich nämlich wie ein Lauffeuer in Babelsberg herumgesprochen, und tatsächlich war es die Leiterin selbst, die mich vergessen hatte, einfach vergessen. Für diesen Fehler sollte sie sich verantworten. Am nächsten Tag klingelte es an unserer Tür, und davor stand die Krippenleiterin. Heulend, verzweifelt bat sie meine Eltern um Nachsicht. Sie verstehe gar nicht, wie ihr das habe passieren können, und mit einer Anzeige würde sie garantiert ihre Stelle verlieren und nirgendwo mehr eine bekommen. Und da mein Vater ein gutes Herz hat, ließ er sich erweichen. Unter einer Bedingung: Ab sofort müsse sich seine Tochter, also ich, in der Krippe wohlfühlen. Dafür habe die Leiterin gefälligst zu sorgen.

»Und eines verspreche ich Ihnen: Wir werden Sie ganz genau beobachten«, drohte er ihr. Meiner Mutter wäre es lieber gewesen, die Sache mit der Anzeige durchzuziehen, doch mein Vater setzte sich letztlich durch. Und das Ende vom Lied? Von einer Verwandten meiner Mutter, die auch als Erzieherin in Potsdam arbeitete, hörten wir später, dass sich schon alle heimlich die Hände gerieben hatten. Denn die Leiterin der Krippe war allseits nicht beliebt, behandelte ihre Lehrmädchen sehr streng. Nun kam sie doch ungeschoren davon. Aber ihr Ruf hatte gelitten. Immerhin.

Ich wurde kurz danach dennoch aus der Krippe genommen und von einem Rentnerehepaar fürsorglich betreut, während unsere Eltern arbeiteten. Im Alter von drei Jahren kam ich dann in den Kindergarten. Wo es mir abermals nicht gefiel, was vor allem daran lag, dass ich dort immer Mittagsschlaf halten musste. Mittags schlafen – das klappte einfach nicht. Kann ich bis heute nicht.

Diese Geschichte erzähle ich nur deshalb, weil sie viel über das Leben in der DDR aussagt. Natürlich war es schön, dass es solche Einrichtungen wie die Kinderkrippen gab, aber die Bedingungen waren oft nicht die besten, und junge Mütter mussten extrem viel erdulden. Und dass Frauen in der DDR nach der Heirat einfach zu Hause blieben und nicht ihrem Beruf nachgingen, war eher die ganz große Ausnahme. Im Freundes- und Bekanntenkreis unserer Eltern gab es das jedenfalls nicht.

3
Und dann kam Anja

GERIT

Das war eine Freude. Eine ganz große Freude.

ANJA

Na ja, auf den alten Acht-Millimeter-Filmen wirkst du schon auch ein bisschen eifersüchtig. Also am Anfang zumindest.

GERIT

Vielleicht war ich mal eifersüchtig, weil so eine Kleine immer mehr Aufmerksamkeit bekommt als die Große. Das ist ja logisch. Aber die Freude hat überwogen.

ANJA

Als jüngeres Geschwisterkind kennt man ein Einzelkind-Dasein logischerweise nicht. Gerit war immer da. Immer an meiner Seite. Immer fröhlich. Ich glaube, das ist das prägendste Wort. Gerit hat ganz viel Fröhlichkeit in sich. Und viel Temperament. So würde ich sie beschreiben, so war und ist sie einfach. Wenn man einen Saal betritt, dauert es zwei Minuten, und Gerit kennt alle.

GERIT

Das stimmt.

ANJA

Meine ersten eigenen Erinnerungen stammen aus meiner frühen Kindergartenzeit. Ich war erst drei Jahre alt und hatte mich bereits verliebt. Das ist noch untertrieben – ich war wahnsinnig verliebt in meine Kindergärtnerin. Sie war für mich der Inbegriff von Schönheit, Grazie und Eleganz, auch wenn ich das damals so natürlich nicht hätte formulieren können. Sie sah für mich aus wie Schneewittchen. Ich war überzeugt: Sie ist Schneewittchen. In meinen Augen hatte sie langes, schwarzes Haar, wie Ebenholz, und eine makellos weiße Haut. War bildschön, hatte etwas Edles, Ruhiges an sich. Ich habe sie verehrt. Viele Jahre später, ich hatte bereits meine ersten Filme gedreht, kam ein älterer Herr auf mich zu und sagte: »Ich muss Sie jetzt mal ansprechen, Frau Kling. Ich bin der Mann Ihrer Kindergärtnerin.«

»Das gibt's doch nicht«, erwiderte ich, wirklich richtig erfreut. »Soll ich Ihnen mal etwas verraten? Ihre Frau war für mich die schönste aller Frauen überhaupt, sie war für mich das einzig wahre Schneewittchen.« Sein Lächeln verschwand. Er musterte mich von oben bis unten, schaute drein, als stünde er einer psychisch labilen Person gegenüber.

»Ah, aha«, sagte er und verschwand. Ich erzählte meiner Mutter von dieser Begegnung. Sie lachte und meinte nur, dass die Realität wohl nicht ganz so gewesen sei wie in meiner kindlichen Erinnerung.

Vielleicht lag meine Begeisterung für diese Frau auch darin begründet, dass ich mich immer schon gern auf eine Person fixiert habe, besser gesagt: Ich brauchte früher jederzeit eine Bezugsperson. Nach der Kindergärtnerin kam das nächste Opfer an die Reihe, in Gestalt meiner ersten Lehrerin. In sie war ich genauso verliebt und heftete mich auch an ihre Fersen. Praktischerweise wohnte sie gleich bei uns um die Ecke. Auf dem Bürgersteig vor ihrem Haus lief ich regelmäßig auf und ab, immer in der Hoffnung, dass sie aus dem Fenster schaute und mir zuwinkte. Heute ist sie Rentnerin und lebt immer noch hier im Ort, und wenn ich sie treffe, bin ich nach wie vor ganz ehrfürchtig und freue mich, sie zu sehen.

An solche Momente wie die mit Schneewittchen habe ich also frühe Erinnerungen. Auch an bestimmte Kinder aus der Kindergartengruppe und an meinen besten Freund Marc. Unsere Eltern waren befreundet und direkte Nachbarn, und Marc wurde nur sechs Stunden nach mir geboren. Unsere frühe Kindheit in Potsdam haben wir also wie Geschwister zusammen verbracht. Inzwischen lebt er mit seiner Familie auch in Wilhelmshorst und ist mir als Freund bis heute erhalten geblieben.

Ich war ein Kind, das immer Angst hatte. Zum Beispiel Angst davor, dass ich nicht abgeholt werde. Große Verlustängste. Ich weinte schon, wenn wir im Kindergarten in Gruppen aufgeteilt wurden, weil ich befürchtete, wenn ich gleich in einem anderen Raum bin, dann findet mich doch keiner. Ich malte mir aus, dass meine Eltern mich vom Kindergarten abholen wollten, mich nirgendwo entdeckten und achselzuckend ohne mich wegfuhren. Völlig absurd.

GERIT

Unsere Eltern waren noch ziemlich jung, als Anja und ich auf die Welt kamen. Unser Vater studierte, beide wollten ihre Jugend genießen, und – zack – waren da zwei kleine Kinder. So mussten sie wohl auf eine Menge Studentenpartys verzichten. Wenn sie sich dann aber doch mal einen freien Abend gönnten, blieben wir Kinder kurzerhand allein zu Haus. Babysitter waren im Osten eher unüblich, wir waren da also keine Ausnahme. Und ich weiß noch, dass ich Zeter und Mordio schrie, sobald die Tür hinter ihnen geschlossen war. Ich sehe mich noch angsterfüllt im Bett in unserem Kinderzimmer in der Albert-Klink-Straße liegen. Keine Sekunde konnte ich schlafen, stattdessen lauschte ich auf das Geräusch der Fahrstühle, die hoch- und runterfuhren. Stundenlang. Und immer wenn die Fahrstuhlkabine in der dritten Etage stoppte, hielt ich die Luft an. »Jetzt kommen sie!« Erst in der Sekunde, in der ich hörte, wie der Schlüssel die Wohnungstür öffnete, atmete ich auf und schlief beruhigt ein.

ANJA

So ging es mir auch lange Zeit. Selbst später noch, als wir schon nach Wilhelmshorst gezogen waren. Unser Haus lag am Wald, die Umgebung war dunkel, Straßenlaternen wie heute gab es noch nicht, und ich fürchtete mich dort nachts allein zu Tode. Wenn Gerit am Wochenende bei einer Freundin übernachten wollte und meine Eltern zum Beispiel ins Theater gingen, sollte ich allein bleiben in diesem Psycho-Monster-Grusel-Haus, in das sich unser schönes Heim bei dieser Nachricht sofort verwandelte. Woraufhin ich ein Riesentheater veranstaltete. Oft durfte ich dann auch bei einer Freundin schlafen oder sie bei mir. Alles war mir recht, um nur nicht für ein paar Stunden am Abend allein bleiben zu müssen. Für den Fall, dass es sich doch nicht vermeiden ließ, hatte ich mir eine Strategie zur Selbstverteidigung zurechtgelegt. Ich illuminierte das gesamte Haus, machte jede Lampe in jedem Zimmer an. Außer in meinem, das dunkel blieb. Dort legte ich mich aufs Bett – bewaffnet mit einem großen Stein, den ich aus den Ferien an der Ostsee mitgebracht hatte, und mit einem Messer. Und jetzt kommt sie, meine Logik. Ich dachte, wenn der Mörder das Haus betritt – und er würde kommen, da war ich mir ganz sicher –, ginge er durch das erleuchtete Haus und käme irgendwann zu meinem Zimmer. Wenn er nun vom Hellen ins Dunkle schaute, sah er nichts. Und wenn ich aus der Dunkelheit ins Helle schaute, sah ich alles. Das heißt, ich würde den Mörder sofort erblicken, er mich aber nicht. Da lag ich also in meinem Bett, den Stein in der rechten Hand, das Messer in der linken. Wenn ein Eindringling im Türrahmen stand, wollte ich ihm den Stein an den Kopf werfen, und während er vor Schmerzen schreiend in die Knie ging, würde ich aufspringen, ihn mit dem Messer traktieren und außer Gefecht setzen. Das war mein Plan. Messer und Ostseestein versteckte ich, was meine Eltern nicht ahnten, tagsüber unter meiner Matratze. Wo ich sie auch schnell verstaute, sobald sie in der Nacht nach Hause kamen. Ich stellte mich schlafend. Meine Eltern warfen einen Blick ins Kinderzimmer und glaubten, ich schliefe tief und fest. Ich schlief aber nie. Erst Jahre später, als ich erwachsen war, habe ich meinen Eltern von meinen Ängsten in der Kindheit erzählt. Es tat ihnen im Nachhinein natürlich sehr leid, dass sie meine Sorgen damals gar nicht mitbekommen hatten.

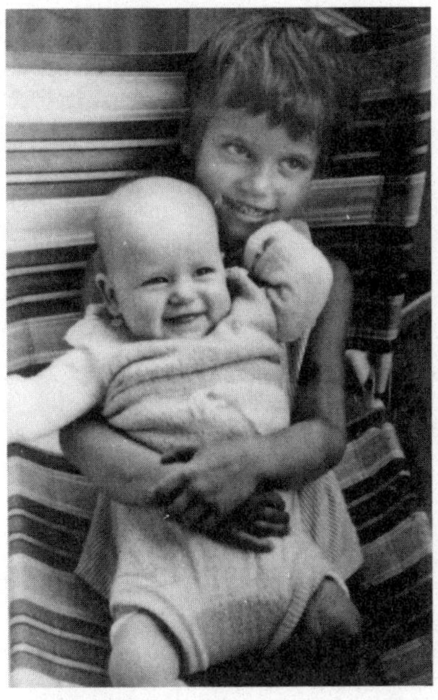

Gerit, fünf Jahre, hat Neuzugang Anja auf dem Schoß, 1970

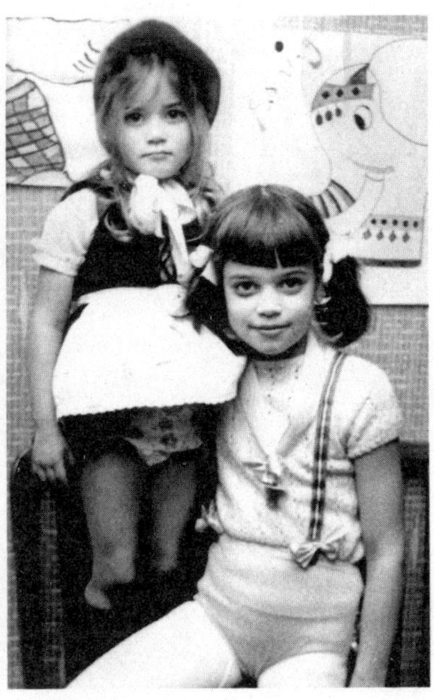

Zwei aufstrebende junge Talente, 1974

Ich lebe immer noch, besser gesagt wieder, in Wilhelmshorst, in einem Haus gleich neben dem unserer Eltern. Der Ort hat sich seit unserer Kindheit natürlich sehr gewandelt. Damals gab es nur wenige Häuser, die man in den Wald hineingebaut hatte. Dazu zwei kleine Lebensmittelläden, einen Konsum und eine HO (Handelsorganisation), einen Bäcker, einen Fleischer, eine Drogerie und eine kleine Gaststätte. Eine Schule und einen Kindergarten – und ansonsten sehr viel Wald, in dem wir einen Großteil unserer Freizeit verbrachten. Hier bauten wir Buden, spielten Verstecken oder »Mutter, Vater, Kind« und kletterten auf den Bäumen herum.

Angst machte mir der Wald nur bei Dunkelheit, am Tag fühlten wir uns sicher und geborgen. Ohnehin machte man sich damals nicht so viele Gedanken, was alles hätte passieren können, wo überall Gefahren lauern konnten. Vielleicht war unsere Welt, zumal abgeschottet im Osten, für uns Kinder auch sicherer, als sie es heute ist.

4

Eine Familie namens Kling

ANJA

Unsere Mutter ist schon mit 20 schwanger gewesen. Oder mit 19? Ja, mit 19.

GERIT

Nee, sie war 20.

ANJA

20?

GERIT

Oder … Nein, jetzt hab ich's. Sie war 21, als sie mich bekommen hat, also schwanger mit 20.

ANJA

Hab ich doch gesagt!

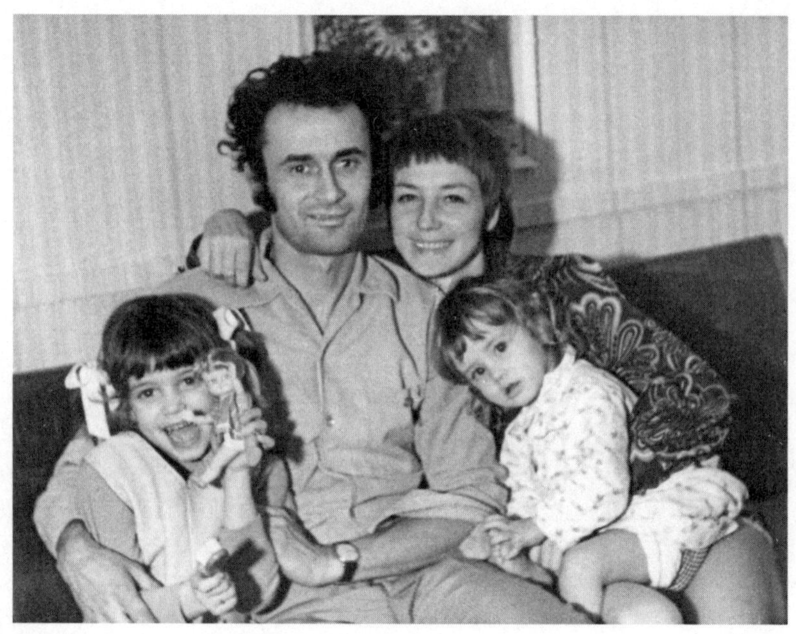

Familie Kling, 1972

GERIT

Unser Vater sagt über uns, wir seien von unserem Wesen her sehr originell und ein bisschen außerhalb der Norm. Manchmal auch ein wenig unberechenbar. Insofern, dass wir beispielsweise ganz anders reagieren, als man es in manchen Situationen erwarten würde. Im Nachhinein sei es aber gut, dass wir so reagiert haben. Genau das habe ihn auch von Anfang an an unserer Mutter fasziniert. Sie zeigte Verhaltensweisen, die ihm selbst eher fremd waren und ihn immer aufs Neue verblüfften. Sie besuchte ihn an der Filmhochschule, wo er damals studierte, und wenn sie wieder fort war, fühlte er sich einsam und befreit zugleich. Diese Besuche strengten ihn an, und trotzdem konnte er nicht davon lassen, weil es ohne sie langweilig war. Mittlerweile sind unsere Eltern seit mehr als 50 Jahren glücklich verheiratet.

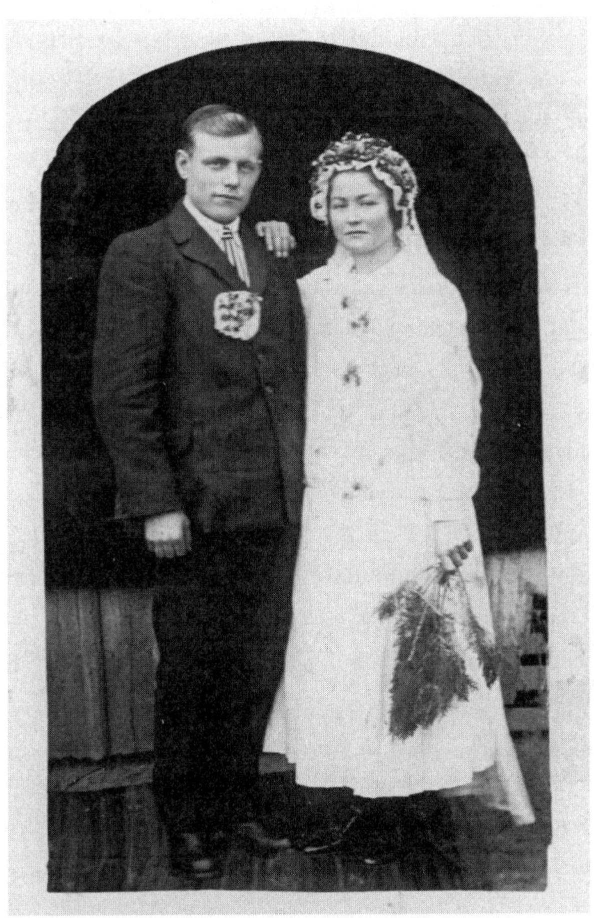

Großeltern Julius und Olga Pahl

ANJA

Unsere Mutter Margarita Kling, gebürtige Pahl, war ein Flüchtlingskind. Die Pahls stammen aus Bessarabien, das heute zu Moldawien gehört. Die Eltern unserer Mutter wurden während des Zweiten Weltkriegs, im Jahr 1940, von Bessarabien in die damals sogenannten »eingegliederten Gebiete« im besetzten Polen umgesiedelt. Sie gehörten zu denen, die durch den Hitler-Stalin-Pakt als Deutsche aus Bessarabien »heim ins Reich« geholt wurden. Fast 100 Jahre zuvor waren die ersten Deutschen nach Bessarabien gekommen, wo man ihnen Land, Rechte und Privilegien versprochen hatte. Damals waren große Landstriche in der Nähe des Schwarzen Meeres noch unbesiedelt, wie in Moldawien, in der Ukraine. Deutsche Dörfer wurden gegründet, das Land wurde erschlossen, und die Menschen dort lebten nach schweren Jahren auch lange Zeit sehr gut. Viele von ihnen als Weinbauern, so auch die Familie unserer Mutter.

GERIT
Jetzt wird mir einiges klar.

ANJA
Wir können also gar nichts dafür!

GERIT
Ist genetisch bedingt.

ANJA
Und Papa hat sich dem einfach angepasst.

GERIT
Wein mögen alle bei uns. Der kleinste gemeinsame Nenner.

ANJA
In Bessarabien also lebten die Eltern unserer Mutter, Olga und Julius Pahl. Sie hatten vier Kinder, und die drei ältesten wurden dort auch geboren, nur unsere Mutter, das jüngste Kind, nicht. Sie kam in Westpreußen/Polen zur Welt. Die Pahls bauten sich in Beresina/Bessarabien ein großes Haus aus Lehm und mit Reetdach, gründeten eine Wirtschaft und arbeiteten sich mit Fleiß nach oben. Die Eltern meiner Mutter waren bereits die fünfte Ge-

neration der Familie in eben diesem Dorf Beresina. Die Vorfahren der Deutschen in jener Gegend waren ehemalige Schwaben aus dem Württembergischen. Und fast alle, die wie die Familie unserer Mutter das Land 1940 verlassen mussten, zogen wieder in die Stuttgarter Gegend. Einige wenige blieben, wie gesagt, in Mecklenburg hängen. Eines lässt sich sicher sagen: Die Kindheit unserer Mutter verlief weniger bürgerlich als die unseres Vaters. Ihre Eltern waren zwar Weinbauern, aber in der Familie gab es auch eine der Kunst zugewandte Seite. Großvater Julius besaß ein Talent für Holzarbeiten, er drechselte und bastelte, zum Beispiel Vogelhäuser, die er künstlerisch gestaltete. Oder er versuchte, das Haus in Bessarabien besonders zu gestalten, er entwarf und modellierte zwei lebensgroße Löwen, die er links und rechts der Eingangspforte platzierte. Die älteste Schwester meiner Mutter besuchte viele Jahre später noch einmal ihren Geburtsort und fand sogar ihr Elternhaus, in dem mehrere russische oder moldawische Familien wohnten. Nur an Großvaters Löwen erkannte sie das Gebäude, das mittlerweile ziemlich heruntergekommen war.

Olga und Julius Pahl waren bescheidene Leute. Sie haben nie gejammert, obwohl sie vieles verloren hatten. Gleich mehrmals waren sie den politischen Gegebenheiten zum Opfer gefallen, verloren ihre Heimat in Bessarabien, wurden zwangsweise nach Polen umgesiedelt, flohen von dort 1944 ins kriegszerstörte Deutschland, wurden in Ostdeutschland nach der Bodenreform Neubauern in Mecklenburg, um dann vor der Kollektivierung in die LPG (Landwirtschaftliche Produktionsgenossenschaft) zu kapitulieren. Sie haben in Mecklenburg alles aufgegeben und sind in die Nähe von Berlin gezogen, wo zwei ihrer Töchter lebten.

Wir, die Enkel, haben leider nie ein sehr inniges Verhältnis zu unseren Großeltern mütterlicherseits aufgebaut. Opa Julius habe ich als sehr ruhigen Mann in Erinnerung, der nicht viel sprach. Wir besuchten unsere Großeltern gelegentlich, feierten Weihnachten an einem der Tage zusammen mit ihnen und allen anderen Verwandten. Aber mehr habe ich über meine Großeltern leider erst erfahren, als ich bereits erwachsen war und sie schon nicht mehr lebten. Durch die vielen Geschichten und die Aufzeichnungen, die es über sie gibt. Vielleicht blieben sie mir als Kind auch fremd, weil sie in einer Sprache redeten, die für mich unverständlich und komisch klang – im Schwäbischen verwurzelt und im Laufe der Jahrzehnte mit russisch-rumänischen Ausdrücken vermischt. Ich weiß noch, dass meine Mutter einmal zu meiner Oma sagte: »Sprich doch mit den Kindern Hochdeutsch. Du kannst das doch.«

Und meine Oma erwiderte: »Kann ich, will ich aber nicht.« Sie lehnte es schlichtweg ab, Hochdeutsch zu sprechen. Ich glaube, dass die Eltern unserer Mutter sich in ihrer neuen Heimat, in der DDR, nie wohlfühlten und dass Bessarabien für sie immer das Zuhause blieb, das sie verloren hatten.

Eine der vielen Geschichten über Julius Pahl, die ich erst später erfuhr, handelt davon, dass er eines Tages eingesperrt wurde, weil er Bekannten aus Mecklenburg den Weg nach Westberlin gezeigt hatte. Wodurch er als Fluchthelfer galt und eine Straftat beging. Und das kam so: In Mecklenburg fühlte er sich nicht mehr wohl, mit den Behörden lag er wegen seiner Weigerung, in die LPG einzutreten, im Streit, also beschlossen Olga und er, dort alles aufzugeben und nach Berlin zu ziehen. Sie kauften sich ein altes Haus in Werneuchen, einer Kleinstadt östlich von Berlin. Julius fand eine Anstellung als Hausmeister an der Hochschule für Ökonomie. Zu den früheren Nachbarn und Bekannten aus dem Dorf in Mecklenburg hielten die beiden jedoch weiterhin Kontakt. Eines Tages kündigten ein paar Bauern aus dem Ort überraschend ihren Besuch in Werneuchen an.

»Pass mal auf«, sagten sie zu Opa Julius, »wir sind hier, um abzuhauen, solange es noch geht. Wir fahren in den Westen.« Das war vor 1961, die Berliner Mauer war noch nicht gebaut. »Aber wir wissen nicht, wie und wo wir rüberkommen können. Kannst du uns den Weg zeigen?« Julius half gern und fuhr mit ihnen in den Westen. Die Bauern blieben dort, er ging zurück in den Osten. Ein paar Tage später stand die Stasi vor seiner Tür und verhaftete ihn. Man verurteilte ihn zu vier Jahren Gefängnis, der gesamte Besitz, sämtliche Wertgegenstände, wurde gepfändet. Das Strafmaß für die angebliche »Tat« galt selbst für DDR-Verhältnisse als viel zu hoch. Aber das Regime hatte an Julius ein Exempel statuieren wollen.

Nach zwei Jahren wurde er begnadigt und kam frei. Meine Mutter hatte große Schwierigkeiten, mit dieser Situation fertigzuwerden. Sie fühlte sich komplett alleingelassen, der Vater im Gefängnis, die Mutter hilflos. Über Nacht war Olga ergraut, sie verstand das alles nicht. Nichts davon passte in ihr Weltbild. Wer ins Gefängnis kam, musste doch etwas Furchtbares verbrochen haben, so dachte sie. In dieser unsicheren Zeit, in dieser aufwühlenden Phase, lernten sich unsere Eltern kennen.

Ein Freund unserer Familie hat die dramatische Lebensgeschichte unserer Großeltern vor ein paar Jahren mit großem Aufwand recherchiert, er wühlte sich durch die Archive, sichtete zahlreiche Originaldokumente. Daraus entstand die Idee für eine Fernsehserie, einen Sechsteiler, natürlich mit Gerit und mir. Gerit hätte unsere Oma Olga und ich deren Schwester spielen sollen. Doch das Projekt wurde irgendwann nicht weiterverfolgt und verlief im Sande, was ich bedauere, da der Stoff wirklich packend ist.

GERIT

Unser Vater, Ulrich Kling, ist halb Sachse und halb Preuße. Annemarie, seine Mutter, lebte in Sachsen, in der Nähe von Leipzig, wo sie sich in einen Witwer verliebte, der bereits zwei Kinder hatte. Die beiden heirateten und bekamen zwei weitere Kinder, unseren Vater und zwei Jahre später dann ein Mädchen. Großvater Rudolf hatte Jura studiert, bevor der Zweite Weltkrieg ausbrach und er bald an die Front musste. 1945 kam er in sowjetische Kriegsgefangenschaft. Nach seiner Entlassung fand er eine Anstellung im thüringischen Altenburg. Dort wuchs unser Vater auf. Als Jurist durfte Großvater zunächst noch nicht arbeiten und erhielt erst 1957 seine Zulassung als Rechtsanwalt. Nur zwei Jahre später starb er mit 50 Jahren an einer Lungenembolie. Unser Vater war da gerade mal 18 Jahre alt. Nach dem Tod ihres Mannes managte Annemarie die Familie ganz allein. Sie hatte nie wieder einen neuen Partner an ihrer Seite.

Unser Vater ging an die Filmhochschule nach Babelsberg, wo er »Produktion« studierte. Er war 20, ein junger Student, als er unsere Mutter beim Zelten an der Ostsee kennenlernte. Sie befand sich damals auch in der Ausbildung und studierte Pädagogik. Bald schon war sie schwanger, Babelsberg wurde ihr neuer Lebensmittelpunkt. Eine eigene Wohnung hatten sie nicht, sondern sie wohnten zur Untermiete, in zwei kleinen Zimmern oben in einem Siedlungshaus. Unser Vater hatte beide Zimmer eigentlich nur für sich gemietet. Seine Vermieterin war alles andere als entzückt. Sie dachte, es kommt ein junger, hübscher Student in ihr Haus, und plötzlich stand er mit Frau und Baby auf der Matte. Das passte ihr gar nicht. Als unsere Mutter nach Erfurt ging, um ein Zusatzstudium zu machen, kam ich bei meiner Oma in Altenburg unter. Zu Oma Annemarie hatten Anja und ich immer einen sehr engen Draht, wir beide verbrachten oft die Ferien bei ihr. Oder sie besuchte uns später in Wilhelmshorst. Als meine Mutter einmal ins Krankenhaus musste, sprang sie kurzerhand ein und schmiss den Haushalt. Oma Annemarie war eine beeindruckende Frau. Man darf nicht vergessen, dass sie ihren Mann verlor, als sie selbst erst 43 war, und sie starb im Alter von 72. All die Jahre blieb sie allein, lebte in ihrer kleinen Wohnung in Altenburg, und ich weiß noch, dass überall an den Wänden Fotos von Opa hingen. Sie hat ihren Mann sehr geliebt.

ANJA

Und sie war eine theaterbegeisterte Person. Sie schaute sich jedes Stück an und saß im Theaterrat in Altenburg. Eigentlich hätte sie selbst Schauspielerin werden müssen. Das Talent dazu besaß sie. Sie war in einer Kabarettgruppe, die sich die »Roten Spitzen« nannte.

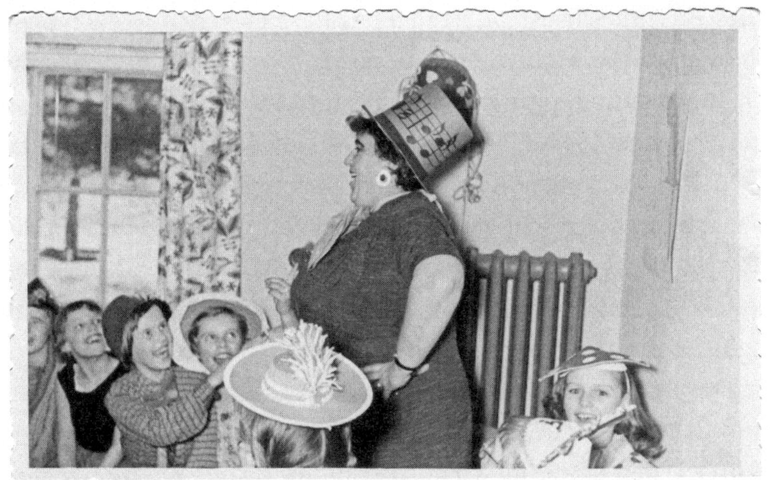

Großmutter Annemarie Kling bei einer Kabaretteinlage

Annemarie war eine kleine, ziemlich untersetzte Person, ein fröhlicher Kugelblitz, ohne jedwede Scheu, sich vor anderen zu präsentieren. Sie besaß eine Spürnase für komödiantische Situationen und konnte ganze Gesellschaften zum Lachen bringen. Wir nahmen sie mal mit zum Fasching, und hinterher übernachtete sie, leicht beschwipst, in der Badewanne. Außerdem hat sie gern gespielt, jede Art von Spiel war ihr recht, aber besonders liebte sie Kartenspiele. Sie hat übrigens auch gern mal geschummelt und sich diebisch gefreut, wenn es niemand merkte.

Leider hat Annemarie nicht mehr miterlebt, dass auch ich Schauspielerin geworden bin.

»Anja? Also die kann vielleicht Medizin studieren, aber Schauspielerin? Niemals«, so hätte sie reagiert, wenn man sie gefragt hätte. Bei Gerit war das anders, da war immer klar: Sie wird Schauspielerin. Darauf war unsere Oma wahnsinnig stolz. Sie verfolgte haargenau Gerits Entwicklung, wollte alles über die Schauspielschule wissen und was Gerit dort machte. Sie interessierte sich überhaupt für alles, was mit Schauspielerei zu tun hatte. Neben dem Theater liebte sie auch das Fernsehen. Annemarie gehörte noch zu der Generation, die ihre Programmzeitschrift bearbeitete, indem sie Sendungen mit Kreuzchen versah. Fünf Kreuzchen bedeuteten: Muss man gucken. Ein Kreuzchen: Kann man sich sparen. Am Ende waren die TV-Spalten vollgeschrieben mit ihren Vermerken, jede Sendung und jeder Film erhielt die ihm zugedachte Anzahl von Kreuzchen, sodass Annemarie auf einen Blick sah: Was will ich denn heute unbedingt sehen und was nicht? Sie wusste auch über sämtliche Schauspieler Bescheid, weil sie alles las, was sie in die Finger bekam und sich immer informierte, was es Neues gab.

Im zweiten Jahr ihres Schauspielstudiums spielte Gerit in einem Stück namens *Lovers* am Deutschen Theater. Der damalige Intendant war Dieter Mann. Oma Annemarie wusste auch über ihn und seine Arbeit alles und sie hat ihn verehrt. Wir gingen gemeinsam zur Premiere, saßen in der zweiten Reihe, Mitte. Das Licht ging aus, und dann schlich der große Dieter Mann sich hinten in den Saal hinein. Annemarie erblickte ihn und stemmte sich aus dem Sitz hoch. Unsere kleine, dicke Oma drängelte sich durch die voll besetzte Reihe an allen anderen vorbei, stellte sich vor den Intendanten und sagte zu ihm im breitesten Sächsisch: »Guten Tach, Herr Dieter Mann. Ich bin de Omma von de Gerrit. Ich wollte mal wissen, ob aus meiner Enkelin och e'ma was würd?« Diese Geschichte ist noch ewig im Deutschen Theater herumgegangen. Immer wenn man Gerit sah, rief jemand: »Na, ob aus der e'ma was würd?«

GERIT

Wenn man der Frage nachgeht, ob es so etwas wie ein Schauspiel-Gen gibt, dann war es allenfalls Oma Annemarie, die es uns vererbt haben könnte. Aber eigentlich sind wir ja verwandt mit Michel Piccoli. Jedenfalls glauben wir das gern. Man muss sich nur einmal unseren Vater ansehen, die Ähnlichkeit zwischen ihm und Piccoli springt einem förmlich ins Gesicht.

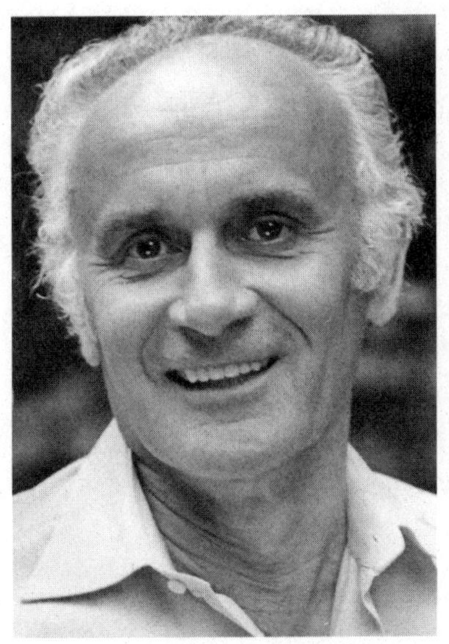

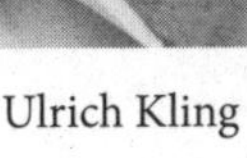

Ulrich Kling

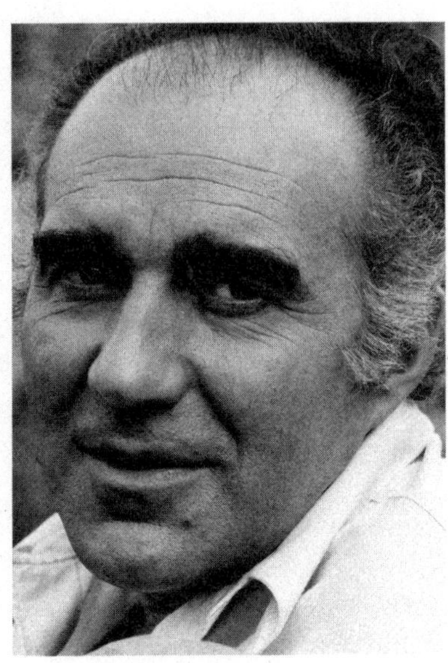

Michel Piccoli

Was es damit auf sich hat, ist schnell erzählt: Oma Annemarie arbeitete als junge Frau für zwei Jahre als Kindermädchen in Frankreich, 1937 und 1938. Sie war unterwegs mit einer Tourneegruppe, der berühmte Künstler angehörten, unter anderem die Tänzerin Josephine Baker und die Sängerin Lucienne Boyer, beide damals Riesenstars, nicht nur in Frankreich. Der Chef der Truppe, ihr Manager, hatte zwei kleine Kinder und suchte ein deutsches Kindermädchen. Unsere Oma, gelernte Kindergärtnerin, bewarb sich um den Posten und wurde genommen. So tourte sie mit diesem illustren Ensemble durch ganz Frankreich. Und nun kommt unsere Version ins Spiel, was möglicherweise, vielleicht und eventuell geschehen sein könnte: Irgendwann muss unsere Oma in Frankreich dem Vater von Michel Piccoli begegnet sein. Die beiden fingen eine Affäre an, Oma wurde schwanger, und um einen Skandal zu verhindern, jubelte sie dieses Baby, also unseren Vater, ihrem Mann unter. Damit wäre unser Vater somit der deutlich jüngere Bruder von Michel Piccoli. Und damit passt alles zusammen. Weinbauern, Piccoli … Trinken, Schauspielerei … Wir können gar nichts dafür, wie wir sind, uns wurde alles in die Wiege gelegt.

Oma Annemarie hat sich später übrigens noch einmal mit Josephine Baker getroffen, und auch mit Lucienne Boyer gab es ein Wiedersehen, als diese bei einem Gastspiel in Leipzig auftrat. Mit beiden hat sie sich sehr gut verstanden. Nach dem Ende ihres zweijährigen Engagements als Kinderfrau kehrte Oma nach Deutschland zurück und hat gleich geheiratet. Das war 1938 …

ANJA

Na klar, weil sie Opa ja das Kind unterjubeln musste.

GERIT

Papa wurde aber erst 1941 geboren …

ANJA

… war eine sehr lange Schwangerschaft.

GERIT

Eine sehr, sehr lange Schwangerschaft. Hat sie sehr, sehr lange verheimlicht.

5

Hund über Bord

GERIT
Den Film hast du noch, Anja.

ANJA
Den hab ich dir längst zurückgegeben.

GERIT
Nee, leider nicht.

ANJA
Okay, das werden wir überprüfen.

GERIT
Das Ding hast du wirklich noch, Anjalein. Den hab ich dir neulich mal mitgegeben.

ANJA
Neulich war letzten Sommer.

GERIT
Genau. Und bis jetzt hab ich ihn nicht wieder.

GERIT

Meine erste Hauptrolle in einem Kinofilm spielte ich im Alter von fünf Jahren, noch bevor ich in die Schule kam. *Hund über Bord* hieß die deutsch-tschechische Koproduktion, ein Kinderfilm von nur 40 Minuten Länge. Im Jahr zuvor, mit vier Jahren, hatte ich eine kleine Rolle in *Goya* bekommen, ein Film über den gleichnamigen Maler, eine Lion-Feuchtwanger-Verfilmung von Konrad Wolf. Darin war ich die jüngste Tochter, Elenita, die an der Pest starb. Obwohl ich noch so jung war, habe ich an beide Filme einige konkrete Erinnerungen, die sich natürlich mit dem vermischen, was man mir später über die Dreharbeiten erzählte. Aber ich weiß zum Beispiel noch genau, dass ich nie auf den Arm eines bestimmten Schauspielers wollte – wegen der »Federn auf der Brust«, wie ich sagte. Ich meinte seine Körperbehaarung.

Für *Goya* kamen die Produzenten damals in den Kindergarten und schauten sich an, wer Lust und Talent mitbrachte. Wie genau das Casting ablief, weiß ich nicht mehr. Und an die Rolle in *Hund über Bord*, ein Jahr später, kam ich ebenfalls durch ein Casting. Der Film wurde über acht Wochen lang hauptsächlich auf der Elbe und im Elbsandsteingebirge gedreht. Meine Mutter hat mich natürlich begleitet, während mein Vater mit Anja, die gerade erst geboren war, zu Hause blieb. Meine Rolle war die des Mädchens Andrea, das mit seinem Bruder auf dem Güterschiff der Eltern die großen Ferien verbringt. Eines Tages geht, wie der Name des Films sagt, ihr Hund Jäckie über Bord, woraufhin sich die Geschwister auf die Suche nach selbigem machen und dabei Abenteuerliches erleben. Ich weiß noch, dass ich oft Nasenbluten bekam, weil ich – obwohl mir das Drehen Spaß machte – alles auch sehr anstrengend fand. Auch für meine Mutter war das Filmgeschäft natürlich Neuland. Dass sie manchmal spontan und überfordert handelte, zeigte sich spätestens, als sie eines Tages – wir drehten schon mehrere Wochen – dachte: Mensch, das Kind hat aber einen langen

Pony gekriegt. Und zack – schnitt sie meinen Pony ab. Ohne darüber nachzudenken, dass der kurze Pony ein Riesenproblem für die Anschlussszenen war. Sie bekam auch ganz schön Ärger, aber es war zu spät, die Haare waren ab.

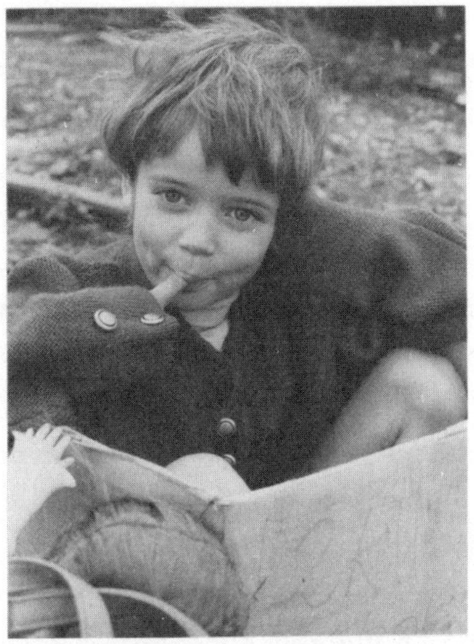

Gerit Kling mit fünf Jahren im DEFA-Film *Hund über Bord*

Der Film war ein richtiges DDR-Ding mit viel Pathos, untermalt durch eine männliche Off-Stimme, die die deutsch-tschechische Freundschaft lobte. War mir alles egal. Was mich aber interessierte, war der tschechische Jungendarsteller, der Häuptling der Indianer, in den ich mich unsterblich verliebte. Er konnte nur ein einziges Wort auf Deutsch sprechen: »Hexe«. Was aus seinem Mund klang wie »wunderschöne Blume«. Einmal musste er mich einen Berg hinuntertragen … Bis heute kann ich mich an dieses Gefühl des Verliebtseins erinnern. So jung und schon so verknallt!

Wenn ich den Film heute anschaue, muss ich sehr lachen. Wie ein Relikt aus einer anderen Zeit. Und gerade dadurch witzig. Und mir fällt auf: Mit Schiffen hatte ich es irgendwie schon immer. Heute wohne ich mit meinem Mann an der Havel, und wir verbringen, wann immer Zeit und Wetter es zulassen, viele Stunden auf unserem Boot.

Der Wunsch, Schauspielerin zu werden, hat sich in meinem Kopf schon ganz früh manifestiert. Er war immer präsent, es gab nie einen Plan B. Nach *Hund über Bord* wurde ich eingeschult. Weitere Kinderfilme standen erst einmal nicht zur Debatte. Aber ich meldete mich bald schon zum Laienspielzirkel an. Die Theater-AG war das Highlight meiner Schulzeit, meine Erfüllung. Der Rest – na ja. Zweimal in der Woche fuhr ich mit dem Bus nach Potsdam, wo wir im Pionierhaus Stücke einstudierten und aufführten. Zum Beispiel *Die Prinzessin und der Schweinehirt.* Damals lernte ich auch schon »richtige« Schauspieler kennen, zum Beispiel Ulrich Anschütz. Er war zu der Zeit am Hans Otto Theater in Potsdam engagiert und wurde Lehrer unserer kleinen Laienspielgruppe. In unseren Augen waren er und die anderen Schauspieler schon ältere Leute, tatsächlich aber waren sie noch jung. In dieser Zeit lernte ich viel über die Schauspielerei, und mein Weg war vorgezeichnet.

ANJA

Schauspielerin zu werden, stand für mich ganz lange überhaupt nicht zur Debatte. Weil mir klar war: Wenn man Schauspielerin werden will, muss man einfach so sein wie Gerit. Und da ich ganz anders war als meine Schwester, wäre mir dieser Beruf nie in den Sinn gekommen. Ich hatte schon Probleme damit, vor der Schulklasse ein Gedicht aufzusagen. Ich gehörte zu den Kindern, die sich so lange hinten in die Klasse stellen und die Sätze wiederholen mussten, bis die Lehrerin sie vorn verstanden hatte. Ich war also eher schüchtern. Gerit hingegen sagte immer schon: »Komme, was wolle, ich werde Schauspielerin.« Sie zog ihr Ding konsequent durch. Weshalb sie auch so locker durch die Schule marschiert ist. Und dann diese verrückten, unfassbaren Geschichten, die sie sich ausdachte und anderen für bare Münze verkaufte! Es lief bei ihr also alles klar in diese eine Richtung. Auch hat sie sehr früh den ersten Test an der Schauspielschule bestanden. Er nannte sich »Babytest«, denn diesen Eingangstest konnte man schon mit 15 machen, also in der neunten Klasse. Wenn man den bestand, war klar, man durfte später studieren. Natürlich Schauspiel, und genauso natürlich war es, dass Gerit an die renommierteste und begehrteste Schauspielschule überhaupt kam, die Schauspielschule Ernst Busch in Berlin. Bis heute eine Institution.

Und ich? Meine Vorstellungen waren weniger klar und änderten sich. Eine Zeit lang wollte ich Medizin studieren, um später einmal Kinderärztin zu werden, dann überlegte ich, in die Forschung zu gehen. Ich sah mich als Labormaus. »Ich bin diejenige, die etwas Sensationelles erfinden wird«, malte ich mir aus, »ich werde die sein, die ein Mittel gegen Krebs entdeckt. Ich werde Tag und Nacht im Labor forschen.« So habe ich mir vorgestellt, was aus meinem Leben werden sollte.

6

Achtung, Kreuzbiss!

GERIT

Erinnerst du dich an unseren Irischen Setter? Ein großer, schwarzer Hund.

ANJA

War ein Gordon Setter.

GERIT

Nein, ein Irischer.

ANJA

Das war ein Gordon Setter, Gerit!

GERIT

Ein Irischer Setter.

ANJA

Wollen wir wetten?

GERIT

Auf jeden Fall ein Setter. Dann halt ein Gordon Setter.

ANJA

Ein schwarzer Gordon Setter.

GERIT

Auf jeden Fall ein großer Hund. Mehr braun als schwarz.

ANJA

Nein, schwarz. Ein großer, schwarzer Hund.

GERIT

Der Hund hieß Hasso und sah sehr gefährlich aus, war tatsächlich aber ein ganz liebenswerter vierbeiniger Zeitgenosse, den wir Kinder vergötterten. Und Hasso war sehr intelligent. Unsere Eltern hatten ihn mit dem Haus übernehmen müssen, denn die alten Besitzer konnten ihn, als sie in unsere bisherige Wohnung zogen (wir tauschten Haus gegen Wohnung), nicht mitnehmen. Haus, Hof und Hund gab es also schon längst, bevor die Klings nach Wilhelmshorst kamen. In gewisser Weise war Hasso der eigentliche Herr im Haus. Menschen in Uniform mochte er übrigens nicht, da hat er, wenn man nicht aufpasste, auch schon mal zugeschnappt. In Fragen der Ernährung war Hasso ebenfalls nicht ganz unkompliziert. Er fraß nur Tierinnereien, aber niemals in rohem Zustand. Sein Fressen musste abgekocht werden, sonst ließ er es liegen. Und Trockenfutter, wie wir es heute kennen, gab es in der DDR nicht. Mein Vater stellte sich jeden Freitag zwei Stunden lang beim Potsdamer Schlachthof an, wo er Lungen und Pansen kaufte. Anschließend kochte unsere Mutter die Innereien ab. Das stank so fürchterlich, dass unsere arme Mutter für diese Aktion aus dem Haus verbannt wurde und stundenlang draußen im Garten am Gaskocher stand, bei Wind und Wetter.

Hasso war mit all seinen Marotten und Verrücktheiten mehr Mensch als Hund. Fanden wir Kinder. Die Erziehungsmaßnahmen unseres Vaters, der durchaus streng sein konnte, scheiterten angesichts von Hassos Cleverness. Er schlief nachts im Vorraum unserer Küche, bis wir ihn am Morgen – verbotenerweise – zu uns ins Kinderzimmer riefen. Dann schlich Hasso langsam und leise auf allen vieren am Schlafzimmer unserer Eltern vorbei. Nach dem Motto: »Die sehen mich nicht! Die sehen mich nicht!« Wir gingen davon aus, dass unsere Eltern schliefen und nichts davon mitbekamen. Aber mein Vater war wach, und wenn er Hasso im Flur sah, stellte der sich – schlau, wie er war – einfach tot. »Mich gibt's nicht.

Ich bin gar nicht da. Bin nicht vorhanden.« Solche und andere Geschichten erlebten wir ständig mit Hasso. Mit ihm konnte man auch »Der Plumpsack geht um« spielen. Ja, wirklich. Er rannte mit uns im Kreis herum und setzte sich dann auf einen freien Platz.

ANJA

Bei uns zu Hause herrschte eine Art Erziehungsmischmasch. Auf der einen Seite ging es immer fröhlich zu, es wurde viel gelacht, und wir nahmen uns oft gegenseitig auf die Schippe; auf der anderen Seite wurden wir aber auch ordentlich erzogen. Unsere Mutter war eher auf der freien Wildbahn groß geworden, bei ihr zu Hause, bei den Pahls, war es emotional bisweilen hoch hergegangen. Da wurde getanzt, gesungen und auch miteinander gestritten, und entsprechend verhielt sie sich uns gegenüber in Erziehungsfragen. Soll heißen: Mal hat sie erzogen und mal hat sie alles laufen lassen, ein bisschen Laisser-faire, immer spontan. Unser Vater hingegen kam aus einem gutbürgerlichen Hause und war, vor allem, als wir klein waren, eher dominierend in der Erziehung. Er achtete auf Regeln und deren Einhaltung. Gleichzeitig mochte er die unkonventionelle, originelle Art unserer Mutter. Wenn wir bei Tisch saßen und unser Vater uns Kinder darauf hinwies, dass das Messer kein Schieber sei, wirkte meine Mutter besänftigend auf ihn ein: »Guck nicht ständig auf Messer und Gabel, wenn die Kinder essen, sondern lass sie einfach mal machen. Sie lernen das schon noch.« Ja, unser Vater war immer etwas strenger als unsere Mutter. Wir mussten am Tisch sitzen bleiben, bis alle aufgegessen hatten, Hände auf den Tisch, Ellenbogen runter, gerade sitzen. Da war er ganz alte Schule. Und wenn wir ihn mit unserer Aufsässigkeit zur Weißglut trieben, konnte er explodieren. Die Explosion kündigte sich allerdings deutlich an, und die Anzeichen waren uns nur zu gut vertraut. Wenn mein Vater wütend wurde, bekam er so eine Art Kreuzbiss, kurz bevor es knallte. In dem Moment – wenn der Kreuzbiss zu sehen war – wusste man: Jetzt gibt es kein Zurück mehr. Alarmstufe Rot. Aaaahhhh, zu spät. Nicht mehr aufzuhalten. Der Kreuzbiss. Und man konnte herunterzählen, 22, 21, dann ging der Donner los.

Wenn wir etwas erreichen oder durchsetzen wollten, von dem wir im Vorfeld wussten, wir würden damit bei unserem Vater auf Granit beißen, war es am geschicktesten, den Weg über unsere Mutter zu wählen, also ihr unser Vorhaben oder unseren Wunsch zu erklären, sie zu überzeugen und zu unserer Verbündeten zu machen.

»Lass mich das mal regeln«, sagte sie dann. Und anschließend lief die Sache. Lustigerweise ist es heute umgekehrt. Seinen Enkelkindern kann unser Vater keinen einzigen Wunsch abschlagen. Wenn wir zu ihm sagen: »Das hätten wir aber damals nie gedurft, Papa, als wir so alt waren«, dann antwortet er: »Das sind eure Kinder, die müsst ihr erziehen, ich bin nur der liebe Opa.« Unsere Mutter hingegen ist ein bisschen strenger mit ihnen, sodass nun unser Vater manchmal zu ihr sagt: »Nun lass sie doch.«

Unsere Erziehung war jedoch nicht dergestalt, dass wir uns nicht ausleben durften, ganz im Gegenteil, aber unser Vater hatte eben seine Prinzipien, an denen ließ er nicht rütteln. Ein Beispiel: Seit Wochen schon sollten die im Keller gelagerten Kartoffeln für den Winter entkeimt werden. Alle in der Familie wussten es, aber keiner hatte Zeit und – geschweige denn – Lust, diese undankbare Aufgabe zu erledigen. Eines Tages fuhr Gerit mit einer Freundin nach Berlin zum Shoppen. Und weil sie mit ihren Gedanken noch weit weg war vom Nach-Hause-Fahren, nahm sie aus Versehen einen falschen Zug von Berlin zurück. Anstatt nach Potsdam fuhr sie mit dem Schnellzug nach Dresden. Mitten in der Nacht erhielten meine Eltern einen Anruf, man habe ihre Tochter in Dresden auf dem Bahnhof »aufgegriffen«. Nun fuhr dummerweise kein

Zug mehr zurück, und Gerit musste die restliche Nacht in Dresden verbringen. Morgens um halb sieben kam sie zu Hause an, völlig fertig und übernächtigt, schlich in unser Zimmer, schloss die Fensterläden und wollte nur noch schlafen.

Was hätte ich in der Situation zu meiner Tochter gesagt? »Ach, armes Kind. Jetzt legst du dich erst einmal hin. Hier hast du einen Kakao. Schlaf dich aus.«

Aber nein. Nichts da. Da war unser Vater anders gestrickt. Er stürzte ins Zimmer und rief: »Was machst du da?«

»Na, ich mach dunkel.«

»Du kannst gleich wieder hell machen, du gehst jetzt nämlich in den Keller und entkeimst die Kartoffeln.« Das war die Strafe. Gerit tat mir furchtbar leid, ich konnte sie natürlich nicht im Stich lassen und trabte mit ihr in den Keller hinunter. Stundenlang nahmen wir uns Kartoffel für Kartoffel vor und verfluchten dabei unsere Eltern.

Da beide Eltern berufstätig waren, gab es feste Regeln, wer wofür im Haushalt zuständig war und wer welche Aufgaben zu erledigen hatte. Unsere Eltern hinterließen uns jeden Tag einen Zettel auf dem Küchentisch, den wir vorfanden, wenn wir aus der Schule kamen, und den es abzuarbeiten galt. Geschirr abtrocknen, Küche putzen, Bad sauber machen, Zimmer aufräumen, dies und jenes einkaufen und so weiter. Wir hatten damals natürlich keinen Geschirrspüler, an eine Putzfrau war gar nicht zu denken. Ich kam in der ersten und zweiten Klasse immer früh aus der Schule, weil ich nicht in den Hort gehen wollte wie die meisten anderen Kinder. Ich war lieber ein Schlüsselkind. Das aber war an eine Bedingung geknüpft. »Du versprichst, dass du dich, sobald du aus der Schule kommst, ins Bett legst und liegen bleibst, bis Gerit da ist«, verlangten meine Eltern. »Du kommst um zwölf aus der Schule, Gerit um zwei. Die zwei Stunden schläfst du wie die anderen Kinder im Hort.« Niemand hätte das jemals kontrollieren können. Aber ich hielt mich daran. Ich lag tatsächlich Tag für Tag brav im Bett, schlief zwar meistens nicht, aber ich lag halt da. Ich dachte: Ich darf erst aufstehen, wenn Gerit kommt. Hatte Gerit mich vergessen, weil sie nach dem Unterricht noch mit einer Freundin unterwegs war, lag ich auch schon mal vier Stunden im Bett. Weil ich ja nicht von allein aufstehen durfte. Ich kann es heute selbst nicht mehr glauben.

Nach dem »Mittagsschlaf« mussten die täglichen Haushaltspflichten erledigt werden, anschließend die Hausaufgaben, Klavier üben, und kaum schaute man auf die Uhr, war der Nachmittag rum. Dann ließ ich mich erschöpft auf dem Sofa vor den Fernseher nieder. Und fünf Minuten später kam meine Mutter nach Hause und sagte: »Du sitzt ja schon wieder vorm Fernseher.«

GERIT

Das Verfassen von Zetteln und Notizen hat in unserer Familie eine lange Tradition. Auch wir Kinder hinterließen immer kleine Nachrichten für unsere Eltern. Mit schönen Rechtschreibfehlern.

»Lieber Vati, liebe Mutti, seit mir bitte nicht böse das ich kein Bier gekauft habe. Die Verkäuferin hat es mir verboten. Das Geld ist das Restgeld der sperlichen Einkaufes«

Das schrieb Anja einmal, da war sie acht Jahre alt. Ich wiederum schickte meinen Eltern auch wunderbare, lustige Briefe aus dem Ferienlager. Und dann, nicht zu vergessen, meine Entschuldigungsbriefe. Die waren schon beinahe legendär.

»Liebe Eltern, ich weiß, dass Ihr nie wieder mit mir reden werdet, und ich bin ja auch selbst daran schuld.«

»Ich hab schon in der Schule ganz doll geweint für meine schlechte Note.«

»Liebe Hilde, kleine Wilde, sei mit Deiner Tochter milde.« So etwas schrieb ich. Oder:

»Lass das liebe Töchterlein wieder in Dein Haus hinein.«

Lieber Vati und Mati!
Ich bin die Torsitzende der
gruppe 1. Diesen Brief schreibe ich
ohne Lienin im Bett beim Mitagschlaf
Ich hab doch geschrieben das das
Vati den (P) Füler eingesteckt hat
aber ich habe in noch gefunden.
Unsere gruppenleiterin heißt
Frau Chwale. Bis jetzt hab ich noch
alles Mutti und Vati. Es ist doch
hier schön wo ich bin. Ich hab alle
als Freundin. Heute ist
Der Letzte Tanzabend.
Bitte schreibe mir. Ich wart schon
Ich habe geklirt Mutti. Deine

Liebe Hilde, kleine Wilde
sei mit Deiner Tochter milde,
denn die Tochter, dieser Schussel
ist durcheinander wie ein Pussel.
Laß Gnade noch mal vor Recht ergehn,
darum will ich Dich innigst flehn,
hau mir eine wenn ich komm, doch
sei weiterhin lieb und „fromm"
und laß das liebe Geritlein wieder
in Dein Haus kommen.
Es grüßt Euch die schlimme
Alte

Lieber Vati!
Liebe Mutti!
Ich bin bei Birgit. Ruft bitte an und
sagt daß ich nach Hause kommen soll.
Seit mir bitte nicht böse das ich kein
Bier gekauft habe. Die Verkäuferin hat es mir
verboten. Die Televonnummer von kampes ist so:
1605
Tschüß
Eure
Anja →

Da war ich schon älter und bat meine Mutter um Entschuldigung, weil ich ihre Wimperntusche eingepackt und mit nach Berlin mitgenommen hatte. Anja hat sogar einmal ein Gedicht für mich geschrieben. Es hieß »Die Tasche« und handelte davon, dass ich offenbar nichts dafür könne, sondern dass es meine böse, böse Tasche sei, die immer Dinge, die mir nicht gehörten, auf wundersame Weise verschlingen und verschwinden lassen würde. Und dass auch ich jedes Mal wieder erstaunt wäre über meine böse, böse Tasche.

Meine Schwester musste sich immer vergewissern, dass alles nach Plan lief, und schrieb genau auf, wo und wann und bei wem sie sein würde.

»Ich bin jetzt bei Birgit. Ruft bitte an und sagt, dass ich nach Hause kommen soll. Die Telefonnummer ist so …«

Jeder sollte genauestens Bescheid wissen, wo sie sich gerade aufhielt. Sie hatte immer eine unglaubliche Sorge, verloren zu gehen. Alles musste bis ins letzte Detail organisiert sein, sie überließ nichts dem Zufall. Das ist eine Veranlagungssache, steckt immer noch in ihr drin …

ANJA

… und jetzt mache ich das per WhatsApp. Nein, im Ernst, ich habe mich wirklich gebessert. Jedenfalls ein bisschen.

Wenn ich sehe, was aus uns wurde, wie wir bei allen Krisen auch zusammenhielten, muss ich sagen, dass unsere Eltern einen sehr, sehr guten Job gemacht haben. Dass sie uns durch ihre Art der Erziehung – nämlich viel Liebe und einer angemessenen Portion Konsequenz – einen guten Start ins Leben verschafften. Unsere Basis ist damit so wunderbar stabil.

Wenn man älter wird, fragt man sich: Bin ich meinen Eltern eigentlich sehr ähnlich? Von wem habe ich etwas übernommen, von meiner Mutter oder meinem Vater? Ich denke, dass meine Mutter und Gerit sich in vielen Dingen sehr ähnlich sind, wenn auch nicht in allen. Und es gibt noch eine Dritte, die in diese Reihe passt, das ist meine Tochter. Alle drei – aus drei Generationen – sind sehr impulsiv, spontan, voller Energie und kein bisschen nachtragend. Ungeduldig sind wir Damen alle, auch ich. Es kann uns nichts schnell genug gehen. In Sachen Korrektheit und auch, was die Form des Humors angeht, finde ich mich wiederum sehr in meinem Vater wieder.

7

Wahrheit sagen ist langweilig

GERIT
Ich musste immer so tun, als sei ich von meinem Zeugnis schwer betroffen, wenn es nicht so toll war. Das war der Unterschied. Anja wäre das gar nicht erst passiert.

ANJA
Was wäre mir nie passiert?

GERIT
Du hattest nie eine Drei, nicht mal in ’nem klitzekleinen Test. Von Vieren und Fünfen müssen wir gar nicht erst reden.

ANJA
Das stimmt nicht. Ich hatte auch Dreien. Nur eben nicht auf dem Zeugnis.

GERIT
Und dein Abi? 1,2? Oder 1,1?

ANJA
1,3!

GERIT
Schlaues Mädel. Ich hatte diesen Ehrgeiz erst gar nicht.

ANJA

Gerit und ich gingen in dieselbe Schule in Wilhelmshorst, nur halt fünf Jahre auseinander. Die Schule war in drei unterschiedlichen Gebäuden untergebracht. Zwei davon waren ehemalige Einfamilienhäuser, die man umfunktioniert hatte. In dem einen der beiden wurden die erste und zweite Klasse unterrichtet, in dem zweiten Haus, es lag woanders in Wilhelmshorst, die dritte und vierte Klasse. Und dann gab es ein Gebäude, das früher als Schule gebaut worden war, heute befindet sich darin ein Kindergarten. Zu unserer Schulzeit waren hier die Klassen fünf bis zehn untergebracht. Als ich eingeschult wurde, kam Gerit gerade in die fünfte Klasse in eben dieses Schulgebäude. Wir sahen uns also kaum. Ich weiß noch, dass die Schultoiletten sehr eklig waren. Das lässt sich wohl über viele Schulklos sagen, aber damals zu Ostzeiten war es besonders heftig. Wir ekelten uns so, dass wir in der Schule auch nie auf diese Toilette gingen, und rannten nach Schulschluss nach Hause, weil wir so dringend mussten.

Die Schulküche befand sich im Saal des Rates der Gemeinde, wo eine Zeit lang eine Frau Daniel für die Verkostung der Schülerinnen und Schüler verantwortlich war. Eine reizende alleinstehende, ältere, etwas füllige Dame, die in Wilhelmshorst lebte und in ihrem großen Garten Obst und Gemüse anbaute. Je nach Saison schleppte sie Salate, Möhren, Gurken, Äpfel oder Kirschen an und schnippelte alles in unser Schulessen, weil sie nicht mit ansehen konnte, wie langweilig und vor allem wenig vitaminreich wir ernährt wurden. Gemüse war, wie so vieles andere auch, Mangelware in der DDR. Frau Daniel hatte ein Händchen dafür, die Schulpampe zu verfeinern und damit genießbarer zu machen. Nie wieder habe ich übrigens so gute Hefeklöße gegessen wie die von ihr selbst gemachten. Kulinarisch gesehen war sie also ein Leuchtturm, der einzige weit und breit, meine einzige gute Erinnerung an die Schulküche.

»Wenig bitte«, lautete zu Zeiten ohne Frau Daniel mein Standardspruch, wenn ich an der Theke, wo die Mahlzeiten ausgeteilt wurden, an der Reihe war. Bloß nicht zu viel von dem Zeug auf meinem Teller! Besonders schlimm fand ich Flecken, Suppe mit Innereien, mit einem säuerlichen Geschmack. Und »Tote Oma«. Das war so eine Art Blutwurst oder auch Topfwurst, eine eklige rotbraune Pampe. Schon der Name! Wenn das auf dem Schulspeiseplan stand, variierte ich meine Bestellung, es hieß dann statt »wenig bitte« nur noch »gar nichts bitte«. Später machten wir um die Schulküche einen weiten Bogen und aßen zu Hause. Mittags, wenn unsere Mutter nicht da war, gab es Nudeln mit Rührei oder Zuckerstullen. Meine Art der Ernährung war insgesamt ziemlich einseitig. Ich aß am liebsten Milchsuppe, also Milch mit Nudeln und Zucker. Und das gern morgens, mittags und abends. Dieses Gericht reichte mir völlig aus, und ich machte es meinen Eltern wirklich nicht einfach. Als Kind mäkelte ich an allem herum, weigerte mich zu essen. Vor Tomaten zum Beispiel hatte ich einen regelrechten Ekel. Ich glaube, ich war schon 18, als ich meine erste Tomate aß, und zu meiner eigenen Überraschung schmeckte sie mir.

Gerit war auch mäkelig, aber nicht so extrem wie ich. Als wir noch in der Albert-Klink-Straße wohnten, kochte unsere Mutter uns einmal Schmorgurken. Wahrscheinlich ist das ein sehr leckeres Gericht, ich kann es nicht beurteilen, da ich seitdem nie wieder Schmorgurken probiert habe. Gerit und ich fanden sie einfach nur widerlich. Unsere Mutter hatte den ganzen Vormittag in der Küche gestanden, war – völlig zu Recht – gekränkt und ließ sich diesmal auch nicht von unserem Gemeckere erweichen. Also hinsetzen, Klappe halten, essen. So verzehrten wir diese Schmorgurken nicht nur widerwillig, sondern mit zugehaltener Nase, verzogen angewidert den Mund und spülten nach jedem Bissen demonstrativ mit Wasser nach. Unsere Mutter schüttelte lediglich den Kopf, unser Vater allerdings – Achtung, Kreuzbiss! RUMS!

Gerit und ich haben unsere arme Mutter manches Mal in den Wahnsinn getrieben. Oft war es aber auch zu witzig, und am Ende konnte sie selbst darüber lachen. Wie bei der Geschichte mit den Schultaschen. Sobald wir von der Schule nach Hause kamen, ließen wir unser ganzes Zeug direkt hinter der Haustür fallen, sodass man die Zwischentür nicht mehr öffnen konnte. Unsere Faulheit und Rücksichtslosigkeit machten Mutter fuchsteufelswild. Jedes Mal stolperte sie, weil die Tür durch den Haufen von Taschen verkeilt war. Einmal wurde sie so wütend, dass sie rief: »Jetzt reicht's! Ich schmeiß die raus. Wenn die da gleich noch liegen, schmeiß ich alle Taschen aus dem Fenster. Ich schwör's!« Damals arbeitete sie selbst als Lehrerin. Sie riss wütend das Küchenfenster auf, packte die oberste Tasche und warf sie mit Schwung in den Garten, wo sie in einer Pfütze landete. Wir grinsten.

»Mama, das war deine.«

GERIT

Unser Zuhause in Wilhelmshorst war, solange ich zurückdenken kann, ein offenes Haus. Unsere Freundinnen und Freunde waren unseren Eltern immer willkommen. So durften wir zum Beispiel – bei aller Strenge unseres Vaters in anderen Fragen – an unseren Geburtstagen die komplette Schulklasse zu uns nach Hause einladen.

ANJA

Gerit hatte aber zunächst nicht besonders viele Freunde in Wilhelmshorst, weil sie sich zu Beginn nicht sehr beliebt gemacht hatte. Durch den Umzug dorthin musste sie in der fünften Klasse umgeschult werden. Sie lernte ein Mädchen kennen, das in die 5A ging. Dieses Mädchen sagte zu ihr, sie müsse unbedingt in ihre Klasse kommen. »Sorg dafür, dass du in die 5A kommst! Die 5B ist total bescheuert. Da sind nur Idioten.«

Daraufhin hatte Gerit nichts Besseres zu tun, als den Kindern im Dorf zu sagen: »Alle in der 5B sind blöd. Auf keinen Fall geh ich in die 5B!« Und dann kam sie in die 5B. Man könnte sagen, das war alles andere als ein guter Start. Die Jungs aus ihrer neuen Klasse ließen sie deutlich spüren, was sie von ihr hielten. Dort, wo heute die neue große Schule steht, gab es früher ein Waldstück mit einem Hügel, der im Sommer mit Brennnesseln voll bewachsen war. Und in dieses Brennnesselfeld stießen die Jungs Gerit jeden Tag nach dem Unterricht. Sie wurde gehänselt und ausgeschlossen.

GERIT

Die anderen machten mir das Leben schwer, aber ich tat auch das Meinige dazu. Ich hatte eine große Freude daran, alle an der Nase herumzuführen, und dachte mir irrwitzige Geschichten aus. Eines Morgens – ich war noch ganz neu an der Schule – machte ich meinen Lehrern und Mitschülern eine weitreichende Mitteilung: »Ich muss euch etwas sagen. Das ist wirklich wahr: Ich werde nicht mehr lange hierbleiben, ich gehe weg, nach Amerika.« Schweigen. Ungläubige Gesichter. Amerika? Wir befanden uns schließlich im Jahr 1978, also tiefste DDR-Zeit, und eine Reise nach Amerika war absolut undenkbar.

Und ich weiter: »Ja! Ich drehe da demnächst für *Starsky & Hutch*. Das ist eine amerikanische Fernsehserie. Eine super Krimiserie, läuft überall in der Welt.«

Die anderen glaubten mir zuerst natürlich kein Wort. »Was machst du? Kann doch nicht sein …«

»Doch, das ist die Wahrheit, ich schwöre es, ich habe da bei einem Casting mitgemacht, und man hat mich für die Rolle genommen. Mein Vater arbeitet ja bei der DEFA. Dadurch ist der Kontakt zustande gekommen. Die amerikanischen Produzenten waren auf der Suche nach einem Mädchen als Darstellerin. Und jetzt haben wir gerade erfahren, dass es geklappt hat. Ist auch alles schon abgeklärt mit der Regierung. Ich habe eine Erlaubnis. Die holen mich jetzt bald.« Ich erzählte meine Geschichte mit solch einer Detailversessenheit und im Brustton der Überzeugung, dass mir die anderen tatsächlich glaubten. Am Nachmittag färbte ich mir zu Hause die Haare schwarz und ging am nächsten Morgen in meiner neuen Aufmachung in die Schule.

»Wundert euch nicht«, erklärte ich den Look, »das ist nur für meine Rolle. Ich musste mich optisch etwas verändern. Ich drehe ja demnächst, wie gesagt.« Ich muss überzeugend geklungen haben. Vielleicht weil ich konsequent bei meiner Geschichte blieb und sie immer weiter ausschmückte. Irgendwie klang das ja auch alles plausibel – wäre es nicht völlig aus der Luft gegriffen gewesen. Und plötzlich kamen alle zu mir und stellten Fragen.

»Bist du dann in Hollywood?«

»Triffst du da andere Stars?«

Oder sie äußerten Wünsche:

»Oh, bitte, bitte, bringst du mir ein T-Shirt von *Starsky & Hutch* mit?«

»Kannst du mir ein Paar Levi's beschaffen?«

Ich bekam ganze Listen, was ich alles aus Amerika mitbringen sollte. So ging es über Tage. Am Ende hatte ich mich in meine Fantasiegeschichte derart hineingesteigert, dass ich sie selbst glaubte. Ich dachte: Ja, das ist so. Ich gehe nach Amerika, und ich drehe *Starsky & Hutch*. Ohne Zweifel.

Eines Abends klingelte es bei uns zu Hause, und meine Lehrerin stand vor der Tür. Anja und ich lagen schon im Bett. Wir hörten, wie die Lehrerin sagte, sie sei vorbeigekommen, um nun mal endlich zu erfahren, was denn da dran sei.

»Wir sind ja alle schon ganz aufgeregt!«, sagte sie. Meine Mutter war verwirrt. Was sie denn meine, woran solle was dran sein, und warum seien alle aufgeregt?

»Na, wegen der Geschichte mit *Starsky & Hutch*! Gerit erzählt überall herum, dass sie in Amerika drehen wird. Das stimmt doch?« Dass die Lehrerin meine Story für bare Münze genommen hatte, machte mich sehr stolz. Ich musste schon sehr überzeugend gewesen sein. Meine Mutter hörte sich alles an und klärte meine Lehrerin auf. Und dann hat sie ganz toll reagiert. Nachdem sie die Lehrerin verabschiedet hatte, kam sie ins Kinderzimmer und sagte sehr ruhig und sanft zu mir: »Du weißt, dass deine Geschichte von Amerika nicht stimmt, Gerit?« Ihr war bewusst, dass meine Fantasie so mit mir durchgegangen war, dass ich selbst glaubte, was ich erfunden hatte. Meine Mutter schimpfte nicht, sondern sie nahm mich in den Arm und sagte: »Pass mal auf, mein liebes Kind, das ist leider, leider gar nicht wahr. Ich weiß, dass du jetzt sehr enttäuscht bist.« Ich weinte und war todunglücklich, weil ich nicht nach Amerika gehen würde.

ANJA

Nach der *Starsky-&-Hutch*-Geschichte kann man sich vorstellen, wie sauer die Mitschülerinnen und Mitschüler auf Gerit waren. Jetzt piesackten sie meine Schwester erst recht. Allen voran ein großer, schlaksiger Junge aus ihrer Klasse, der Anführer der Gang, der Chef der »bösen« Jungs. Gleich gegenüber von unserem Haus, vor dem Konsum, war der Treffpunkt der Gang. Hier hingen die Jungs rum, machten Unsinn und klopften dumme Sprüche. Unsere Eltern bekamen natürlich mit, wie Gerit von den anderen gemobbt wurde. Das ließ sich auch gar nicht übersehen, wenn sie von Brennnesseln zerschunden nach Hause kam. Anfangs dachten meine Eltern, wenn sie heulte: »Ich will zurück in die Stadt« oder »Die sind so böse zu mir«, das würde sich schon einrenken. Als es sich aber nicht besserte, wurde auch mein Vater jeden Tag wütender und sagte: »Es reicht. Jetzt greife ich mir diese Jungs. Jetzt ist Schluss.«

Woraufhin meine Mutter ihn besänftigte: »Lass mal. Das sind Kinder. Das müssen sie untereinander klären. Gerit muss lernen, sich zu wehren. Sie ist ja sonst auch nicht auf den Mund gefallen. Halt dich mal besser raus.«

Eines Tages kam meine Mutter vom Einkauf. Da saß dieser Junge mit seinen Kumpanen vor dem Konsum, all die kleinen Möchte-gern-Halbstarken aus Gerits Klasse, und sagte sehr laut mit Blick auf unsere Mutter: »Och, Mann, die hat ja ein Paar Ohren!« Und meinte damit den Busen meiner Mutter. Sie amüsierte sich darüber. Dumme-Jungs-Sprüche, nicht weiter der Rede wert.

Als sie nach Hause kam, erzählte sie den Vorfall lachend meinem Vater. »Stell dir vor, die kleinen Jungs da draußen machen Witze über meinen Busen.« In dem Moment brannte bei meinem Vater eine Sicherung durch. Aber richtig. Kreuzbiss! RUMS!

Der Anführer wollte gerade mit seinem Rad wegfahren, als mein Vater auf ihn zustürmte und ihn vom Fahrrad riss. Er packte ihn, bugsierte ihn in seinen Wartburg und fuhr einfach drauflos. Ohne Plan. Und dachte plötzlich: Oh, Mann, was mache ich hier eigentlich?

Der Junge mit der großen Klappe war auf einmal ganz kleinlaut und stotterte: »W-w-w-w-was w-w-w-wollen Sie von mir?«

Mein Vater stoppte den Wagen und wandte sich dem Jungen zu. »Hör zu, mein Freund. Ab sofort wirst du nie wieder Witze über den Busen meiner Frau machen. Ist das klar? Und du bist ab sofort der Beschützer von Gerit. Und nicht mehr ihr Feind. Meine Tochter wird nicht ein einziges Mal mehr in die Brennnesseln fliegen, geschweige denn werden du und deine Freunde ihr auch nur ein Haar krümmen.«

Der Junge schwieg und nickte.

»Und wenn es doch jemand tut«, fuhr mein Vater fort, »selbst wenn du nichts damit zu tun hast: Ich mache dich dafür verantwortlich. Du wirst Gerit nie mehr drangsalieren.«

Nach dieser Standpauke fuhr mein Vater wieder zurück und setzte den Jungen bei seinem Fahrrad ab. Und dachte die ganze Zeit über: Das gibt Ärger für mich. Das hätte ich nicht tun dürfen. Zumal der Vater des Jungen ein Arbeitskollege von ihm war.

Am nächsten Morgen fuhr er wie gewohnt in die DEFA, und da kam ihm auch schon der Vater entgegen. Und während mein Vater sich überlegte, was nun alles Schreckliches passieren könnte – eine Anzeige, eine Tracht Prügel –, sagte sein Kollege: »Das hat er mal gebraucht. Gut gemacht. Mein Sohn ist zu aufmüpfig. Vielen Dank!«

Seitdem wurde Gerit nicht ein einziges Mal mehr in die Brennnesseln gestoßen. Sie und die bösen Jungs waren natürlich nicht gleich die besten Freunde, aber es dauerte nicht mehr lange, da fing das mit der Pubertät an, und aus Gerit wurde eine schöne, junge Dame. Und plötzlich schwirrten alle Jungs um sie herum, und sie hatte jede Menge Beschützer. Aber der Tag, an dem unser Vater sich den bösen Buben schnappte, das war der Tag, an dem sich das Blatt für Gerit wendete.

GERIT

Ich hatte in der Schule wirklich nicht den großen Ehrgeiz. Hauptsache, ich komme hier durch, war mein Leitspruch. Stattdessen setzte ich im Unterricht meine eigenen Prioritäten, die mit vielem zu tun hatten, nur nicht mit dem Lernen. Wenn meine Schulbank im Schatten stand, lag mein ganzes Bestreben darin, an Tisch und Bank so lange zu ruckeln und sie so zu verschieben, bis ich in der Sonne saß. Vom Unterricht bekam ich in der Zeit rein gar nichts mit, doch am Ende der Stunde hatte ich es meistens geschafft.

Meinem Vater war immer wichtig, dass es in der Schule nicht allein darum ging, gute Zensuren nach Hause zu bringen, sondern dass ein Teamgeist entstand, ein Miteinander von Schülern, Lehrern und Eltern. Dass man nicht nur sein eigenes Kind sah, sondern auch die anderen. Das war ihm ein echtes Anliegen, und ich war sehr stolz auf meinen Vater, den Elternaktiv-Vorsitzenden, auch wenn mir selbst das keinerlei Vorteile verschaffte.

Bei einer der Elternversammlungen, die mein Vater leitete, beschwerte sich eine Mutter darüber, dass ein anderes Kind ihre Tochter als »Nutte« beschimpft hatte. Den Namen des Kindes wollte sie aber nicht verraten. Alle Eltern waren unisono empört. So etwas müsse bestraft werden, so ein Verhalten könne man nicht akzeptieren und so weiter.

Mein Vater stand auf und sagte ruhig: »Liebe Eltern, das kann man doch nicht ernst nehmen. So ein Wort ist schnell gefallen, das hat in Wahrheit nichts zu bedeuten.« Und er appellierte an die anderen, maßvoll zu reagieren.

»Das ist bestimmt kein schlechtes Kind, und auch wenn Sie« – an die Mutter gerichtet – »den Namen nicht sagen möchten, bin ich sicher, dass dies nur ein Ausrutscher war.« Und damit hatte sich die Sache erledigt. Nach dem Appell meines Vaters traute sich keiner mehr, das Thema weiterzuverfolgen.

Auf dem Nachhauseweg trat eine andere Mutter zu meinem Vater und meinte: »Herr Kling, ich muss Ihnen etwas sagen. Das war Ihre Tochter. Die Gerit war es, die die Mitschülerin als ›Nutte‹ bezeichnet hat.« Wie er in dem Moment darauf reagierte, weiß ich nicht, aber zumindest kam er nicht anschließend zu mir, um mich zu maßregeln oder zu bestrafen. Er behielt die Sache für sich. Weil er ja ein Plädoyer für die Kinder gehalten hatte, die noch nicht so weit waren, um den Sinn dieses Wortes zu begreifen und in ihrer Wut manchmal irgendetwas raushauten. Damals war ich etwa zehn Jahre alt und wusste gar nicht, was es mit dem Wort »Nutte« auf sich hatte. Ich hatte es irgendwo aufgeschnappt, als Schimpfwort, und als ich mich mit meiner Mitschülerin über irgendetwas in die Haare bekommen hatte, schleuderte ich ihr diese zwei Wörter entgegen: »Du Nutte!«

Unser Vater konnte streng sein, wenn er es für angemessen hielt, aber Strenge war niemals ein Selbstzweck. In diesem Fall ging es ihm vielmehr darum, auch Verständnis für die Kinder zu vermitteln.

Ich hatte immer meinen eigenen Kopf, und die Lehrer hatten es nicht leicht mit mir. Ich war nicht einfach. Natürlich hatte auch ich meine Lieblingsfächer. Deutsch zum Beispiel. Wenn ich nicht gerade Pech mit meiner Deutschlehrerin gehabt hätte, die den Unterricht nach Schema F herunterleierte, weshalb ich mich öfter mit ihr herumstritt.

Als ich später zur Schauspielschule ging, bekam Schule auf einmal einen ganz anderen Stellenwert für mich. Schule wurde zu etwas, wo ich kreativ sein durfte und wo auch eine Meinung akzeptiert wurde, die vielleicht eine andere war als die der Schule. Auf einmal wurde ich zu einer richtig guten Schülerin. Aber in der normalen Schulzeit war ich oft genervt von den Lehrern – und sie von mir. Ich diskutierte auch immer alles bis aufs Letzte aus, was die Lehrer zur Weißglut brachte. Ähnlich ging es zu Hause zu. Ich weiß noch, dass es jedes Mal in einer Katastrophe endete, wenn mein Vater mit mir Mathe-Hausaufgaben machen sollte. Weil ich anfing, mit ihm zu streiten. Zum Beispiel sagte ich: »Vier und vier sind neun.«

»Vier und vier sind acht«, korrigierte er mich mit noch ruhiger Stimme.

»Nein, neun.«

»Acht.« Ich sah zwar, dass er kurz vorm Ausflippen war – Kreuzbiss! –, legte aber noch eine Schippe drauf, wohl wissend, wie die richtige Antwort lautete.

»Neun! Weil die Lehrerin das so gesagt hat.« Damit hatte ich dann den Bogen überspannt. Er verstand einfach nicht, wie man bei einer einfachen Matheaufgabe so doof sein konnte.

»Kannst du mir glauben, Papa. Das ist so.«

Wenn wir, mein Vater und ich, zusammen Hausaufgaben machten, war das schon ein kleines Schauspiel. Das Verrückte war, dass mein Vater sich dabei erwischte, sich so zu verhalten wie sein eigener Vater früher. Den hatte er nämlich auch zur Verzweiflung getrieben, als er sich die Primzahlen erklären ließ, die mein Vater einfach nicht kapierte. Es mangelt also in unserer Familie eindeutig an pädagogischer Geduld.

Bei Anja sah das ganz anders aus. Sie war schon immer die bessere Schülerin. Wenn Anja eine – ihrer Ansicht nach – schlechte Note nach Hause brachte, hat sie das richtig gewurmt. Mich nicht. Schlechte Noten fand ich nicht toll, aber sie ärgerten mich auch nicht.

ANJA

Das stimmt, und dass Gerit sich über eine Fünf nicht ärgerte, bewunderte ich zutiefst. Aber mich wurmte schon eine Drei. Einmal hatte ich im Halbjahreszeugnis ausschließlich Einsen, mit einer einzigen Ausnahme, das war eine Zwei in Sport. Ich lag auf dem Bett und weinte immer noch bitterlich, als meine Mutter nach Hause kam. Wegen der Zwei. Das muss man sich mal vorstellen.

Meine Mutter verstand die Welt nicht mehr. »Anja, das ist total übertrieben! Wegen einer Zwei zu heulen! Das ist wirklich bescheuert. Nun reiß dich mal zusammen!«

Aber ich weiß heute noch, warum ich damals so heftig reagierte. Mir ging es gar nicht um die Note selbst, sondern vielmehr darum, dass ich die »schlechteste« Note ausgerechnet in meinem Lieblingsfach erhalten hatte. Immerhin war ich sehr sportlich. Gerit und ich, wir turnten beide für Turbine Potsdam. Ich konnte mir nicht erklären, womit ich diese Zensur verdient hatte, und das machte mich extrem wütend. Gerits Zeugnis fiel in jenem Halbjahr nicht besonders gut aus, es war zwar keine Katastrophe, aber sie hatte zu viele Dreien. Meine Mutter saß bei mir im Zimmer, in dem auch Gerits Faschingskostüm aufbewahrt wurde, das sie sich peu à peu holen kam. Und während meine Mutter mich ermahnte, ich solle endlich die Flennerei wegen der Zwei beenden, hörten wir draußen Gerit mit ihren Freundinnen kichern. Bald darauf ging die Tür auf, und Gerit kam rein. Und dann spielte sie uns vor, dass sie in großer Trauer sei wegen der vielen Dreien.

»Ach Mensch, ich habe so ein schlechtes Zeugnis«, sagte sie mit betrübter Miene. »Ich habe schon in der Schule ganz doll geweint, Mama. Also muss ich jetzt hier nicht noch mal weinen, oder?« Und dann verschwand sie kichernd. Gerit hatte in jeder Situation den Schalk im Nacken sitzen.

Mein großes Glück war es, in der Grundschule eine außergewöhnlich gute Lehrerin gehabt zu haben. Unsere ganze Klasse mochte sie richtig gern. Ich bin davon überzeugt, dass sie in diesen ersten vier Jahren den Grundstein dafür legte, dass ich bis zum Abi nie ungern zur Schule gegangen bin. Sie hat uns das Lernen beigebracht, und zwar auf mütterliche und spielerische Art. Sie nahm uns auch ab und zu mit zu sich nach Hause, hat für uns, ihre Schüler, Kuchen gebacken. Ich kenne niemanden aus meiner ehemaligen Klasse, der nicht von ihr als Pädagogin und Mensch begeistert war. Da hatte Gerit mit ihren Lehrern nicht ganz so viel Glück.

GERIT

Um ehrlich zu sein, ich hatte wahnsinniges Pech mit meinen Erziehern. Die ersten fünf Jahre besuchte ich eine Schule in Potsdam und hatte eine Lehrerin, mit der ich überhaupt nicht zurechtkam. Unsere Klasse war mit mehr als 30 Kindern riesig, aber das war noch lange kein Grund, sich so zu verhalten, wie es diese Lehrerin tat. Zu unterrichten hieß für sie, zu bestrafen, die Schüler mussten sich an die Wand stellen, das ganze Programm. Nach einer Woche wollte ich schon nicht mehr in die Schule gehen. So ging es los. In der zweiten Woche gab sie mir die Note Fünf, weil ich die »i«-Reihe nicht in der vorgegebenen Zeit geschafft hatte. Das war damals die schlechteste Note, eine Sechs gab es nicht. Ich aber wusste ja noch nicht einmal, was eine Fünf ist, kam nach Hause und sagte zu meiner Mutter: »Guck mal, Mami, ich hab heute diese Zahl gekriegt.« Und strahlte vor Freude.

ANJA

Was bringen die besten Noten, wenn man keinen Plan fürs Leben hat? Ich machte später ein Einser-Abi. Aber ganz ehrlich, manchmal weiß ich gar nicht, ob das das Beste für mich war. Du stehst mit einem super Abi da, kannst dir im Grunde aussuchen, was du studieren möchtest, aber wenn du nicht für irgendwas eine Leidenschaft entwickelt hast, hilft dir das auch nicht weiter. Mit 18 wusste ich überhaupt nicht, was ich werden wollte. Ich war in allem irgendwie gut, aber in nichts herausragend, nicht besonders. Ich hätte mir gewünscht, ein Ziel vor Augen zu haben, bei dem von Anfang an klar gewesen wäre: Das will ich und das setze ich durch. Im Grunde war ich diesbezüglich immer ein bisschen neidisch auf Gerit und dachte: Okay, sie hat vielleicht nicht das beste Zeugnis, aber sie weiß ganz genau, wohin sie möchte. Sie will Schauspielerin werden. Deshalb fehlte ihr in der Schule ein bisschen der Ehrgeiz.

»Wofür brauche ich bitte überall Einsen? ESP – Einführung in die Sozialistische Produktion. Wofür brauche ich da eine Eins? Wofür brauch ich TZ, Technisches Zeichnen?«, sagte sie sich. Sie brauchte auch keine Eins in Mathe, Physik und Chemie. In Deutsch vielleicht – und da stand die Eins.

Ich habe Gerit für vieles bewundert. Man sagt, Kinder suchen sich in der Familie immer den Platz, der noch nicht besetzt ist.

Als ich auf die Welt kam, war der Platz »laut« schon besetzt. Für »Ich bin laut und unterhalte den Saal« war Gerit zuständig, und heute denke ich – das habe ich früher nicht so empfunden –, dass ich mich dadurch automatisch auf den leisen Stuhl gesetzt habe. Ich war die Zurückhaltendere. Durch das Älterwerden und durch unseren Beruf haben wir uns zwar angeglichen, natürlich bin ich auch mal laut, und Gerit ist mal leise. Aber als wir Kinder waren, war es nicht so. Damals war sie immer diejenige, die den Saal unterhielt und Reden schwang, während ich einsilbig blieb und nur mit »Ja« und »Nein« antwortete, wenn überhaupt.

Gerit besitzt das Talent, sich das Leben bunt zu machen. Das ist schon toll. Interessanterweise beobachte ich bei unseren Kindern, Gerits Sohn Leon und bei meinen beiden, Tano und Alea, wie auch sie sich ihren Platz suchen. Als meine Tochter auf die Welt kam, waren die beiden lauten Plätze noch nicht an Leon und Tano vergeben, und sie hat sich die Lücke gesucht, hat es sich auf dem lauteren Stuhl bequem gemacht. Man kann es aber auch ganz anders ausdrücken. Meine Tochter hat einfach eine Menge von ihrer Tante geerbt.

GERIT

Eltern sehen ganz oft ihre Kinder weiterhin so, wie sie sie in der Kindheit erlebten. Bei uns war es so: Meine Schwester hat wegen einer Zwei in Sport geheult, ich wegen einer Vier in Chemie noch lange nicht. Und dann hieß es immer: »Ach, die Gerit.« Ja, es stimmt, ich habe das Leben leichter genommen. Mit »leichter« meine ich aber nicht, dass ich es oberflächlicher genommen habe, nein, einfach nur leichter. Als ich in der neuen Schule gemobbt und in die Brennnesseln geschubst wurde, gab ich nicht klein bei, habe ich mich nicht verkrochen. Ich machte aus der Sache meine eigene Version. Solange ich zurückdenken kann, war ich immer voller Ideen und Geschichten. Ich habe mir etwas ausgedacht, hatte Spaß daran, Leute fantasievoll auf den Arm zu nehmen. Anja war immer sehr konzentriert, sehr bei sich. Ich bin davon überzeugt, sie wäre in jedem Beruf erfolgreich geworden. Hätte sie Medizin studiert, wäre sie jetzt eine tolle Ärztin. Sie wäre auch eine hervorragende Journalistin geworden, hätte sie sich für diesen Weg entschieden. Ihre große Gabe ist es, sich fokussieren zu können. Deswegen ist sie auch als Schauspielerin enorm erfolgreich. Sie hat einen Perfektionismus in sich, der funktioniert. Aber deswegen ist sie nicht unlustig, ganz im Gegenteil. Mit niemandem kann ich so herzlich lachen wie mit meiner Schwester. Meine Eltern hatten es früher mit Anja leichter als mit mir. Bei mir brach es mal hier und mal da aus mir heraus, und ich dachte mir wieder irgendwelchen Quatsch aus. Wie bei der Geschichte mit *Starsky & Hutch*, woran am Ende alle glaubten, mich eingeschlossen. Es gibt einen Satz von mir, der in unserer Familie kursiert. Er lautet: »Wahrheit sagen ist langweilig.« Ich habe in der Schule immer Unsinn gemacht, weil ich mich schnell langweilte. Wenn Anja sagte: »Man quatscht doch nicht die ganze Zeit im Unterricht oder schreibt immerzu Zettel, man hört dem Lehrer zu«, dachte ich nur: Das ist doch langweilig. Anja hat ihre Aufgaben erfüllt, ihre Pflichten ernst genommen, und sie hat immer genau aufgeschrieben, wann sie wo ist und mit wem.

ANJA
O Gott, das klingt ja total spießig.

GERIT
Nein, überhaupt nicht, das erzählt ganz viel von deinem Charakter. Dass du so ein gewissenhafter Mensch warst, schon als Kind, und alles sehr ernst genommen hast. Dafür habe ich – als große Schwester – dich immer bewundert.

8

Der Lockruf des Westens

GERIT

Papa kam eines Tages mit einem Sack Obst und einer Ananas nach Hause. Das war das erste Mal, dass wir so etwas gesehen haben.

ANJA

Wir dachten: Ananas? Das ist doch irgendwas künstlich Hergestelltes.

GERIT

Aus der Büchse. Da stand nun aber dieses Ding vor uns auf dem Küchentisch, und ich staunte nur: Das also ist eine Ananas.

ANJA

Hatten wir noch nie gesehen.

GERIT

Was wir vom Westen wussten, erfuhren wir aus dem Westfernsehen, das wir sehr oft schauten, aus Westpaketen, die heiß begehrt, oftmals aber auch enttäuschend waren, und aus den Erzählungen unseres Vaters, der, da er von Berufs wegen als Dokumentarfilmer im Reisekader war, gelegentlich in den Westen fahren durfte. Unter anderem nach Belgien, aber er war auch mal in Algerien und im Libanon, wo er mit seinem DEFA-Team einen Film über das Leben der in Lagern wohnenden Palästinenser-Flüchtlinge drehte. Ein Kameramann, der Regisseur und unser Vater – die drei waren ein eingeschworenes Team. Wenn es in den Westen ging, unterstand das Drehteam einer strengen Kontrolle. Und man bekam Spesengelder, wertvolle Valuta. Um sie für Geschenke aus dem Westen aufzusparen, nahm unser Vater, genauso wie die anderen beiden, Lebensmittel von zu Hause mit auf die Reise, so viel wie möglich. Dauerwurst, Knäckebrot – alles, was lange aufbewahrt werden konnte. Mit dem Westgeld kaufte er uns Andenken oder auch Kleidung. Anja brachte er einmal Knöchelturnschuhe mit Klettverschluss mit. Oder er kaufte für uns zwei identische grüne Overalls, sie waren unser ganzer Stolz. Eine weitere Quelle für Klamotten aus dem Westen waren die besagten Pakete, die uns die Verwandtschaft schickte. Westpakete hatten einen ganz eigenen, unverwechselbaren Duft. Wir fanden ihn himmlisch. Man kann ihn nur schwer beschreiben. Eine Mischung aus Seife und Kaffee, auch wenn weder Seife noch Kaffee darin waren, das war dann wohl einfach das Westwaschmittel. Wenn ein solches Paket ankam, roch das ganze Haus danach. Kündigte unsere Mutter an, ein Päckchen aus dem Westen sei unterwegs, konnten wir den ganzen Tag an nichts anderes denken. Das war das Größte, die große, weite Welt. Dann kamen wir nach Hause, es roch im Haus nach Westpaket, wir rissen es auf, aber dann – häufig – nichts als Enttäuschung. In dem Paket befanden sich außer ein paar alten Faltenröcken oder aufgetragenen Hosen von einem Onkel oftmals nur leere Joghurtbecher. Warum man uns die schickte? Weil wir in der DDR ja keine Verpackungen hatten – alte Joghurtbecher anstatt Tupperware, so die Logik der Westverwandtschaft. Trotz allem überwog bei uns die Hoffnung, dass doch mal ein schickes Kleidungsstück dabei war. Die Klamotten unserer Cousinen passten uns aber nie. Wir waren ziemlich dünne Mädchen, die Cousinen jedoch, nun ja, weniger dünn. Aus der Not machten Anja und ihre Freundin Bettina eine Tugend, sie trennten die Klamotten auf und nähten neue daraus.

ANJA

Die Geschichte mit dem Westpaket geht aber noch weiter. Ich stellte irgendwann fest, dass Westbesucher an sich, Menschen, die aus dem Westen kamen, auch diesen einzigartigen Duft verströmten. Und wenn sie dann in unserem Wohnzimmer saßen, dachte ich: Wahnsinn, die riechen alle nach Westpaket. Umgekehrt sagten die aus dem Westen über uns, der Osten habe einen bestimmten Geruch. Damals glaubten wir, sie wollten damit ausdrücken, dass wir stinken, aber so war es nicht gemeint. Wenn man über die Grenze fahre, dann gebe es eben den ganz besonderen DDR-Geruch, hieß es, den wir nicht selbst wahrnahmen. Dann kam die Wende, und 1996 drehte ich einen russischen Film in Weißrussland. Als ich in Minsk aus dem Flieger stieg, nahm ich ihn zum ersten Mal in meinem Leben wahr, den Geruch des Ostens. Und ich dachte: Jetzt weiß ich, was sie damals meinten. Es ist ein ganz bestimmter Geruch. Mein nächster Gedanke war: Wenn ich das so wahrnehme, dann bin ja jetzt ich das Westpaket! Ich lief durch Minsk und beobachtete, ob die Menschen auf mich so reagierten wie ich damals auf meinen Westbesuch, ob sie mir hinterherschauten, weil ich diesen Geruch ausstrahlte, da wir nun alle Westpakete waren.

GERIT

Um uns Geschenke aus dem Westen mitbringen zu können, hat unser Vater auf seinen Dienstreisen lieber gehungert, als das Geld in Restaurants zu verpulvern. Und so passierte es schon einmal, dass mein Vater das preiswerteste Gericht auf der fremdsprachigen Speisenkarte auswählte, ohne zu wissen, was er da gerade bestellt. So bat er den Ober, er möge ihm bitte »einmal Kuvert« bringen. Könnte eine Suppe sein, dachte mein Vater. Der Ober stutzte, fragte nochmals nach und brachte dann auftragsgemäß »einmal Kuvert« – es war Salz, Pfeffer, Öl. Die Blamage war perfekt.

Wir denken, unser Vater durfte überhaupt nur in den Westen reisen, weil man bei ihm keine Fluchtgefahr vermutete. Die Familie, Frau und zwei Töchter, lebte in der DDR, die würde er wohl kaum im Stich lassen. Auf einer Dienstreise nach Belgien wurde unserem Vater einmal angeboten, im Westen zu bleiben. Er hätte einen Job beim WDR bekommen können. Doch er lehnte ab. Nie im Leben hätte er seine Familie verlassen oder in Gefahr gebracht, also unsere Mutter und mich, damals war Anja noch nicht geboren. Auch als junger Bursche wäre er nicht weggegangen, hätte seine Mutter und seine Geschwister nicht zurückgelassen. Da hätte man ihm noch so schöne Angebote machen können.

Unsere Eltern durften einmal gemeinsam in den Westen fahren. Sie hatten einen Antrag gestellt, um zum 80. Geburtstag eines Onkels reisen zu können, und der Antrag wurde genehmigt. Wir, die Kinder, waren ja weiterhin im Osten. Als sie später erneut einen Antrag für einen gemeinsamen Westbesuch stellten, wurde dieser aus ihnen unerfindlichen Gründen abgelehnt. Sie rätselten, was sie sich wohl – aus Staatssicht – hatten zuschulden kommen lassen, konnten sich aber keinen Reim darauf machen. Erst nach der Wende, als sie in ihrer Stasi-Akte lasen, wurde ihnen klar, was damals der Hintergrund gewesen war. Jeder wusste, dass die Staatssicherheit Nachbarn, Kollegen und Bekannte darüber aushorchte, ob wohl die Gefahr bestand, dass einer in den Westen abhaute. Zumal bei einem Filmschaffenden wie unserem Vater. Und in jenem Jahr, als meinen Eltern der Westbesuch verweigert wurde, hatte die Stasi offensichtlich einen unserer Nachbarn befragt. Dieser hatte behauptet, die Ehe meiner Eltern laufe ganz schlecht.

»Wenn ihr die fahren lasst, kommt einer von beiden garantiert nicht wieder zurück. Außerdem verkehren die in Künstlerkreisen.« Damit war man dem Regime per se suspekt. Und dann hatte der Nachbar offenbar noch einen draufgesetzt und berichtet, er habe beobachtet, dass die Klings regelmäßig Nacktpartys in ihrem Garten veranstalten würden. Vielleicht hatte er meine Mutter beim Sonnenbaden im Garten gesehen und sich gedacht: Nacktpartys. Das müssen potenzielle Flüchtlinge sein.

Im Nachhinein hört sich das möglicherweise amüsant an, aber damals war es das überhaupt nicht. Aus meiner Sicht war unser Vater immer politisch interessiert und auch engagiert, das brachte schon sein Beruf mit sich. Man konnte über alles mit ihm reden, und was nicht überzeugend war, das hat er auch ohne Scheu abgelehnt, zumindest im Familienkreis. Ein »Betonkopf« war er nie. Erst Anfang der 1980er-Jahre hat man ihn bedrängt, in seiner Funktion als Hauptproduktionsleiter mit der Stasi zusammenzuarbeiten. Er lehnte ab und war anschließend im beruflichen Leben wohl einer Reihe von Zurücksetzungen ausgesetzt, was wir im Detail erst nach 1989/1990 von unseren Eltern erfahren haben.

Unsere Mutter wehrte sich gegen die Bevormundung durch Staat und Partei mit Händen und Füßen, weswegen sie auch aus dem Schuldienst austreten wollte. Damals hatte sie eine neue Idee, wollte sich beruflich verändern, um nicht mehr in der Schule politisch gegängelt zu werden. Ihr Ziel: freischaffende Keramikerin. Ärzte hatten ihr bescheinigt, dass sie aus gesundheitlichen Gründen kürzertreten müsse. So machte sie eine Lehre zur Keramikerin. Das war ein harter Kampf, den unsere Mutter – letzten Endes erfolgreich – ausfocht. Damals war sie schon über 40. Die Ausbildung machte sie bei einem Töpfermeister, heimlich, neben ihrer Arbeit in der Schule. Keiner durfte etwas davon erfahren, weil sie ja offiziell noch nicht aus dem Schuldienst entlassen war. Nach dem Unterricht setzte sie sich in den Bus und fuhr zu ihrem Lehrmeister, der ihr an den Nachmittagen das Handwerk beibrachte. Zu Hause baute sie sich währenddessen ihre eigene kleine Werkstatt auf, mit einem Brennofen, auf den man sieben Jahre warten musste. Und als nach langer Zeit alles geschafft war, die Voraussetzungen zur Arbeit als Keramikerin geregelt, die Werkstatt fertig, konnte sie endlich anfangen, in ihrem neuen Beruf Geld zu verdienen. In dem Moment fiel die Mauer. Darüber war unsere Mutter einerseits natürlich glücklich, beruflich änderte sich andererseits alles für sie. Keramiker waren im Osten gesucht, die Auswahl an Produkten war nicht sehr groß. Ein Teeservice bekam man nicht im Geschäft, da ging man besser zu einem Keramiker. Nun aber hieß es: Warum soll ich mit meinem Westgeld ein Unikat beim Keramiker kaufen, wenn ich das Gleiche im Kaufhaus viel billiger und schneller bekomme? Meine Mutter war sehr unglücklich über diese Situation. Sie wollte auch nicht auf Töpfermärkten stehen und Schüsselchen verkaufen. So entstand die Idee, dass sie erneut beruflich umsattelte, unsere Agentin wurde und eine bis heute erfolgreiche Schauspieleragentur aufbaute.

ANJA

Unsere Mutter war diejenige, die, solange ich denken kann, immer zu Gerit und mir sagte: »Kinder, ich liebe euch heiß und innig. Aber ihr müsst schauen, dass ihr rauskommt aus diesem Land. Wir können uns immer irgendwo sehen. Ich werde sehr weinen, wenn ihr nicht mehr da seid. Und es wird ganz schlimm sein. Aber wenn ihr mehr erreichen wollt, als hier möglich sein wird, dann geht Richtung Westen.« Das ist aus unserer Sicht ein Zeichen der absolut größten Liebe.

Wenn etwas verboten war, wurde Gerits Widerspruchsgeist erst recht angeregt. Als zum Beispiel untersagt wurde, Plastiktüten aus dem Westen in die Schule mitzubringen – etwas derart Dekadentes, die Tüte war Sinnbild des Feindes –, trug Gerit Tag für Tag demonstrativ eine Plastiktüte mit sich durch die Gegend und drapierte sie auch so auf ihrem Schultisch, dass jeder Lehrer sie sehen konnte. Sie bekam richtig Ärger, eine Verwarnung nach der anderen, die Tüte wurde eingezogen. Was ein schmerzlicher Verlust war, denn hatte man eine Tüte aus dem Westen ergattert, wurde sie gebügelt, zusammengelegt und gehütet wie eine Gucci-Handtasche. Mit solchen Aktionen trieb Gerit unsere Eltern in den Wahnsinn. Aber genau das waren die kleinen Möglichkeiten, sich zu wehren. Auch sangen wir am liebsten Lieder, die wir nicht singen durften, zum Beispiel »Sonderzug nach Pankow« oder »Mädchen aus Ostberlin«. Udo war unser Idol.

Uns wurde ja alles vorgeschrieben. Was wir lesen, hören, sehen durften. Also hörten wir heimlich im Kinderzimmer unter unserer Bettdecke die Schlager der Woche im Westradio, heimlich aber nur, weil unsere Eltern nicht wollten, dass wir so lange wach blieben. Und natürlich schauten wir alle zusammen Westfernsehen, wie es eigentlich jeder in der DDR tat, der nicht völlig verblendet war oder dummerweise in der Dresdner Gegend lebte, dem Tal der Ahnungslosen, wo es keinen Westempfang gab. Wenn wir Besuch von Bekannten oder Verwandten aus Dresden bekamen, saßen sie bei uns die ganze Zeit vorm Fernseher und konnten gar nicht glauben, was es in der Welt alles zu sehen gab. Sie waren natürlich eingelullt durch das Ostfernsehen. Das Westfernsehen vermittelte uns schon im Kindesalter ein Bild des goldenen Westens. Dass natürlich nicht alles dort golden war, erfuhren wir erst Jahre später. Und der Westen, Westberlin, lag quasi vor unserer

Haustür, zum Greifen nah, nur: Mal eben rüberzufahren war unmöglich – das lag so weit im Bereich des Unmöglichen wie eine Reise zum Mars.

Im Westfernsehen schauten wir uns eigentlich alles an, was gerade lief. Filme und Serien wie *Lassie*, *Flipper* oder *Unsere kleine Farm*, TV-Shows wie *Wetten, dass ..?*, natürlich die Nachrichten, und selbst die Werbung faszinierte uns. Unsere Eltern achteten allerdings sehr darauf, dass das niemand mitbekam, der uns hätte denunzieren können. Ostfernsehen lief auf Kanal 5, Westfernsehen auf Kanal 7. Wenn es an der Tür klingelte, schalteten wir schnell von 7 auf 5 um. Aus unserer Generation kenne ich überhaupt niemanden, der nicht Westfernsehen geschaut hat. Selbst die Polizistentochter aus meiner Klasse, die streng erzogen wurde, guckte immer Kanal 7. Als wir noch kleiner waren, wurde uns eingetrichtert, uns bloß nicht zu verplappern.

»Redet niemals darüber in der Schule. Vor allem sagt nie ein Wort zu eurer Lehrerin.« Unsere Lehrerin in Staatsbürgerkunde an der POS, der Polytechnischen Oberschule, war eine zu hundert Prozent Linientreue. Eine von denen, die nichts durchgehen ließ. Eine Schulfreundin fühlte sich plötzlich ziemlich ungerecht von ihr behandelt. Ihr Vater hatte kurz zuvor einen Ausreiseantrag gestellt. Diese Lehrerin hat nach der Wende dann einfach weiter in ihrem Beruf gearbeitet. Sie erklärte, sie sei ihr Leben lang eine stramme Sozialistin gewesen, und alles, was sie getan habe, sei aus Überzeugung geschehen. Jetzt sei die Zeit aber eine andere, und sie müsse sich schließlich anpassen. Auf diese Weise schaffte sie es, sich durchzumogeln, und gab fortan natürlich keinen Staatsbürgerkunde-Unterricht mehr, sondern wechselte zur Sozialkunde. WAT – Wirtschaft, Arbeit, Technik. Diese Lehrerin war es übrigens auch, die damals Gerits schöne Westplastiktüte konfisziert hatte.

GERIT

Als unsere Mutter uns riet, wir müssten raus aus diesem Land, hat sie die Konsequenzen für sich selbst verdrängt. Wie traurig es sein würde, wenn wir nicht mehr da wären. Und unser Vater meinte dann: »Sag doch den Kindern so etwas nicht. Wir machen es uns hier ganz gemütlich. Wir rücken zusammen und haben doch uns.« Aber von früh an säte unsere Mutter in uns den Wunsch nach Freiheit, die Idee, irgendwann die DDR zu verlassen. Ich rechne ihr das heute hoch an, jetzt, da ich selbst Kinder habe. Das muss man erst einmal schaffen, deinen eigenen Kindern zu sagen: »Wenn ihr mehr wollt, als hier möglich sein wird, dann müsst ihr gehen.«

ANJA

Man denkt immer, wir sind im Osten alle wahnsinnig gedrillt worden. Das mag wohl sein, aber ich selbst habe es – zumindest als Kind – nicht so empfunden, auch wenn es sie natürlich gab, die Hardliner unter den Lehrern, die den Ehrgeiz hatten, uns zu strammen Kommunisten zu erziehen. Persönlich erlebte ich in der Schule keine Schikanen, habe sie aber bei Mitschülerinnen und Mitschülern beobachtet, was ich den Lehrern bis heute übel nehme. Wie eben bei meiner Freundin, deren Vater einen Ausreiseantrag gestellt hatte. Ihre Eltern waren längst geschieden, und meine Freundin hatte gar keinen Kontakt mehr zu ihrem Vater. Aber von dem Tag an, als er den Antrag stellte und die Lehrerin davon erfuhr, sah meine Freundin keine Sonne mehr, bekam nur noch Fünfen, war praktisch politisch unten durch. Die Partei war in unserem Schulalltag stets präsent, auch wenn Pionier- und FDJ-Nachmittage letztlich nichts anderes als Zeiten zum Spielen waren. Es kam immer auch darauf an, an welche Lehrer man geriet. Diesbezüglich hatte ich Glück. Ich war, wie gesagt, ein braves Kind, eckte nicht an und tanzte nicht aus der Reihe. Mir gefiel sogar meine Pionieruniform. Von der ersten bis zur dritten Klasse war man Jungpionier und trug ein blaues Halstuch. Von der vierten bis zur siebten Klasse waren wir Thälmannpioniere und trugen ein rotes Halstuch. Zur Pionierkleidung gehörten neben dem Halstuch eine weiße Bluse und ein blaues Käppi. Niemand setzte das Käppi so gern auf wie ich. Ich fand mich als Jungpionier todschick damit. Wenn man als FDJler später das Glück hatte, eine echte Baumwollbluse zu bekommen anstatt einer aus Synthetik, die sich fies anfühlte, war alles halb so schlimm. Ich kann nicht behaupten, in der Schule unter politischem Drill gelitten zu haben.

Bis zum Abi.

Damals machte ich eine Erfahrung, die mich in Mark und Bein getroffen hat. Auf der EOS (Erweiterten Oberschule) hatten wir in Staatsbürgerkunde eine Lehrerin, die uns knallhart sozialistisch unterrichtete, und zwar nach Lehrbüchern von 1969, mit einer Welt in Schwarz-Weiß, hier der gute Kommunismus, dort der böse Kapitalismus. Allein das regte uns in der Klasse wahnsinnig auf. Die kann uns doch nicht ernsthaft solche Bücher geben, dachte ich. Man darf nicht vergessen, dass ich 1989 das Abitur machte. Alles war bereits in Aufruhr, ich hatte schon Filme gedreht und ging zu den Demos an der Gethsemanekirche, Prenzlauer Berg, mit Wasserwerfern und allem Drum und Dran. Ich war mittendrin und selbst in Aufbruchsstimmung. Doch während im Sommer 1989 die Hälfte meiner Freunde über Ungarn in den Westen flüchteten, ging ich immer noch zum Staatsbürgerunterricht bei dieser Frau. Eines Tages gab sie uns eine Aufgabe, die so lächerlich war, dass man es sich kaum vorstellen konnte. Wir sollten eine Tabelle mit »Moralbegriffen« auswerten. Auf der einen Seite stand oben das Wort »Sozialismus« und auf der anderen der Begriff »Kapitalismus«. In der Sozialismus-Spalte war dann zu lesen:

»Fleiß«, »Mut«, »Ehrlichkeit«. Nur Positives. Und in der Kapitalismus-Spalte stand das Gegenteil: »Faulheit«, »Feigheit«, »Unehrlichkeit«. Darüber sollten wir nun im Unterricht ernsthaft diskutieren. Doch dann geschah etwas, was für meine Verhältnisse an Rebellion grenzte. Ich war außer mir, ich fühlte mich provoziert und meldete mich mit den Worten: »Ganz ehrlich, das kann doch nicht Ihr Ernst sein! Wir sind 18 Jahre alt. Wir sind denkende Menschen, wir leben im Jahr 1989, wir sehen alle, was draußen los ist. Sie wollen doch nicht ernsthaft von uns verlangen, dass wir diese Tabelle hier auswerten?«

Mucksmäuschenstille, die gesamte Klasse schwieg. Die Lehrerin schaute mich an und sagte: »Stehen Sie bitte auf, kommen Sie nach vorn und erklären Sie Ihren Klassenkameraden, was Sie damit meinen.« Zuvor auf dem Schulhof hatten wir, meine Klasse, gerade erst darüber diskutiert, wie wir uns in Staatsbürgerkunde verhalten sollten. Denn um studieren zu dürfen, brauchten wir in dem Fach eine gute Note. Also hatten wir uns darauf verständigt, aus der Not heraus zu allem Ja und Amen zu sagen, was uns die Lehrerin auftischte. Auch wenn es überhaupt nichts mit unserer politischen Meinung zu tun hatte.

Ich stand auf und sagte: »Ich nehme mal diese beiden Begriffe aus dieser Tabelle: ›Ehrlichkeit‹ und ›Unehrlichkeit‹. Wir sind doch die unehrlichsten Personen dieser ganzen Welt. Seit dem Kindergarten werden wir zu Unehrlichkeit erzogen. Sie wollen, dass wir dieses und jenes sagen. Und wir tun das auch, aber nur, weil wir die Eins brauchen und sonst nicht studieren können. Wir wollen aber studieren, also schlucken wir diese bittere Pille. Ich sage Dinge, nur weil Sie sie hören wollen, aber sie entsprechen nicht meiner Meinung. Auf dem Schulhof, wenn Sie nicht dabei sind, reden wir so, wie wir denken. Wenn das nicht unehrlich ist, dann weiß ich auch nicht weiter. Und Sie wollen jetzt, dass ich diese Tabelle ernsthaft auswerte? Ich kann weitermachen mit den Begriffen ›Mut‹ und ›Faulheit‹ und dem Quatsch, der hier steht. Das alles ist Unsinn. Zu jedem einzelnen Ihrer Moralbegriffe könnte ich einen Vortrag halten und ein Gegenbeispiel aufzeigen.«

Daraufhin schaute die Lehrerin in die Klasse und sagte: »Ich hoffe, Sie haben gerade mitbekommen, was Ihre Klassenkameradin Anja Kling über Sie sagt. Sie behauptet, dass Sie alle hier Heuchler und Intriganten sind. Und darauf möchte niemand von Ihnen etwas antworten?«

Ich unterbrach sie und sagte: »Nein, nein, ich behaupte das nicht von meinen Klassenkameraden. Ich meine uns alle, auch und vor allem mich selbst.«

Die Stille im Raum war plötzlich ein körperliches Gefühl. Schließlich meldete sich einer meiner Mitschüler: »Ich sehe es genauso wie Anja. Sie hat völlig recht.«

»Sie und Anja«, sagte die Lehrerin, »ich möchte, dass Sie sofort meinen Unterricht verlassen.« Sekundenlang war ich wie in einer Schockstarre, dann packte ich meinen Kram zusammen, verließ den Raum und fuhr nach Hause. Ich konnte nicht mehr aufhören zu heulen. Was war da passiert? So kurz vor dem Abi? Meine Mutter war an dem Tag zu Hause – sie hatte damals schon ihre Keramikwerkstatt – und wunderte sich, warum ich so früh aus der Schule kam. Sie versuchte, mich zu trösten. Ich war fest entschlossen, nie wieder einen Fuß in diese Schule zu setzen. Meine Eltern redeten den ganzen Abend auf mich ein. Wie dumm es wäre, so kurz vor dem Ende hinzuschmeißen. Also schleppte ich mich am nächsten Morgen wieder in die Schule. Als ich ankam, stand meine Klasse in einer Traube vorm Schwarzen Brett im Foyer. Alle guckten mich mitleidig an, und wie in einem Film bildeten sie eine Gasse für mich, damit ich lesen konnte, was auf dem Zettel am Schwarzen Brett stand.

Anja Kling
bitte vor der 1. Stunde zum Direktor!

Unser Schulleiter war mein großes Glück. Er, ein Filmfan, war stolz auf mich, seine Schülerin, die schon ihren ersten Kinofilm – *Grüne Hochzeit* – gedreht hatte. Zudem mochte er mich auch ganz gern.

»Mädel, was hast du denn da gemacht?«, begann er das Gespräch.

»Gar nichts hab ich gemacht. Ich habe erklärt, warum ich finde, dass wir so nicht unterrichtet werden dürfen. Es ist einfach Quatsch, was da in dem Buch steht.«

Und dann sagte er: »Ja, aber pass mal auf. Deine Lehrerin hat beantragt, dich von der Schule zu werfen. Das Ganze war, so kurz vorm Abi, einfach nicht sehr schlau von dir. Du könntest ein super Abitur machen, und jetzt versaust du es durch diese Aktion. Aber es gäbe da einen Ausweg«, fuhr er fort. Meine Lehrerin würde sich damit zufriedengeben, wenn ich mich vor dem Fahnenappell, sprich vor der gesamten Schule, mit einem Mikrofon bei ihr entschuldige.

»Nee, das kann ich nicht«, schossen die Worte nur so aus mir heraus. »Das geht nicht. Ich kann das nicht.«

Das war für mich ein richtiges Drama, weil ich dachte, wenn ich das tue, verrate ich mich ja selbst.

Ich solle mich jetzt mal wieder beruhigen, sagte der Direktor zu mir. Es gebe ja verschiedene Möglichkeiten …

»Niemand hat verlangt, dass du dich für die Inhalte entschuldigst. Man kann sich auch für andere Dinge entschuldigen, wenn du verstehst, was ich meine?« Dann durfte ich gehen.

Am nächsten Morgen beim Fahnenappell, alle Schüler, das gesamte Lehrerkollegium hatten sich versammelt. Da stand ich nun, mit hochrotem Kopf, ein Mikro in der Hand, und sagte: »Es gab in der 12/2 einen Vorfall mit meiner Lehrerin. Wir sind gestern im Unterricht aneinandergeraten, und ich möchte mich hiermit bei Ihnen für die Art und Weise meines Ausdrucks entschuldigen. Ich hätte es vielleicht anders formulieren sollen. Tut mir leid.« Mehr sagte ich nicht. Meine Lehrerin stand die ganze Zeit mit versteinertem Gesicht neben mir.

Dann trat der Schulleiter zu mir, entriss mir das Mikro und sagte schnell: »So, und damit ist die Sache erledigt.«

Die Lehrerin wurde übrigens später, nach der Wende, suspendiert. Nach meiner öffentlichen Entschuldigung musste ich weiterhin zu ihr in den Staatsbürgerkunde-Unterricht gehen. Ich sagte nie wieder ein Wort, saß auf meinem Platz und schwieg, und auch sie würdigte mich keines Blickes mehr. Für mich war dieses Erlebnis ganz prägend, weil es mir bewusst machte: In so einem Land will ich eigentlich nicht leben. Und bald darauf sind wir geflüchtet. Gerit und ich.

GERIT

Weil wir in diesem Land nicht eingesperrt sein wollten. Weil wir freie Menschen sein wollten, frei im Denken, frei im Handeln. Ohne Angst vor Denunzianten, vor der Stasi. Ich gehe davon aus, dass es auch über mich eine Stasi-Akte gibt, aber ich hatte nie das Bedürfnis, im Nachhinein zu erfahren, wer mich wann und wo bespitzelt hat. Möglicherweise waren es Menschen, von denen ich nie gedacht hätte, sie könnten für die Stasi tätig sein. Diese Enttäuschung möchte ich mir ersparen.

9

April, April

GERIT

Ich habe meine Lehrer zur Weißglut gebracht mit meinen Aktionen und Aprilscherzen. Es ging oft bis an die Schmerzgrenze.

ANJA

Manchmal auch darüber.

GERIT

Manchmal auch sehr darüber.

ANJA

Aber lieber hast du die Strafe in Kauf genommen, auch wenn du bei deinen Lehrern anschließend nichts mehr zu lachen hattest.

GERIT

Ich hatte schon vorher nichts zu lachen und danach überhaupt nicht mehr. Aber wir haben uns immer königlich amüsiert.

ANJA

Aber auch nur, wenn man nicht selbst dein Aprilscherz-Opfer wurde. Und das wurde man oft.

GERIT

Stimmt, hast recht. Ich hab mich königlich amüsiert.

GERIT

Wegen meiner ausufernden Fantasiegeschichten hatte ich ohnehin keinen guten Stand bei den Lehrern, ganz schlimm wurde es aber, wenn der 1. April nahte. Dann mussten meine Lehrer dran glauben und wurden richtig schön reingelegt. Da gab es zum Beispiel unsere reizende Lehrerin in ESP und TZ, also in »Einführung in die sozialistische Produktion« und »Technisches Zeichnen«. Genauso bieder und öde, wie es klingt, war es auch. Beides Fächer, in denen ich nicht mit guten Noten herausstach. Diese Lehrerin also hatte ich zu meinem nächsten Opfer auserkoren. Der Aprilscherz war genau nach meinem Geschmack.

Durch Zufall hatte ich irgendwann mitbekommen, dass die Lehrerin damals gerade ein Haus baute und dringend auf der Suche nach Fliesen war, für das neue Badezimmer. Nun konnte man in der DDR bekanntlich nicht einfach in ein Geschäft gehen und das kaufen, was man benötigte. Schon gar nicht Fliesen. Folglich hatte ich mir eine List für den 1. April überlegt.

Nach der ESP-Stunde wanzte ich mich an die Lehrerin heran. »Ich habe gehört, Sie brauchen Fliesen für Ihren Hausbau?«

»Ja, wieso fragst du mich das, Gerit?«

»Weil sich bei uns im Keller ganz, ganz viele Fliesen stapeln. Alle aus dem Westen. Haben meine Eltern irgendwie bekommen. Aber wir brauchen die gar nicht. Wenn Sie wollen, frage ich mal, ob Sie die vielleicht haben können.«

In ihrem Gesicht zeichnete sich ihre ganze Not ab, einerseits war sie heiß auf unsere – möglicherweise illegal eingeführten – Westkacheln, andererseits widersprach mein unmoralisches Angebot allem, wofür diese Frau als strammes Parteimitglied eintrat. Wie gesagt, sie unterrichtete »Einführung in die sozialistische Produktion«, Planwirtschaft pur. Doch dann siegte sie, die Versuchung Westfliese! Sie bekam einen roten Kopf und hektische Flecken. Was sie denn tun müsse, um an die Fliesen heranzukommen, wollte sie von mir wissen. Also, ich würde gleich nach dem Unterricht mit meinen Eltern sprechen, erwiderte ich, und am besten wäre es, wenn sie gleich am Abend – sobald es dunkel war! – zu uns nach Hause käme, um alles zu regeln. Meine Eltern hatte ich natürlich nicht eingeweiht.

Abends klingelte es an unserer Haustür.

»Hier bin ich, Frau Kling!«

»Ja …?«

»Wegen der Fliesen. Ich bin wegen der Fliesen hier.«

»Wie bitte?« Meine Mutter immer noch völlig ahnungslos.

»Die Fliesen in Ihrem Keller …«

»Welche Fliesen?«

»Na, Sie wissen schon. Die, die Sie nicht benötigen.« Stille!!! Meiner Mutter dämmerte langsam, was hier vor sich ging, und ich im Nebenraum beömmelte mich. Dann streckte ich meinen Kopf zur Tür hinaus, grinste meine Lehrerin an und piepste: »Was ist heute für ein Tag? April! 1. April!«

Unsere Mutter musste innerlich sehr lachen, versuchte aber, sich zu beherrschen. Nur eine fand das alles überhaupt nicht lustig und zog beleidigt und wütend von dannen. Diese Schmach hat mir die Lehrerin nie verziehen. Aber ich hatte Spaß. Und das war's mir wert.

ANJA

Solange ich zurückdenken kann, hat Gerit uns in den April geschickt, bisweilen ganz schön extrem. Daraus entstand so etwas wie eine Familientradition. Gerit legte den Grundstein, und noch bis heute ist der 1. April für uns ein Tag, für den man sich wappnen sollte. Wie auch immer Gerit es anstellte: Jedes Jahr fielen wir aufs Neue auf sie rein. Auch später, als sie schon nicht mehr zu Hause wohnte und studierte. Regelmäßig am 1. April musste mich Jens, mein damaliger Freund, daran erinnern: »Achtung,

Anja, denk daran, heute ist es wieder so weit. Wenn Gerit anruft – was immer sie auch sagt, nichts davon ist wahr. Dieses Jahr macht sie die Rechnung ohne uns. Wir fallen nicht auf sie rein.« Und taten es dann doch. Denn was sie anstellte, war klug durchdacht und von langer Hand geplant. Bei einem Aprilscherz durfte nichts dem Zufall überlassen werden.

Ganz arg trieb sie es einmal – das war noch lange vor der Wende –, in einer Zeit, die ohnehin für unseren Vater sehr belastend war. Damals setzte die Stasi ihm zu, indem sie ihn aufforderte, für sie tätig zu werden. Er weigerte sich standhaft, lehnte immer wieder ab, doch weil er das tat, musste er davon ausgehen, dass er von da an unter besonderer Beobachtung stand. Hinter jeder Laterne, hinter jedem Zaunpfahl vermutete er seitdem die Staatssicherheit. Sie hätten ihn auf dem Kieker, sagte er immer wieder. Und wann immer es an unserer Tür klingelte, argwöhnte er: »Das sind sie.« Es war manchmal anstrengend für die Familie, vor allem für meine Mutter. Nicht so sehr für Gerit, sie besuchte in dieser Zeit bereits die Schauspielschule in Berlin, während ich noch zu Hause wohnte. Ende März bekamen wir einen Brief, adressiert an die Familie Kling. Mein Vater öffnete den Umschlag, und während er schweigend las, verdüsterte sich seine Miene. Der Wortlaut des Briefes lautete: »Werte Familie Kling! Ich habe erfahren, dass Sie Ihr Haus gegen eine 3-Zimmer-Wohnung tauschen wollen. Ich bitte Sie deshalb um eine Unterredung. Ich habe eine 3-Zi.-Wohnung in Potsdam (am Stern). Sie können mich unter der Telefon-Nr. 27653 erreichen. Ich würde mich am Montagabend (gegen 19.00) bei Ihnen melden. Ich bitte Sie, mich zu informieren (obenstehende No.) für den Fall, dass Sie nicht zu Haus sind. Mit frdl. Grüßen, Angelika Waltrott.«

Werte Familie Kling!

Ich habe erfahren, daß Sie
Ihr Haus gegen eine 3-Zim-
merwohnung tauschen wollen.
Ich bitte Sie deshalb um eine
Unterredung.
Ich habe eine 3-Zi.-Wohnung
in Potsdam (am Stern).
Sie können mich unter der
Telefon-Nr. 27653 erreichen.
Ich würde mich am Montag-
abend (gegen 19^{00}) bei Ihnen
melden.
Ich bitte Sie, mich zu infor-
mieren (obenstehende No.) für
den Fall, daß Sie nicht
zu Haus sind.

Mit frdl. Grüßen
Angelika Waltrott

Gerits Aprilscherz-Brief an ihre Eltern

Nur diese wenigen Zeilen, das war alles. Auf der Rückseite des Umschlags stand als Absender eine meinen Eltern unbekannte Frau samt Adresse: Angelika Waltrott, Goethestraße 6, Potsdam. Meinem Vater standen Schweißperlen auf der Stirn, er war fix und fertig.

»Das ist doch nur ein Vorwand! Der Brief kommt in Wirklichkeit von der Staatssicherheit, die wollen hier bei uns rein. Das ist alles fingiert. Die marschieren hier am Montag rein und wollen uns aushorchen.«

Das sei sicher nur ein dummes Missverständnis, wehrten wir ab, er solle sich keine Sorgen machen. Aber er steigerte sich in diese

Stasi-Geschichte mehr und mehr hinein und beschloss, jetzt und sofort zu der Adresse zu fahren, die als Absender genannt war. Diese Angelika Waltrott wollte er sehen. Er setzte sich ins Auto und machte sich auf den Weg. In Potsdam-West gab es eine Goethestraße Nummer 6. Unser Vater fand ein Haus mit mehreren Parteien vor. Er studierte das Klingelschild – keine Frau Waltrott. Kurzum schellte er bei allen sechs Bewohnern, und wo immer sich jemand meldete, fragte er nach einer Angelika Waltrott. Die einhellige Antwort lautete: »Gibt's hier nicht. Kennen wir nicht.« Spätestens jetzt war mein Vater am Rande des Nervenzusammenbruchs. Das hier war in seinen Augen der eindeutige Beweis. »Auf jeden Fall ist es die Stasi. Die Frau gibt's gar nicht.«

An diesem Tag war unser Vater stundenlang unterwegs, um zu recherchieren, was es mit der mysteriösen Briefeschreiberin auf sich haben könnte. Irgendwann trudelte er wieder zu Hause ein. In der Zwischenzeit war unsere Nachbarin zu uns gekommen. Meine Mutter erzählte ihr von dem Brief und dem Stasi-Verdacht.

»Schauen Sie mal, dieser Brief hier. Von irgendeiner Waltrott.« Die Nachbarin schaute sich den Brief an.

»Am Montag will sie kommen?«

»Montag, Montag, das ist … Moment …«, sagte meine Mutter, »Montag, das ist der 1. Apr…«

O nein, o doch, Gerit!

Ein Aprilscherz, der schon an die Grenzen ging.

Aber auch kleine Aktionen, das haben wir über die Jahre gelernt, können große Wirkung haben, wenn man es richtig anstellt. In einem anderen Jahr hatte sich Gerit Folgendes für den 1. April ausgedacht: Einige Zeit zuvor hatte sie auf dem Trödelmarkt vier Küchenstühle gekauft, um bald darauf festzustellen, dass sie in ihrer Studentenbutze gar keinen Platz dafür hatte. Und da sie merkte, dass unserer Mutter die Stühle gefielen, schenkte sie ihr diese großzügig. Es vergingen ein paar Monate, unsere Mutter strich die Stühle liebevoll und erfreute sich täglich an ihnen. Doch eines Tages kam sie nach Hause, und es standen nur noch zwei der vier Stühle in der Küche. Auf dem Küchentisch lag ein Zettel von Gerit: »Liebe Mama, lieber Papa, ihr werdet Verständnis dafür haben, denn die Stühle habe ja ursprünglich ich auf dem Trödelmarkt gekauft. Jetzt brauche ich sie leider wieder und habe zwei mit zu mir genommen, aber zwei lasse ich Euch.« Meine Mutter war außer sich vor Wut.

»Ohne Ankündigung! Was fällt ihr ein?« Wir waren ja noch zu dritt. »Soll jetzt einer von uns beim Essen stehen? Das muss man doch vorher besprechen. Dann kann sie ihre anderen bescheuerten Stühle auch noch haben.« Sie griff zum Telefon, rief Gerit an und donnerte los. Was das für eine Unverschämtheit sei, einfach zwei Stühle mitzunehmen und so weiter.

»Mama, beruhig dich mal …«, setzte Gerit an. Sie beruhigte sich aber nicht und ließ sich auch nicht unterbrechen. Doch irgendwann ging ihr die Luft aus, und Gerit sagte, ganz sanft: »Was ist heute für ein Tag?«

O nein, o doch, Gerit!

Neues Jahr, neues Glück, und der nächste Aprilscherz. Die legendäre *kinder*-Schokolade-Geschichte. Dazu muss ich ein bisschen in unsere Vergangenheit zurückgehen. Gerit und ich waren schon immer große Schokoladen-Fans, jede auf ihre Art. Wenn Westpakete mit der guten Schokolade kamen, war ich diejenige, die ihre Vorräte immer gierig und schnell verschlang, während Gerit sich ihre Schokolade gut einteilte, um sie über längere Zeit genießen zu können. Vor allem hat sie immer gewartet, bis ich blank war, um mir dann schadenfroh ihre sorgfältig aufgehobenen Vorräte vorzukauen. Wirklich fies, fand ich damals. Finde ich auch heute noch. Eines Tages wollte ich es ihr heimzahlen und hatte zu diesem Zweck extra einen Riegel *kinder*-Schokolade so lange aufbewahrt – nein, mir vom Munde abgespart! –, bis auch Gerits Vorräte aufgegessen waren. Das war eine echte Herausforderung, aber ich hatte es geschafft. Die *kinder*-Schokolade, nur im Intershop erhältlich, war der Inbegriff des herrlich süßen Westens für uns. Und als meine Schwester dann so richtig Lust auf Schokolade bekam, zauberte ich feierlich meinen letzten Riegel hervor. Ich wollte ihn gerade genüsslich und ganz langsam verzehren, als sich Gerit auf den Boden warf und losheulte, sie würde sterben, wenn sie nicht jetzt und sofort ein kleines Stückchen meiner *kinder*-Schokolade abbekäme. Dabei hielt sie sich theatralisch den Bauch und veranstaltete ein richtiges Drama. Was mich wiederum so überraschte und aus der Fassung brachte, dass ich ihr aus Mitleid meinen letzten Riegel anbot. Das war ein Fehler. Plötzlich war Gerit wie ausgewechselt, schnappte sich hämisch die Schokolade und amüsierte sich darüber, wie man nur so doof sein konnte. Dabei schmatzte sie meine Schokolade laut in sich hinein. Das wiederum war ihr Fehler. Mich packte eine solche Wut, dass ich, ohne nachzudenken, auf sie sprang, ihr Daumen und Zeigefinger in den Mund rammte, mir alles griff, was an Schokolade übrig war, und mir die Reste selbst in den Mund steckte. Ich glaube, nie wieder habe ich so schnell Schokolade verschlungen wie in diesem Moment.

Diese Story aus unserer Kindheit erzählten wir eines Tages in der *NDR Talk Show* und warfen uns dabei die Bälle nur so zu. Die Talkshow fand Mitte März statt, damals wohnten Gerit und ich noch zusammen in dem Haus gleich neben dem unserer Eltern. Gerit im Erdgeschoss, ich über ihr in der ersten Etage. Einige Zeit nach der Talkshow hörte ich, wie Gerit eines Morgens – tapp, tapp, tapp – die Treppe zu mir hochkam, dabei wedelte sie aufgeregt und lachend mit einem Blatt Papier in den Händen. Sie hielt es mir unter die Nase, und ich, noch verschlafen, las nur ein Wort: Vertrag. Oben im Briefkopf sah ich ein Logo, das mir bekannt vorkam – *kinder*-Schokolade.

»Ja, die Hersteller von *kinder*-Schokolade bieten mir einen Werbevertrag an. Und nun schau mal hier auf die Summe, die sie mir dafür zahlen wollen.« Ich weiß nicht mehr, wie viel Geld es war, aber es war sehr, sehr viel! Gerit plapperte die ganze Zeit weiter, und als ich nicht reagierte, sah sie mich erstaunt an. »Och, Anjalein, hast du denn keinen Vertrag in der Post gehabt? Das wäre total unfair, das ist doch unsere gemeinsame Geschichte.«

»Nee, bisher nicht. Aber ich schau jetzt mal nach.« Rasch lief ich zum Briefkasten. Aber der war leer. Eine echt blöde Situation für mich, weil ich mich einerseits für Gerit freute und andererseits sauer war. Weil ich dachte: Das ist schon 'ne Frechheit! Das ist unsere, eigentlich sogar mehr meine Geschichte. Und ich bekam keinen Werbevertrag? Wo blieb da die Gerechtigkeit? Aber ich gab mir Mühe, mir meine schlechte Laune nicht anmerken zu lassen, und sagte nur: »Ist doch schön für dich, Gerit, dass du jetzt Werbung für *kinder*-Schokolade machen darfst ...«

Und in dem Moment hörte ich die berühmt-berüchtigten Worte aus dem Mund meiner lieben Schwester: »Was ist heute für ein Tag?«

O nein, o doch, Gerit!

Wieder mal hatte sie mich drangekriegt. Wieder mal hatte sie alles bis ins letzte Detail vorbereitet, das Logo von einer *kinder*-Schokolade-Schachtel ausgeschnitten und im Copyshop auf den Briefbogen kopiert, damit es täuschend echt aussah, den angeblichen Werbevertrag professionell aufsetzen lassen. Alles nur, um mich zu foppen. Hatte auch geklappt.

GERIT

Ich muss zugeben, dass meine Gags in letzter Zeit ein bisschen schwächeln. Aber ich bereite mich auch nicht mehr so intensiv darauf vor wie früher, ich sollte wieder mehr Ehrgeiz entwickeln. Die Ideen gehen mir ja nicht aus. Einmal hatte ich mir einen menschlichen Finger besorgt, na ja, also einen aus Plastik, der aber sehr echt wirkte. Ich verbuddelte ihn im Garten. Und anschließend tat ich so, als würde ich die Beete umgraben und dabei – rein zufällig – den Finger finden. Der schaute zur Hälfte aus dem Erdreich, schön fies, schmutzig und blutig. Als Nächstes simulierte ich einen filmreifen hysterischen Schreianfall. Leon, mein Sohn, hörte mich und kam nach draußen gestürmt.

»Was ist los, Mama? Hast du dich verletzt?«

»Guck mal!« Mit gespieltem Ekel und um Worte ringend zeigte ich ihm den Finger, der – wie gesagt – erschreckend real wirkte.

»Bloß nichts anfassen, Leon, wir machen erst Fotos, danach rufen wir die Polizei«, sagte ich. »Das ist ein Fall für die Spurensicherung.« Wir fotografierten den Finger von allen Seiten. Mein armer Sohn hatte keine Ahnung, was ich da mit ihm anstellte. Er glaubte wirklich, ich sei beim Umgraben auf ein Körperteil gestoßen. Damit nicht genug, die Fotos schickte ich mit dem Handy als Nächstes an Anja.

»Du glaubst nicht, was bei uns gerade los ist! Ein Leichenfund im Garten«, schrieb ich und wartete auf ihre Reaktion. Das dauerte.

Und dann kam diese Antwort: O nein, o doch, Gerit, was ist heute für ein Tag?

Letztes Jahr ging mein Plan aber wieder auf. Ich rief Anja an.

»Du, ich muss dir was sagen. Und jetzt bitte nicht gleich ausflippen.« Pause. »Wir bekommen Nachwuchs.«

Schweigen am anderen Ende, dann Anja: »Nein!«

»Doch.«

»Das kann doch nicht wahr sein!«

»Also, die Freundin von Leon hat mich eben angerufen, die ist völlig fertig, nur am Heulen. Sie ist schwanger von Leon. Und sie will das Kind behalten. Was mache ich denn jetzt bloß?« Und während ich noch redete, spürte ich es schon: Ja, Anja nahm mir die Story ab, glaubte mir jedes Wort – der Gag klappte! Und dann kam eine Antwort, die ich so toll fand, dass ich meine Schwester hätte umarmen können.

»Also, wirklich, diese Kinder«, sagte sie. »Was denken die sich nur? Sind die von allen guten Geistern verlassen? Du kannst dir ja ausrechnen, was passiert: Das Kind ziehst du groß. Aber, Gerit, das schaffen wir, das bekommen wir hin, alle zusammen schaffen wir das irgendwie.«

ANJA

Ich hatte ihr das wirklich abgenommen und bin doch eigentlich ganz cool geblieben. Es ist übrigens nicht so, als habe Gerit das alleinige Patent auf Aprilscherze, auch wenn sie vielleicht die Erste in der Familie war und den Grundstein legte. Manchmal muss auch mein Mann dran glauben. Mittlerweile kennt er unsere Familientradition, er sollte vorgewarnt sein, ist aber doch noch nicht ganz so vertraut mit der Materie. Oli ist von Beruf Beleuchter beim Film. Er hatte gerade einen Job absagen müssen, den er gern angenommen hätte, aber er war bereits für einen anderen tollen Auftrag, die Serie *Babylon Berlin*, engagiert.

Morgens beim Frühstück – noch bevor mich Gerit an diesem 1. April mit der ungewollten Schwangerschaft hochnahm – sagte ich ganz lässig zu Oli: »Du, in der Zeitung habe ich gerade was Interessantes gelesen. Die haben die Dreharbeiten zu *Babylon* um ein ganzes Jahr verschoben. Weißt du bestimmt schon, oder?« Das hatte ich natürlich erfunden, weil ich genau wusste, dass Oli ausflippen würde. Denn so hätte er den anderen, bereits abgesagten Film doch annehmen können. Plötzlich wurde er ganz hektisch.

»Ich muss sofort den Martin anrufen! Dann kann ich ja … o Gott, hoffentlich haben die den Job noch nicht anderweitig vergeben.«

Und während er auf seinem Telefon schon die Nummer wählte, rief ich: »Warte mal. Leg wieder auf. Was ist denn heute für ein Tag?«

»Ist doch egal! Lass mich jetzt telefonieren.«

»Nein, nein, das ist nicht egal. Was ist heute für ein Tag?«

»Na, Montag.«

Und ich: »Nein, ich meine, welches Datum?«

»Der 1. April.«

Okay. Schock. Eine halbe Stunde später ging ich in den Garten, wo Oli irgendetwas baute. Ich dachte mir: Warum neue Gags erfinden? Ich könnte doch den von Gerit zweitverwerten. Hatte bei mir schließlich auch funktioniert.

Ich zu Oli: »Du, die Freundin von Leon war beim Gynäkologen …« Mehr musste ich gar nicht sagen.

Oli: »Nee, oder?«

Ich, todernste Miene: »Doch. Und sie will es behalten.«

Oli: »Sind die denn bescheuert?« Und er regte sich auf. Ich ließ ihn richtig schön und lange toben. Kostete die Situation aus, bis ich nach ein paar Minuten sagte: »Na, Oli, welcher Tag ist denn heute?«

»Verdammt. Verdammt noch mal. Das glaub ich jetzt nicht. Zweimal in nur einer halben Stunde!«

Wieder eine halbe Stunde später. Ich marschierte erneut nach draußen zu Oli, der dachte: Was kommt denn jetzt schon wieder? Verarsche Nummer drei?

Folgendes vorab: Ein paar Tage zuvor hatte Oli in Tanos Zimmer eine Klimmstange montiert, an der mein Sohn sich sportlich austoben konnte.

»Du, Oli«, sagte ich, »Tano hat sich gerade an die Stange gehängt, und die ist komplett aus der Fassung gerissen. Das ganze Gemäuer ist mit runtergekommen. Kannst du dir das mal anschauen?«

Und Oli: »Haha, und was für ein Tag ist heute?«

Aber das war das Einzige, was tatsächlich stimmte.

Es kann auch ordentlich danebengehen mit einem Aprilscherz. Oli dachte: Warum nicht mal die eigenen Eltern in den April schicken? Wir nennen Olis Vater – von Beruf Ingenieur – liebevoll unseren MacGyver. Denn er kann eigentlich alles. Was immer in Haus oder Garten zu erledigen ist – Spülmaschinen reparieren, Stromleitungen verlegen –, er kann das. Dieses Talent hat Oli geerbt, er ist MacGyver junior. Einmal waren wir im März im Skiurlaub und hatten Olis Vater gebeten, während unserer Abwesenheit irgendetwas an der Elektrik in unserem Haus zu reparieren.

Und dann war der 1. April. Oli rief seinen Vater an und sagte zu ihm ganz ernst – und machte das sehr gut, sehr glaubhaft: »Papa, ich weiß nicht, was du getan hast, aber es gab einen Riesenknall im Haus. Nichts geht mehr. Alle Sicherungen sind rausgeflogen. Alles kaputt. Wir haben jetzt ein echtes Problem …«

Lange Rede, kurzer Sinn: Wenn man nicht darin geübt ist, sollte man die Finger vom Aprilscherz lassen. Olis Gag endete im Krankenhaus. Auch wenn wir die Sache gleich aufklärten, Olis Vater war so entsetzt über seinen angeblichen Fehler, dass er sich über alle Maßen aufregte und meine Schwiegermutter ihn in die Notaufnahme fuhr. Seitdem verschonen wir Olis Familie am 1. April und beschränken uns auf die der Tradition Angepassten.

10

Hans Wurst

GERIT

Weißt du noch, wie du mich mal im Straßentheater vertreten hast?

ANJA

Na klar. Du hast mich gezwungen.

GERIT

Quatsch, ich habe dich darum gebeten, und du wolltest das dann machen.

ANJA

Nee, ich war noch Schülerin und wusste zu diesem Zeitpunkt eigentlich nur, was ich nicht werden wollte. Nämlich Schauspielerin.

GERIT

Ey, ich habe dir zu deiner ersten Bühnenerfahrung verholfen. Du könntest eigentlich mal Danke sagen.

ANJA

Danke.

GERIT

Mit 18 tat ich das, was ich von Anfang an vorhatte: Ich ging zur Schauspielschule. Es gab keinen Plan B. Ich hatte mich an allen renommierten Schulen beworben, die es damals in der DDR gab. In Leipzig, Berlin, Babelsberg, Rostock und so weiter. Und tatsächlich bestand ich überall im ersten Anlauf die Aufnahmeprüfungen. Somit konnte ich mir aussuchen, wohin ich gehen wollte, und ich entschied mich für die Hochschule für Schauspielkunst Ernst Busch in Berlin.

Die Aufnahmeprüfung selbst war eine ganz schöne Mühle, man durchlief vier oder fünf Stationen, bei jeder musste man sich bewähren, erst der Voreignungstest, dann der Eignungstest, irgendwann kam die eigentliche Aufnahmeprüfung, auch Singen und Tanzen waren gefragt.

In jeder Runde bekamen wir Bewerberinnen und Bewerber neue Aufgabenstellungen. Zuerst durfte man sich noch selbst zwei Rollen zum Vorsprechen aussuchen, als Nächstes bekam man eine Rolle zugeteilt. Meine allererste Rolle, mit der ich zur Prüfung antrat, war keine Theaterrolle, sondern es handelte sich um den Monolog aus einem Buch der Schriftstellerin Maxie Wander. Vielen im Westen mag sie kein Begriff sein, in der DDR galt sie damals als ein Star der Literaturszene. Ursprünglich kam Maxie Wander aus Österreich, sie wurde in einem Wiener Arbeiterbezirk geboren und zog als überzeugte Kommunistin 1958 in die DDR, wo sie bis zu ihrem Tod im Jahr 1977 mit ihrem Mann, dem österreichischen Schriftsteller Fred Wander, in Kleinmachnow bei Berlin lebte. Eine wahnsinnig spannende Frau, die leider sehr früh an Brustkrebs gestorben ist. Berühmt wurde Maxie Wander vor allem durch ihr Buch *Guten Morgen, du Schöne. Protokolle nach Tonband.* Darin interviewte sie Frauen unterschiedlicher Herkunft und unterschiedlichen Alters über ihre Alltagserfahrungen,

Befindlichkeiten und Wünsche. Die Maschinistin, die Friseurin, die Ärztin. Wenn man das Buch heute liest, kann man sich gar nicht mehr vorstellen, warum es bei seinem Erscheinen 1977 für solch eine Furore sorgte. Aber damals war diese Art von Literatur, Menschen zu porträtieren, etwas völlig Neues. Das Buch wurde in der DDR zu einem Riesenerfolg und war schnell vergriffen. Ich fand darin den Monolog einer jungen Frau, der so begann: »Meine Eltern halten mich zu locker. Wenn sie sagen, um zehn bist du zu Hause, heißt es nur, wenn das noch mal vorkommt …« Das Mädchen, das diesen Monolog sprach, war etwa in meinem Alter, und ich fand, dass er gut zu mir passte. Deswegen hatte ich ihn auswendig gelernt und präsentierte ihn beim Vorsprechen so gut, dass ich sofort eine Runde weiterkam. Dann waren die Klassikerrollen an der Reihe, die Julia aus Shakespeares *Romeo und Julia* und das Gretchen aus Goethes *Faust*, außerdem eine Rolle aus Rolf Hochhuths Schauspiel *Der Stellvertreter*. Ein breites Spektrum wurde erwartet und musste abgeliefert werden. Ich kann nichts anderes sagen, als dass mir alles einfach nur leichtfiel. Denn ich war endlich in meinem Element, tat das, was ich richtig gut konnte, und so gelang mir der Start in die nächste Phase meines Lebens – das Schauspielstudium. Wenn ich an die vier Jahre zurückdenke, die ich an der Ernst-Busch-Schule verbrachte, komme ich immer ins Schwärmen. Ich hatte mir die beste Schule ausgesucht, und auch wenn die Ansprüche an uns Studenten hoch waren – oder gerade deswegen –, hatte ich ein wahnsinnig tolles Schauspielstudium.

Unser Jahrgang bestand aus 20 bis 30 Studentinnen und Studenten. Viele von ihnen schlugen im Laufe der Jahre andere berufliche Wege ein, weil es nur die wenigsten schaffen, von der Schauspielerei zu leben. Das finde ich traurig, aber das Geschäft ist hart. Einige aus meinem Jahrgang schafften es aber und machten Karriere. Wie Jan Josef Liefers, Andrea Lüdke, Simone Thomalla, Anne

Kasprik, Götz Schubert oder Tobias Langhoff, der Sohn des berühmten Regisseurs Thomas Langhoff und Enkel von Wolfgang Langhoff, ebenfalls eine Regielegende. Es ist schon interessant zu beobachten, wie wir alle uns weiterentwickelten, seit wir uns damals, 18-, 19-jährig, kennenlernten. Heute verbindet mich mit meiner damaligen Kommilitonin Andrea Lüdke eine über 30 Jahre währende, enge Freundschaft. Es vergeht kein einziger Tag, an dem wir nicht telefonieren, und ihre drei Kinder sind meine Patenkinder.

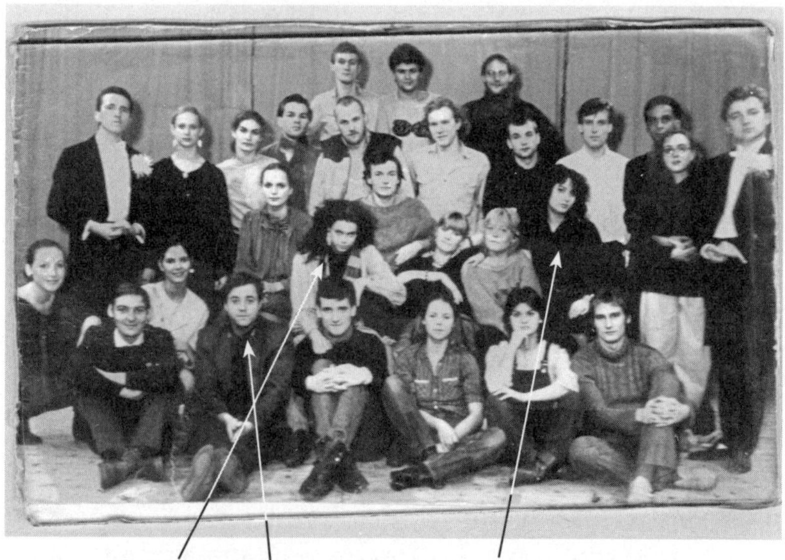

Gerit Klings Jahrgang an der Ernst-Busch-Schauspielschule
(u.a. mit Jan Josef Liefers, links, und Simone Thomalla, rechts)

Gleich in meinem zweiten Jahr an der Ernst Busch bekam ich die Chance, am Deutschen Theater zu spielen. Das war eine Riesenehre, aber auch eine Herausforderung. Das Bühnenstück, in dem man mich besetzte, hieß *Lovers*, ein Zwei-Personen-Stück des irischen Dramatikers Brian Friel. Wir hatten zunächst Auszüge in einem Szenenstudium erarbeitet, anschließend kam es zur Aufführung am Deutschen Theater. Und ich durfte mitspielen, erstmals auf einer großen, bedeutenden Bühne. Bei einer dieser Aufführungen sah mich ein Regisseur, der damals mit der Aufgabe betraut war, anlässlich der 750-Jahr-Feier der Stadt Berlin ein Theaterstück vorzubereiten, das eigens für dieses Jubiläum entwickelt und geschrieben worden war. Peter Bause, der Regisseur, stellte gerade sein Ensemble zusammen und wollte mich dabeihaben. Natürlich sagte ich zu. Das Stück hieß *Hans Wurst* und sollte als Straßentheater in Berlin auf Plätzen, in Parks und bei Stadtfesten gespielt werden, den ganzen Sommer lang. Die Aufführung dauerte nur 20 Minuten. Mit dabei waren auch erfahrene, professionelle Schauspieler wie Jens-Uwe Bogadtke – er spielte den Hans Wurst – oder der bereits erwähnte Peter Bause, und man fragte mich, ob ich nicht die Gretel darstellen wollte. *Hans Wurst* war so eine Art Commedia dell'Arte à la DDR, ein bisschen frivol, ein bisschen an Shakespeare angelehnt, auch ein bisschen absurd und clownesk. Die Handlung kann ich im Detail gar nicht mehr wiedergeben. Als Gretel führte ich zusammen mit dem Kasper als Erzähler durch das Stück. Zwischendurch traten immer wieder völlig skurrile Gestalten auf. Einer musste zum Beispiel den zahmen Löwen geben, der sich nicht traute zu brüllen und stattdessen immer nur »Türelü, Türelü« machte. Solche Sachen halt. Den Sommer über tingelten wir durch Ostberlin und Umgebung, zottelten mit einem mittelalterlichen Pferdewagen von Auftritt zu Auftritt, hatten bis zu fünf, sechs Vorstellungen am Tag – von Friedrichshain nach Prenzlauer Berg, dann nach Treptow.

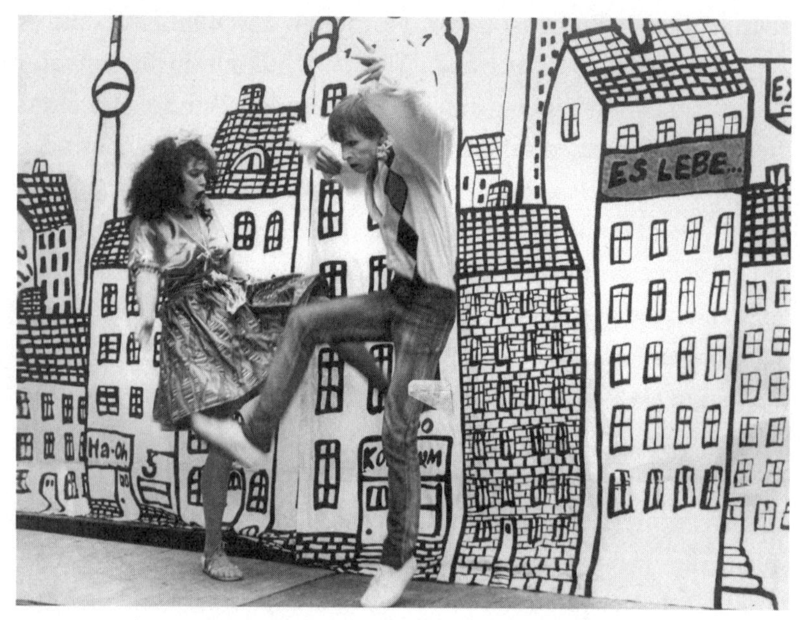

Gerit als Gretel im Theaterstück *Hans Wurst*

Für mich war dieses Engagement ein Segen, konnte ich doch so meine Semesterferien mit einem Job überbrücken, der für DDR-Verhältnisse extrem gut bezahlt war. Von der Gage kaufte ich mir anschließend einen Trabi, einen alten, gebrauchten, aber immerhin mein erstes eigenes und selbst verdientes Auto, worauf ich sehr stolz war.

Mitten im Sommer, während wir mit *Hans Wurst* tourten, ergab sich plötzlich ein Problem, ein zeitlicher Engpass. Man bot mir an, eine kleine Rolle in dem Film *Der Staatsanwalt hat das Wort* zu spielen. Diese Chance wollte ich mir nicht entgehen lassen. Nur, beides – Straßentheater und Film – war nicht möglich, da die Dreharbeiten ausgerechnet an einigen Tagen stattfanden, an denen ich die Gretel spielen sollte. Ich konnte aber nicht hingehen und mir für den Dreh ein paar Tage freinehmen, nach dem Motto:

Ich hab da grad was Besseres am Start. Das war unmöglich, damit wäre ich meine Rolle als Gretel im Straßentheater los gewesen. Ich hatte den Film schon fast abgesagt, doch dann fiel mir meine 16-jährige Schwester Anja ein.

»Pass mal auf«, sagte ich zu ihr, »du siehst mir ein bisschen ähnlich. Du musst für mich einspringen. Nur ein paar Tage lang, als Gretel. Ich bringe dir alles bei, was du wissen und machen musst.« Ich glaube, selten habe ich Anja so perplex erlebt.

»Wie jetzt, ich soll Theater spielen? Ich soll so tun, als wäre ich du?«, sagte sie, und damals hatte sie noch eine hohe, piepsige Stimme, ganz anders als heute. »Spinnst du, Gerit? Ich kann das doch gar nicht. Ich bin keine Schauspielerin.«

»Ist doch gar kein Problem. Das lernst du!«, sagte ich, und damit war die Diskussion beendet.

ANJA

Und dann nahm mich Gerit unter ihre Fittiche und wurde meine Schauspiellehrerin. Dabei wollte ich das gar nicht. Gerit, ja, für sie war es kein Problem, sich auf einer Bühne darzustellen. Sie hatte als Kind in dem *Goya*-Film gespielt und dann ihre erste Hauptrolle in *Hund über Bord*, sie war in Potsdam im Laienspielzirkel, spielte eine große Rolle nach der anderen. Und jetzt besuchte sie eine der besten Schauspielschulen der DDR. Für mich aber war das Neuland. Meine bis dahin einzige Bühnenerfahrung hatte ich mal während eines Urlaubs in Schloss Hohenstein gemacht, wo meine Mutter mit uns Kindern – wir machten Gruppenurlaub mit Freunden – Theaterstücke einstudierte. Wir führten *Schneeweißchen und Rosenrot* auf, Gerit war natürlich Rosenrot, ein anderes Mädchen spielte das Schneeweißchen, und ich war ein kleines Vögelchen mit einem Pappschnabel, kam auf die Bühne und sagte: »Piep, piep, ein neuer Tag ist angebrochen.« Damals muss ich etwa fünf Jahre alt gewesen sein. Und Gerit zehn. »Piep, piep« – das war das höchste der Gefühle. Und jetzt sollte ich für Gerit einspringen, mit anderen Schauspielern auftreten, ohne einen blassen Schimmer zu haben.

GERIT

Damit uns niemand störte oder dumme Fragen stellte (unser Rollentausch sollte schließlich geheim bleiben), gingen wir jeden Tag in den Wald, wo ich Anja unterrichtete. Ich war sehr geduldig mit meiner kleinen Schwester, spielte ihr jede Szene vor, und sie spielte sie nach. Ich sagte meinen Text, sie sprach ihn nach. Ich sagte ihr, sie solle mich einfach kopieren. Das konnte doch nicht so schwierig sein. Also betonte sie jedes Wort, jede Silbe so, wie ich es ihr zeigte, machte mir jeden Schritt, jede Bewegung, jede Geste nach. Und es gelang ihr wirklich gut, irgendwann war keine Anja mehr da. Das Einzige, was wir intensiv und lange trainieren mussten, war ihre Stimme. Sie sprach, wie gesagt, mit einer sehr hohen Stimme. Wenn sie laut redete, um später auf der Bühne überhaupt gehört zu werden, wurde sie sofort heiser. Vor allem konnte sie partout nicht mit tiefer Stimme »Hans Wurst!« sagen, mit diesem Ausruf betrat die Gretel nämlich zu Beginn des Stückes die Bühne. Aus Anjas Mund aber kam immer nur ein piepsiges, flaches »Hans Würstchen«.

Ich sagte zu ihr: »So schaffst du nicht eine einzige Vorstellung, Anja. Wenn du nur deine Kopfstimme einsetzt, kannst du bald gar nicht mehr sprechen.«

Wir übten das »Hans Wurst«-Sagen immer und immer wieder. Ich brachte Anja bei, nicht von oben, aus dem Kehlkopf heraus zu sprechen, sondern aus der Tiefe des Körpers.

»Jetzt mach Ha-Ha-Ha-Ha«, sagte ich. Und dann irgendwann: »HANS HANS HANS.« So lange, bis es den richtig tiefen Klang hatte. Ab und an entdeckten uns Spaziergänger im Wald, die sich gewundert haben müssen – über diese zwei verrückten Mädchen, die immer nur »Hans, Hans, Hans, Wurst, Wurst, Wurst, Hans Wurst, Hans Wurst, Hans Wurst …« brüllten.

Am Ende klappte es, und Anja absolvierte acht Vorstellungen, trug mein Kostüm und trat unter meinem Namen auf, unterstützt von den anderen Schauspielern, die natürlich eingeweiht waren. Das war Anjas erster richtiger Bühnenauftritt vor Publikum. Ich war sehr stolz auf sie – und sie fing nach dieser Erfahrung an, ein bisschen darüber nachzudenken, ob die Schauspielerei auch etwas für sie sein könnte.

Nach dem Sommer mit *Hans Wurst* setzte ich mein Studium an der Ernst Busch fort, wo auch weiterhin alles wie am Schnürchen verlief. Ich war gern Studentin. Hatte keine größeren Krisen, keine Selbstzweifel, keine Versagensängste oder Zukunftssorgen, was aus mir wohl einmal werden würde. So ging es nicht allen in meiner Klasse, manche waren auch frustriert und genervt, denn unser Lernpensum hatte es in sich. Tag für Tag Einzelunterricht, Sprecherziehung, Akrobatik, Fechten, Steppen, Gesang und so weiter. Für mich war alles eine einzige große Spielwiese, auf der ich mich austoben konnte, und ich hätte noch hundert Jahre so weitermachen können. Auch privat war ich zufrieden. Ich wohnte mittlerweile mit meinem Freund zusammen, wir hatten unsere eigene kleine Wohnung im Prenzlauer Berg, gleich neben einer sehr berühmten Ballettschule. Diese Nachbarschaft sollte für Anjas weiteren Weg von Bedeutung sein.

Als meine vier Jahre an der Ernst Busch vorbei waren, als ich meine geliebte Schauspielschule verlassen musste, habe ich geweint wie ein Schlosshund.

11
Die Feder am Arsch

ANJA
Manchmal frage ich mich, was aus mir geworden wäre, wenn ich die Ballettausbildung zu Ende gemacht hätte.

GERIT
Tanzen würdest du jedenfalls jetzt auch nicht mehr. Dafür bist du zu alt.

ANJA
Schon brutal, dass man in dem Beruf mit Mitte 30 quasi in den Ruhestand geschickt wird.

GERIT
Ruhestand ohne Rentenzahlung, stattdessen ein kaputter Körper und verformte Spitzenschuh-Füße. Dann doch lieber mit ein paar Falten vor laufender Kamera.

ANJA

Gerit konnte jeden Tag von ihrem Fenster aus beobachten, wie die Ballettschülerinnen nebenan in die Tanzschule gingen. Und immer wieder sagte sie zu mir: »Die sehen alle aus wie du, Anja. Sind schlank und sportlich wie du, haben die gleiche Statur. Morgens tippeln sie in ihre Ballettschule, trainieren den ganzen Tag, und kommen abends wieder raus und gehen nach Hause. Das wäre doch auch was für dich. Man kann dort eine dreijährige Ausbildung machen, wenn man die zehnte Klasse abgeschlossen hat.« Gerit wusste, dass mir selbst damals nicht so recht klar war, was ich später mal beruflich machen wollte. Warum also nicht Ballett?, dachte sie sich. Von Kindesbeinen an waren wir sehr sportlich. Ich fing mit künstlerischer Sportgymnastik an, Gymnastik mit Bändern und Bällen. Mit sechs folgte ich Gerit zum Geräteturnen bei Turbine Potsdam. Damals, das war im Osten so üblich, kamen Talentscouts in die Vereine, die Schulen und auch schon in die Kindergärten und schauten, wer genug Talent hatte, um von staatlicher Seite gefördert zu werden. Gerit wäre auf diese Weise fast zu einem DDR-Schwimmstar geworden, zumindest fanden die Scouts, sie habe vom Körperbau her das Zeug dazu. Also dachten meine Eltern: Na ja, wenn die das sagen, gehen wir mit Gerit zum Schwimmtraining.

Dann kam der Tag ihres ersten Wettkampfs. Gerit war sechs oder sieben Jahre alt, eine super Schwimmerin, nur an sportlichem Ehrgeiz mangelte es ihr damals. Erste zu sein in einem Wettkampf, so was war ihr völlig wurscht. In dieser Beziehung war ich anders, ehrgeiziger, zielstrebiger. Und so endete Gerits Schwimmkarriere, noch bevor sie begonnen hatte: Oben von der Tribüne der Schwimmhalle aus verfolgten meine Eltern den Wettkampf im Wasser. Und feuerten Gerit an. Aber nicht nur, dass sie als Letzte vom Startblock sprang, während alle anderen schon die ersten Meter zurückgelegt hatten – anstatt nun endlich Tempo zu machen, suchte sie vom

Wasser aus ihre Eltern auf der Tribüne. Und als sie sie endlich entdeckt hatte, rief sie ganz stolz immer wieder: »Mami! Hier! Hier bin ich! Schau her!« Meine Eltern konnten es nicht fassen.

»Schwimm!«, rief unsere Mutter.

»Huhu!«

»Nun schwimm doch endlich!«

Die Zuschauer bogen sich vor Lachen über das süße Mädchen, das zwar viel Spaß, aber nicht begriffen hatte, dass es um die Wurst ging. Unnötig zu erwähnen, dass Gerit als Letzte anschlug.

Nach dem Wettkampf nahm der Schwimmtrainer meine Eltern zur Seite. »Ihre Tochter hat eindeutig das Talent, als Schwimmerin viel zu erreichen. Aber sie nimmt das alles überhaupt nicht ernst. Und dann friert sie auch ständig, bekommt blaue Lippen und will nicht mehr ins kalte Wasser.«

Meine Eltern nahmen Gerit aus dem Schwimmtraining und meldeten sie fürs Geräteturnen an. Später kam ich dazu, meine Lieblingsdisziplinen waren Sprung und Bodenturnen. Gerit war besonders gut am Stufenbarren und Balken. Ich sehe sie noch an der Longe, beim Flickflack auf dem Schwebebalken.

GERIT

Heute trauen wir uns nicht einmal mehr, eine Brücke von oben zu machen, an Flickflack ist gar nicht zu denken. Die Angst, auf den Kopf zu fallen, ist einfach zu groß. Aber wir schaffen beide wenigstens noch den Spagat ohne Probleme. Bis heute.

ANJA

Gerit hatte Erkundigungen über eine Ausbildung an der Ballettschule eingeholt. Welche Voraussetzungen musste man mitbringen, wie lief die Ausbildung ab und, natürlich, wie bewarb man sich? Nach der zehnten Klasse mit dem Ballett anzufangen war an sich sehr spät, um Profitänzerin zu werden, die meisten begannen früher, aber diese Ballettschule in Berlin bot eine spezielle dreijährige Sonderausbildung an. Man musste nur die zehnte Klasse abgeschlossen haben und eine Aufnahmeprüfung bestehen. Was tat Gerit? Sie schrieb – in meinem Namen (!) und ohne mein Wissen – einen Brief an die Schulleitung. Ich heiße Anja Kling und möchte mich für den Eignungstest bewerben. Das war mal wieder so eine typische Gerit-Aktion.

Kurz darauf bekam ich, bis dahin ahnungslos, Post von der Schule. In dem Schreiben teilte man mir freundlich mit, man bedanke sich sehr für mein Interesse an der Ausbildung und freue sich, mich an dem und dem Tag zum Eignungstest begrüßen zu dürfen. Gerit hatte mir zwar immer von den Ballettmädchen vorgeschwärmt, aber was, bitte schön, war das jetzt? Warum schrieben die mir?

»Gerit, ich hab mich doch gar nicht beworben«, sagte ich.

»Doch, genau das hast du jetzt. Du musst es ja nicht machen, aber zumindest kannst du dir die Schule anschauen und zum Test gehen, wenn sie dich schon einladen. Freu dich doch drüber. Anschließend sehen wir weiter.«

Ich war unsicher, was ich tun sollte. Mein Vater sah mich überhaupt nicht an einer Ballettschule und war komplett dagegen.

»Was soll Anja denn beim Ballett? Soll sie so eine Hupfdohle werden? Auf keinen Fall.«

Meine Mutter betrachtete die Sache mit mehr Gelassenheit. »Du kannst ausprobieren, was du willst, wenn du es wirklich möchtest.«

Letztlich setzten sich Gerit und meine Mutter durch. Am Tag der Aufnahmeprüfung fuhren wir zu viert, unsere Eltern, Gerit und ich, nach Berlin. Ich weiß noch, was mir durch den Kopf ging, als ich die Ballettschule betrat. Was soll ich hier? Ich habe null Ahnung von Ballett. Ich war gerade 16, hatte noch nie im Leben ein klassisches Ballettstück gesehen, geschweige denn konnte ich tanzen. Doch jetzt hieß es, Augen zu und durch und schauen, was kommt. Ich hatte mir die Haare zum Zopf gebunden, trug meine Klamotten vom Geräteturnen, ein Paar stinknormale Gymnastikschuhe und Pantalons. Die anderen Mädchen waren ballettmäßig durchgestylt – mit Netz über ihrem kleinen Dutt, in perfekt sitzenden Trikots und den richtigen Schläppchen mit Bändern. So was besaß ich gar nicht.

Einige der Bewerberinnen und Bewerber waren im Vorjahr durchgefallen und nahmen jetzt einen neuen Anlauf. Ich fragte sie, ganz naiv, was man denn hier alles so machen müsse. Als ich hörte, wie anspruchsvoll und schwierig der Eignungstest sein würde, auf den sich alle anderen seit Monaten intensiv vorbereitet hatten, wollte ich nur noch fliehen. Das schaffe ich niemals, dachte ich. Worauf hatte ich mich da eingelassen? Ich war nur Geräteturnerin, die anderen aber Tänzerinnen. Sie tanzten, seitdem sie auf den Beinen stehen konnten. Ich wollte nur noch weg, traute mich aber nicht, einfach abzuhauen. Das wurde hier gleich der peinlichste Moment meines Lebens, war ich mir sicher.

Dann ging es los. Man teilte uns in Fünfergruppen ein. In dieser Formation betraten wir einen großen Ballettsaal, in dem eine ungefähr siebenköpfige Jury, bestehend aus lauter Ballettlehrern, saß und jede von uns sofort von Kopf bis Fuß musterte. Zuerst wurden wir auf Beweglichkeit getestet. Einer der anwesenden Tanzlehrer führte Bewegungsabläufe vor, die wir jeweils zu zweit nachmachen mussten. Der eine stützte den anderen, wir versuchten das Bein so hoch zu halten wie möglich. Übungen dieser Art. Damit kam ich gut zurecht. Durch das jahrelange Turnen war ich sehr beweglich, konnte meine Gliedmaßen problemlos in alle Himmelsrichtungen strecken und dehnen. Als Nächstes kam der Tanztest an die Reihe. Jetzt wurde es kompliziert.

»Ich hab aber noch nie Ballett gemacht«, sagte ich zaghaft in Richtung Jury. 14 Augen schauten mich erstaunt an. So was hatten sie garantiert noch nie von einer Bewerberin gehört.

Immerhin, sie warfen mich nicht hochkant raus, ich durfte weitermachen. Und ich gab mein Bestes, auch wenn ich überhaupt nicht wusste, wie ich die Arme halten, wie die Beine heben und anwinkeln sollte. Ich machte irgendwas.

Dann kam der letzte Test: Freestyle tanzen. Damit wollte man unser Rhythmusgefühl einschätzen. Das wiederum bekam ich gut hin. Damit war der praktische Teil des Eignungstests beendet. Man schickte uns aus dem Saal und ließ uns eine Stunde lang warten.

Dann wurden wir wieder hineingerufen und mussten uns in Reihen aufstellen. Eine Lehrerin sagte: »Nummer 1, 28, 31, 36 …« – und so weiter – »ihr bleibt bitte hier. Der Rest: Ihr habt es leider nicht geschafft. Vielen Dank, dass ihr da wart.« Und ich, ja, ich war dabei! Ich hatte meine Nummer gehört! Unzählige Mädchen und Jungen hatten sich auf die 13 Ausbildungsplätze beworben. Und ich, die vom Ballett garantiert weniger Ahnung hatte als die anderen 3199, hatte es geschafft.

Ich war geschockt. Das kann ja gar nicht wahr sein, dachte ich, was mache ich denn jetzt? Ich hatte doch nur schauen wollen, wie weit ich hier komme.

Dann gab es aber erst noch den Theorietest. Zunächst schaute sich die Jury die Schulnoten der Bewerber an. Hier brauchte ich mir keine Sorgen zu machen. Anschließend musste jeder von uns 13 Auserwählten einzeln vor die Jury treten und sich befragen lassen. Von dem Jungen, der vor mir drankam, wollten die Lehrer zum Beispiel wissen, welche Ballettaufführungen er bisher gesehen habe. Und der Junge erzählte in aller Ausführlichkeit und kenntnisreich von *Macbeth* und von *Schwanensee*, was ihn an den Stücken besonders beeindruckt habe und so weiter. Ich hörte ganz genau hin, um jedes Detail aufzusaugen, für den Fall, dass man mir dieselbe Frage stellen sollte.

»Und, Anja, welche Ballette kennst du denn schon? Welche gefallen dir am besten?« Rums, Volltreffer! Ich wollte schon losplappern, aber dann dachte ich, ich sollte besser nicht komplett lügen. Wenn man mir nämlich anschließend spezifische Fragen stellte, würde ich auffliegen. Also stammelte ich: »Na ja, also, wir wollten ja eigentlich mit der Schulklasse mal *Schwanensee* angucken, aber das hat dann doch nicht geklappt, ähm, und mein Vater hatte mal Karten für *McBeth*, aber wir sind am Ende doch nicht hingefahren …« In diesem Stil ging es weiter, bis mich einer der Lehrer unterbrach.

»Jetzt wissen wir, was du alles nicht gesehen hast. Aber was hast du denn gesehen?«

»Nichts«, sagte ich und wurde knallrot.

»Du möchtest an die Ballettschule, eine der besten des Landes, um Ballett zu studieren und Profitänzerin zu werden, aber du hast mit deinen 16 Jahren noch nie ein Ballett gesehen?«

»Ja, also im Fernsehen schon, irgendwann mal, aber live noch nicht, nee. Und ja, das möchte ich.«

»Okay, du hast alle praktischen Tests bestanden. Ein bisschen unkonventionell, aber alles in allem gut gemacht! Deine Schulnoten können sich auch sehen lassen. Aber dass du noch nie in einem Ballett warst, ist, na ja, vorsichtig gesagt, sehr ungewöhnlich, das haben wir noch nie von einer Bewerberin gehört.« Und dann fiel der alles entscheidende Satz. »Aber du bist trotzdem an unserer Schule angenommen. Nur eins rate ich dir dringend: Schau dir bis zum Tag der Immatrikulation ein paar Ballette an. Allein schon, damit du weißt, worauf du dich einlässt. Du musst dir sicher sein, dass du wirklich Balletttänzerin werden willst.« Damit war ich verabschiedet.

Die nächsten Tage über wurde zu Hause viel diskutiert. Mein Vater hätte es lieber gesehen, dass ich das Abitur mache und Medizin studiere. Aber er wollte mir – trotz seiner Zweifel – keine Steine in den Weg legen.

»Wenn es dein Wunsch ist, dann mach es«, meinte er abschließend. Und dann schauten wir uns *Schwanensee* an. Zu meiner

Schande muss ich gestehen, dass mein erster Eindruck nicht gut war. Ist ganz schön öde, kein Mensch sagt was, dachte ich. Dennoch, mein Entschluss stand fest: Ich wollte zum Ballett. Später, mit mehr Erfahrung und Reife, sah ich *Schwanensee* mit anderen Augen, achtete auf die Technik der Tänzer, auf Füße, Haltungen, Sprungtechnik.

Mit 16 verließ ich also die reguläre Schule und kam ins Internat der Ballettschule. Ein Außeninternat, das sich in Karlshorst befand, was wiederum jeden Tag eine lange Hin- und Rückfahrt zum Unterricht im Prenzlauer Berg bedeutete. Von außen betrachtet war das Internat ein hässlicher Neubau, vierstöckige Platte. Die Umgebung war trist, nur Beton, kein Baum, kein Strauch. Innen aber war es voller Leben, ein buntes Haus mit jungen, spannenden, kreativen Typen. Unten wohnten die Kunststudenten, in der zweiten Etage die Artisten, in der dritten vorn wir Balletteleven und hinten die Schauspieler, und ganz oben waren die Musikstudenten untergebracht. In der ersten Zeit fühlte ich mich, erstmals im Leben fernab von zu Hause und auf mich allein gestellt, todunglücklich. Gerit kannte das Internat sehr gut, sie hatte dort in den ersten Jahren an der Schauspielschule gewohnt.

»Pass auf, es gibt Dreibettzimmer mit einem Doppelstockbett und einem Einzelbett«, sagte sie, bevor ich ins Internat einzog, und riet mir: »Du musst dir auf jeden Fall das Einzelbett sichern, sonst wirst du verrückt und hast keine Sekunde deine Ruhe.«

Der 2. September 1986 war der Tag meiner Immatrikulation. Gerit und mein Vater begleiteten mich. Meine Mutter war gerade zur Kur. Ich sehe es noch vor mir, wie wir im Internat ankamen, Gerit sich meinen Koffer schnappte und wie wahnsinnig lossprintete, als es darum ging, wem welches Zimmer zugeteilt wurde. Sie rannte durch die Gänge, riss die Tür meines zukünftigen Zimmers auf und packte meinen Koffer auf das Einzelbett. Geschafft! Gesichert!

»Und hier schläfst du«, sagte sie stolz, »im besten Bett!«

In meiner Klasse waren wir zunächst fünf Mädchen, der Rest waren Jungs. Zwei der Mädchen kamen aus Berlin und schliefen zu Hause, wir anderen drei teilten uns das Internatszimmer. Ich verstand mich gut mit ihnen, alle waren freundlich zu mir, und dennoch war ich anfangs immer nur tieftraurig. Wie sollte ich hier glücklich werden?, fragte ich mich jeden Tag, wo es doch zu Hause so viel schöner war. In den ersten drei Wochen war mein Heimweh besonders schlimm. Meine Mutter zur Kur, mein Vater allein zu Hause, Gerit wohnte bei ihrem Freund im Prenzlberg. Und ich saß einsam und verlassen im Internat. Eines Abends setzte ich mich hin, um meiner Mutter einen Brief zu schreiben. Das klingt jetzt vielleicht übertrieben, aber so war es wirklich: Ich konnte den Brief nicht schreiben, weil mir die Tränen nur so aus den Augen flossen, aufs Papier fielen und alles verwischten und aufweichten. Stattdessen rief ich zu Hause an und heulte ins Telefon, dass ich nach Hause wolle, dass es die falsche Entscheidung gewesen sei, ins Internat zu gehen.

Drei Wochen hielt diese Phase an, dann hatte ich irgendwie Fuß gefasst in meinem neuen Leben. Daran nicht ganz unschuldig waren auch die Internatspartys, irgendjemand feierte immer irgendetwas in diesem verrückten Haus. Ich lernte meine Mitschülerinnen und Mitschüler besser kennen, auch die älteren aus der Meisterklasse, die Profitänzer, die uns Neulinge herzlich aufnahmen. Gerade von den erfahreneren Mädchen konnte ich vieles für mein Studium lernen. Das fing bei Kleinigkeiten an, für mich war die Ballettwelt schließlich komplett neu und fremd. Ich lernte zum Beispiel, wie man diese verdammten Ballettschuhe so präparierte, dass sie nicht sofort wieder auseinanderfielen. Um alles mussten wir uns kümmern, die Bänder an Schläppchen und Spitzenschuhe nähen und vorn an der Spitze umhäkeln, weil sie ansonsten sofort kaputtgingen. Trikots, Schuhe, Bänder und alles, was dazugehörte, mussten wir selbst kaufen, dafür erhielten wir zwar zusätzlich zu unserem Stipendium etwas mehr Geld – die sogenannte Erschwerniszulage –, aber unser Material war aufgrund des intensiven täglichen Trainings auch in kürzester Zeit verschlissen. Nach einem Monat waren die Spitzenschuhe kaputt und die Trikots, die wir täglich waschen mussten, weil sie immer verschwitzt waren, aufgetragen. Der Trainingsalltag war hart. Frühmorgens ging es los. Ab acht Uhr standen zwei Stunden Klassisch-Training auf dem Programm. Anschließend Schule, also Theoriefächer wie Theaterwissenschaft, Musikwissenschaft, Russisch, Deutsch. Zwischendurch immer wieder Training, Training, Training. Nach Klassisch kam Historisch, danach Jazz und Gymnastik, Letzteres hieß: dehnen bis an die Schmerzgrenze und darüber hinaus. Von allen Fächern war das das härteste. Der Rest war anstrengend, aber in der Gymnastik wurden wir gequält, bis die Tränen flossen.

Meine Füße waren immer wund. Wobei – wund ist gar kein Ausdruck. Wir trugen, das war Pflicht, rosafarbene Beintrikots und Schläppchen, dazu schwarze Trikotoberteile. Als ich zum ersten Mal stundenlang auf Spitze stand, färbten sich meine rosa Beintrikots, es war ein sehr saugfähiger Stoff, blutrot. Was noch lang nicht hieß, dass ich aufhören durfte. Unsere Lehrer sagten nur: »Dann hast du deine Zehen nicht richtig eingewickelt, lass dir von den anderen zeigen, wie man das macht.«

Im Laufe der Zeit bekam ich Hornhaut an den Füßen, irgendwann blutete es nicht mehr, und auch die Schmerzen ließen nach. Aber in den ersten Wochen schaffte ich es nach dem Unterricht kaum noch die Treppen rauf und musste mich am Geländer hochziehen.

Erstaunlich war, wie schnell sich mein Körper durch das intensive Training veränderte. Ich bekam Muskeln an Stellen, an denen ich es bislang nicht für möglich gehalten hätte, durchtrainierte Beine, vor allem Waden, aber an Brustumfang verlor ich rapide. Mein Busen war fast weg, ganz schnell ging das.

Ich weiß noch, am Anfang hatten die Mädchen aus den höheren Klassen Wetten darüber abgeschlossen, wer von den Neuen zuerst heulend zusammenbrechen würde. Ich nicht, dachte ich. Ich bin hier, um zu lernen, und wenn man mir sagt, was ich falsch mache, versuche ich, es richtig zu machen. Kaum zwei Wochen später hatte jede von uns schon Tränen vergossen. Unsere Lehrerin, eine ehemalige Tänzerin und unsere Klassisch-Hauptfachdozentin, war eine großartige Frau, aber auch ziemlich brutal. War ein Muskel in Arm, Schenkel oder Po nicht richtig angespannt, bohrte sich ihr fieser, piekender Zeigefinger tief ins Fleisch. Ging man im Plié nicht tief genug, klatschte sie einem gern mit der flachen Hand auf den Oberschenkel. Den Abdruck konnte man dann abends noch mit ins Bett nehmen. Doch trotz all der Strapazen, der Qualen und der Schikanen kam es mir – nach Überwindung der anfänglichen Heimweh-Krise – nie in den Sinn, hinzuschmeißen und das Studium abzubrechen. Aufhören? Auf keinen Fall.

Alle drei Monate wurden wir geprüft. Das erste Vierteljahr waren wir nur auf Probe an der Schule, danach sind drei von uns ausgestiegen. Ein Grund, warum ich durchhalten wollte, war auch mein neuer Freund Jens. Er war zwei Jahre älter als ich und studierte ebenfalls an der Ballettschule, war aber schon viel weiter als ich und ging in die Meisterklasse. Er war also im letzten Ausbildungsjahr. Jens und ich blieben 22 Jahre zusammen. Er war auch derjenige, der erste Zweifel in mir säte, ob das Ballett wirklich die richtige Berufswahl für mich war. Jens selbst hatte die achtjährige Ausbildung absolviert – es gab ein drei- und ein achtjähriges Studium – und zählte zu den fünf besten Tänzern der Schule, für die bereits feststand, dass sie an die Staatsoper gehen würden.

Irgendwann sagte Jens, er wolle mir mal beim Training zuschauen. Damals war ich etwa ein halbes Jahr an der Schule, gerade 17 geworden. Im ersten Moment war mir die Vorstellung, dass mein Freund mich beim Training beobachten würde, unangenehm.

Aber er beruhigte mich: »Keine Sorge, ich will einfach nur mal gucken.«

Hinterher sagte er: »Weißt du, du hast wirklich Talent, bist beweglich und kannst das alles toll. Aber ich sag dir ganz ehrlich etwas über die dreijährige Ausbildung. Sie erzählen euch, dass ihr später genauso große Chancen habt wie wir, die das achtjährige Ballettstudium machen. Aber das ist Quatsch. Die bilden euch für die Dreispartentheater aus, das ist nun mal so, weil sie uns da nicht hinschicken können. Wer acht Jahre hier studiert hat, wird sicher nicht an ein kleines Haus in Klein-finste-nich geschickt. Aber auch die brauchen immer wieder neue Tänzer – und das seid ihr. Also, wenn das für dich okay ist, dann mach weiter. Du wirst die Ausbildung locker schaffen, aber eine Primaballerina an einem großen Haus wirst du wohl nicht. Klar, es gibt Ausnahmen, Hochbegabte, die es in drei Jahren schaffen, aber ich glaube nicht, dass du dazugehörst. Du wirst als Profitänzerin nicht in Berlin bleiben können.«

Das war ein Schock, den ich erst einmal verdauen musste. Von da an machte ich mir tatsächlich Gedanken, ob ich das alles hier überhaupt wollte. Gleichzeitig war in mir der Ehrgeiz geweckt, es Jens zu beweisen, dass ich es schaffen konnte!

Denn natürlich wollte ich unbedingt in Berlin bleiben, sah mich vielleicht nicht als Primaballerina, aber eventuell als Gruppentänzerin an einem der großen Häuser. Vorher war ich fleißig gewesen, jetzt aber trainierte ich wie eine Geisteskranke – nach der Schule, wenn die anderen freihatten, trainierte ich allein für mich im großen Saal weiter. Meine Prüfungsnoten waren okay, nicht herausragend, aber auch nicht schlecht. Am wenigsten gut schnitt ich in Klassisch ab, mit einer Drei. Ansonsten bekam ich überall eine Zwei, in Historisch sogar eine Eins.

Nach einem Dreivierteljahr stand die nächste Zwischenprüfung an. Nach der Auswertung sagten mir die Prüfer: »Pass auf, Anja, du bist relativ groß für eine Tänzerin. Konzentrier dich besser nicht so sehr auf den klassischen Tanz, ist eh nicht dein bestes Fach, sondern mehr auf Jazz. Darin bist du sehr gut. Wir könnten uns vorstellen, dass wir dich, wenn du die nächsten zwei Jahre so weitermachst, eventuell zum Friedrichstadt-Palast schicken können.« Im Osten wurde der berufliche Weg – anders als heute – sehr frühzeitig schon in der Schule gesteuert. Heute wirst du aus der Schule entlassen und musst schauen, wo du einen Job findest. An unserer Ballettschule wurden damals nur so viele Tänzer ausgebildet, wie es Plätze an den Theatern gab. Was mir durch das Gehirn schoss, war nur ein Wort: Berlin!

Friedrichstadt-Palast? Berlin. Das ist Berlin, ha! Ich habe es gewusst. Plötzlich war ich wieder Feuer und Flamme und dachte: Nix mit Klein-finste-nich. Ich bleib schön in Berlin, in der großen Stadt, und kann hier tanzen. Wenn mir die Prüfer das jetzt schon so sagen …

Am selben Wochenende fuhr ich zu meinen Eltern. Auch Gerit war da und hatte ihren Freund Robby mitgebracht. Mittags saßen wir zusammen beim Essen. Voller Stolz berichtete ich, was man mir am Tag zuvor in der Schule gesagt hatte, und wartete auf die Reaktionen der anderen am Tisch. Ich nahm an, sie wären genauso begeistert wie ich. Stattdessen: Schweigen, kein Wort, alle guckten betreten nach unten.

»Na, was sagt ihr denn dazu?«, fragte ich in die Runde. Da schaute mich Gerits Freund an. »Ach, Mensch, könnt ihr euch das vorstellen? Unsere kleene Anni mit einer Feder am Arsch.« Dieser eine Satz saß, und er veränderte alles: Unsere kleene Anni mit 'ner Feder am Arsch? In dieser Sekunde fiel es mir wie Schuppen von den Augen, und ich weiß bis heute nicht, warum es mir erst da klar wurde: Was heißt Friedrichstadt-Palast? Friedrichstadt-Palast bedeutet zwar Berlin, aber auch Revue. Nichts gegen Revue, ich bin ein großer Revue-Fan. Ich liebe die Revue als Zuschauerin, aber ich wollte keine Revue-Tänzerin werden. Ich wollte nicht in

High Heels Cancan tanzen. Mit einer bunten Feder am Hintern und glitzernden Sternchen auf den Brustwarzen.

Als ich nach dem Wochenende zurück ins Internat fuhr, stand mein Entschluss fest: Ich würde das Studium nach nur einem Schuljahr abbrechen. Was die Qualen und Schmerzen nicht geschafft hatten, war der Feder am Arsch gelungen. Noch am Sonntagabend schrieb ich meinen Exmatrikulationsantrag. Tschüss, Ende. Das war im Mai, und ich hätte noch bis Juni, Juli weiterstudieren müssen, weil dann erst das Semester endete. Meine Hauptfachdozentin bekam einen Anfall, als sie meinen Antrag las. Sie war stinksauer auf mich und wollte mich nicht gehen lassen. Ursprünglich waren wir fünf Mädchen und acht Jungs im Jahrgang gewesen, weil man später für die Theater mehr Tänzer als Tänzerinnen brauchte. Was schon problematisch genug war, denn wir Mädels mussten im Training die Übungen immer zweimal machen, damit die Jungs auch alle drankamen. Zwei Mädchen waren schon nicht mehr an der Schule, durch meinen Abgang blieben also nur noch zwei Tänzerinnen übrig. Mit meinem »Ich will weg« kam ich also nicht weit.

»Jeder hat mal eine Krise«, sagte meine Lehrerin. »Tanzen ist ein harter Beruf, es gehört dazu, dass man mal ein Tief hat, aber da musst du durch. Du bist gut, du schaffst das. Ich lasse es nicht zu, dass du gehst.«

»Ich will aber gehen. Ich will hier weg. Ich werde niemals so gut, dass ich an ein großes Haus komme, und was anderes möchte ich nicht. Dann mache ich lieber ganz was anderes.«

»Na gut, aber ich kann diese Entscheidung nicht allein treffen, das ist Sache der Schulleitung.«

Martin Puttke war damals der Ballettschuldirektor. Als Nächstes sollte ich zum Gespräch bei ihm antreten, zusammen mit meiner Lehrerin. Vorher nahm sie mich zur Seite und meinte, ich solle den Mund halten, das Reden würde sie übernehmen und alles

Weitere in meinem Sinne regeln. Und dann stand ich mit ihr vorm Direktor.

»Ja, die Anja, also sie hat gerade eine Krise und hat deswegen diesen Antrag gestellt, aber ich muss sagen, ich bin nicht dafür«, sagte meine Dozentin. »Ich bin überzeugt, sie hat das Zeug dazu, durchzuhalten und das Pensum zu schaffen. Gut genug ist sie. Wir dürfen sie nicht so einfach gehen lassen.« Ich war sprachlos. Ich konnte gar nicht glauben, was ich gerade gehört hatte. Der Direktor muss mir das angesehen haben und meinte, er würde sich jetzt gern mit mir unterhalten.

»Sag mal, wie sind denn deine Noten?«, fragte er.

»Hm, welche Fächer?«

»Zum Beispiel Klassisch. Was hast du denn da?«

»Drei.«

»Und die anderen?«

»Alles Zwei. Historisch Eins.«

»Und deine Theoriefächer?«

»Ach so, alles Einser.«

»Und was würdest du tun, wenn du jetzt hier aufhörst?«

»Ich würde das Abi machen und anschließend studieren.«

Er überlegte einen Moment lang, dann sagte er abschließend: »Ich glaube, da bist du besser aufgehoben.«

Na, das ging ja schnell, dachte ich und erwiderte: »Ach so, ja, glaub ich auch.« Ich war verdutzt, aber erleichtert. Die Lehrerin, sie stand immer noch neben mir, würdigte mich keines Blickes. Auf keinen Fall könne man mich sofort, vor Ende des Schuljahrs, entlassen, sagte sie nur, weil ich sonst auf der Straße sitzen würde. Ich müsse bis zum Ende dabeibleiben. Was ich wahnsinnig albern fand. Warum sollte ich noch jeden Tag ackern, wo doch für mich alles bald vorbei war? Die verbleibende Zeit nutzte ich, um ein bisschen abzutrainieren, was nach dem Dreivierteljahr allerdings noch nicht wirklich notwendig war.

Die Zeit im Internat, unser Miteinander und die Kameradschaft, habe ich genossen. Wir waren eine tolle Gruppe, feierten wilde Partys, vor allem mit den Artisten und Schauspielern.

»Wenn du erst mal von zu Hause weg bist, im Internat mit deinen 16 Jahren, wirst du schnell einen Freund haben, du wirst rauchen und Alkohol trinken …«, hatte meine Mutter prophezeit. Und ich erwiderte jedes Mal: »Mama, alle Tänzer sind schwul. Also werde ich keinen Freund finden. Tanzen ist Hochleistungssport, wer den betreibt, der raucht und trinkt nicht.« Und dann: Bei der ersten Party, die man zur Begrüßung für uns Neuzugänge gab, wurde getrunken, geraucht, und kein einziger Tänzer war schwul.

Bis zum Schluss war die Ballettszene meine Welt. Das Intendanzgebäude der Staatsoper war so etwas wie mein zweites Wohnzimmer. So oft wie möglich saß ich abends in der Ballettvorstellung, zweite Reihe Mitte, und dachte, Jens tanzt nur für mich. Und wenn andere in die Kneipe gingen, hockten wir nach der Vorstellung im Intendanzgebäude zusammen und tranken noch einen Wein. Diese kurze Zeit, in der ich in die sehr eigene Ballettwelt abtauchen durfte, möchte ich bis zum heutigen Tag nicht missen. Ich habe so unglaublich viel gelernt, erlebt, erfahren und begriffen, habe großartige Menschen getroffen, von denen mir ein paar wenige bis heute erhalten geblieben sind. Und ich ziehe vor jedem einzelnen Tänzer und jeder Tänzerin den Hut. Denn was so leichtfüßig auf der Bühne daherkommt, bedeutet ein jahrelanges Kämpfen, bedeutet, an und über die eigene Grenze hinwegzugehen, Schmerzen hinzunehmen und dabei zu lächeln. Alles, was ich an körperlicher Disziplin und Durchhaltevermögen besitze, habe ich in diesen zehn Monaten gelernt.

Als meine Zeit beim Ballett vorbei war, musste ich zurück auf eine »normale« Schule. In der DDR gab es die POS, die Polytechnische Oberschule, sie war bis zur zehnten Klasse für alle Kinder Pflicht.

Nach der POS konnte man entweder eine Lehre anfangen oder für zwei weitere Schuljahre auf die Erweiterte Oberschule, EOS, wechseln, um das Abitur zu machen. Eigentlich wäre es unmöglich gewesen, nach einem Jahr an der Ballettschule nahtlos in der EOS weiterzumachen. Aber zwei gute Gründe sprachen für mich: Erstens war mein Zeugnis sehr gut, und zweitens – und das war entscheidend – hatte man mir ein ärztliches Attest ausgestellt, mit dem mein Ausscheiden aus der Ballettschule begründet wurde. Für dieses Attest war ich dankbar, machte es mir die Sache doch leichter. Ich weiß nicht, wie es weitergegangen wäre, wenn die Direktion in mein Exmatrikulationsschreiben geschrieben hätte: Anja Kling wirft das Ballettstudium hin, weil sie keine Lust hat, in der Provinz zu tanzen. Was de facto so stimmte. In dem Attest stand der Befund Hüftdysplasie. Und das war auch richtig, die Hüftdysplasie habe ich wirklich. Sie wurde bei einer Routineuntersuchung zu Beginn des Ballettstudiums diagnostiziert, eine Fehlentwicklung der Hüftgelenkspfanne, keine Folge des Trainings, sondern eine Veranlagung. Dadurch bin ich rechts deutlich beweglicher als links.

Dank Attest und guter Noten wurde ich Helmhöltzerin, also Schülerin an der Helmholtz EOS in Potsdam. Die Umstellung von der Ballettschule zum normalen Schulalltag war anfangs hart. Ich hatte mit Fächern wie Physik, Chemie und Mathe innerlich abgeschlossen und musste von jetzt auf gleich alles das aufholen, was die anderen Schüler mir voraushatten. Nach zwei Jahren machte ich das Abi. Bis dahin wohnte ich wieder bei meinen Eltern. Ein komisches Gefühl, nach den Monaten im Internat wieder zu Hause einzuziehen. An den Wochenenden fuhr ich zu Jens und traf meine Freunde aus der Tänzerszene und natürlich Gerit. Jens wohnte zunächst in einer WG und bald in einer eigenen kleinen Wohnung, bevor wir beide zusammenzogen.

Während ich zur Schule ging, machte ich meinen ersten richtigen Ausflug in die Filmwelt. Ich bekam die Hauptrolle in der

DDR-Produktion *Grüne Hochzeit*. Während Gerit mich anspornte, damit weiterzumachen, war es für mich zu diesem Zeitpunkt immer noch alles andere als klar, wo mein Weg mich hinführen würde.

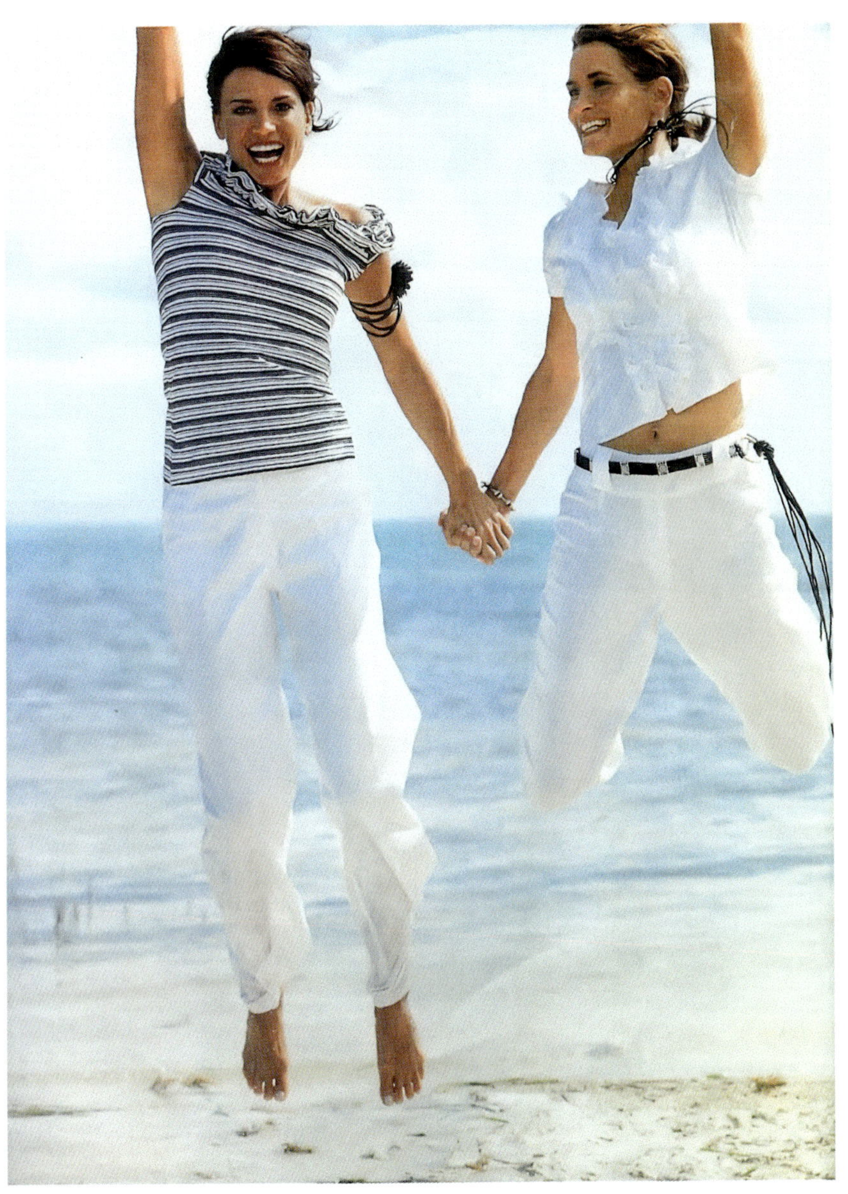

Hand in Hand am Strand von Mallorca, 2003

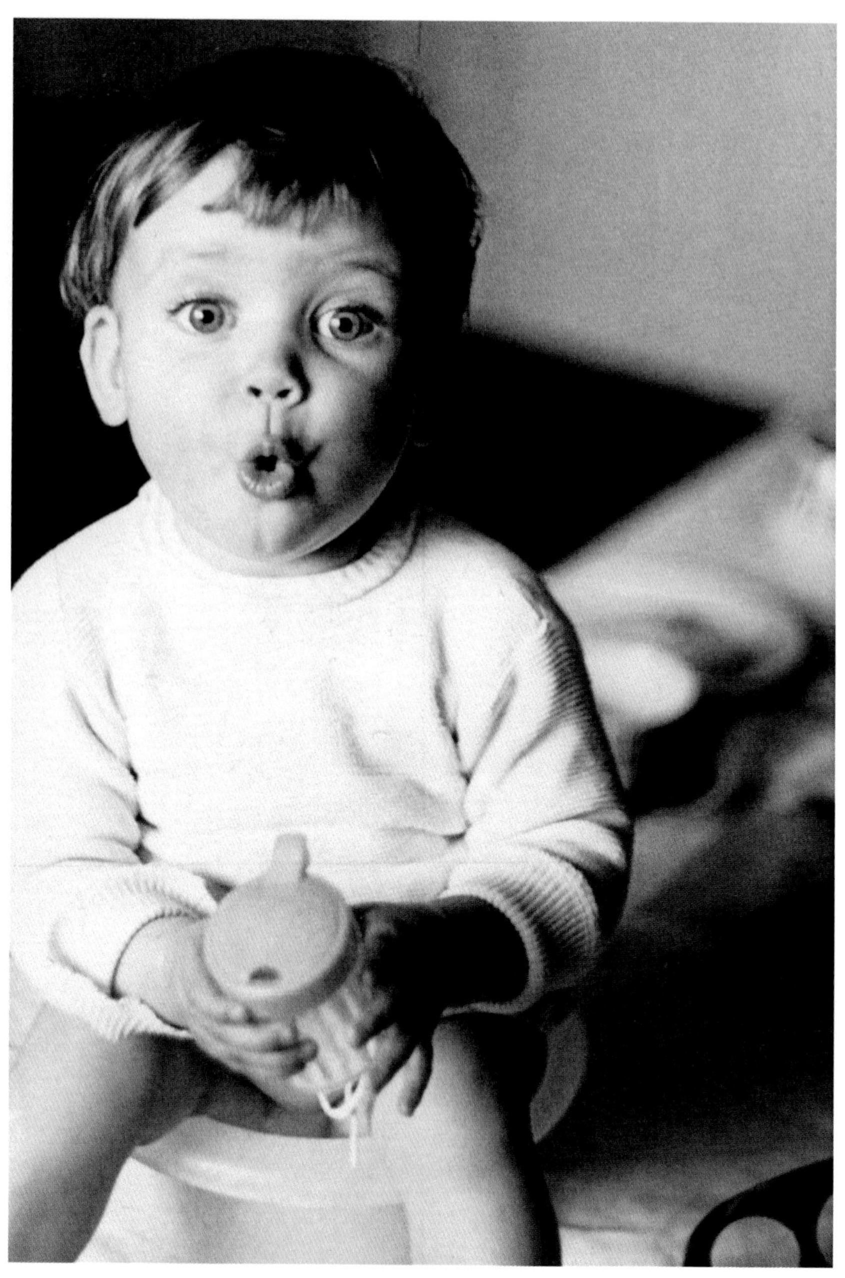

Gerits erster Versuch, pfeifen zu lernen.
Hat bis heute nicht geklappt!

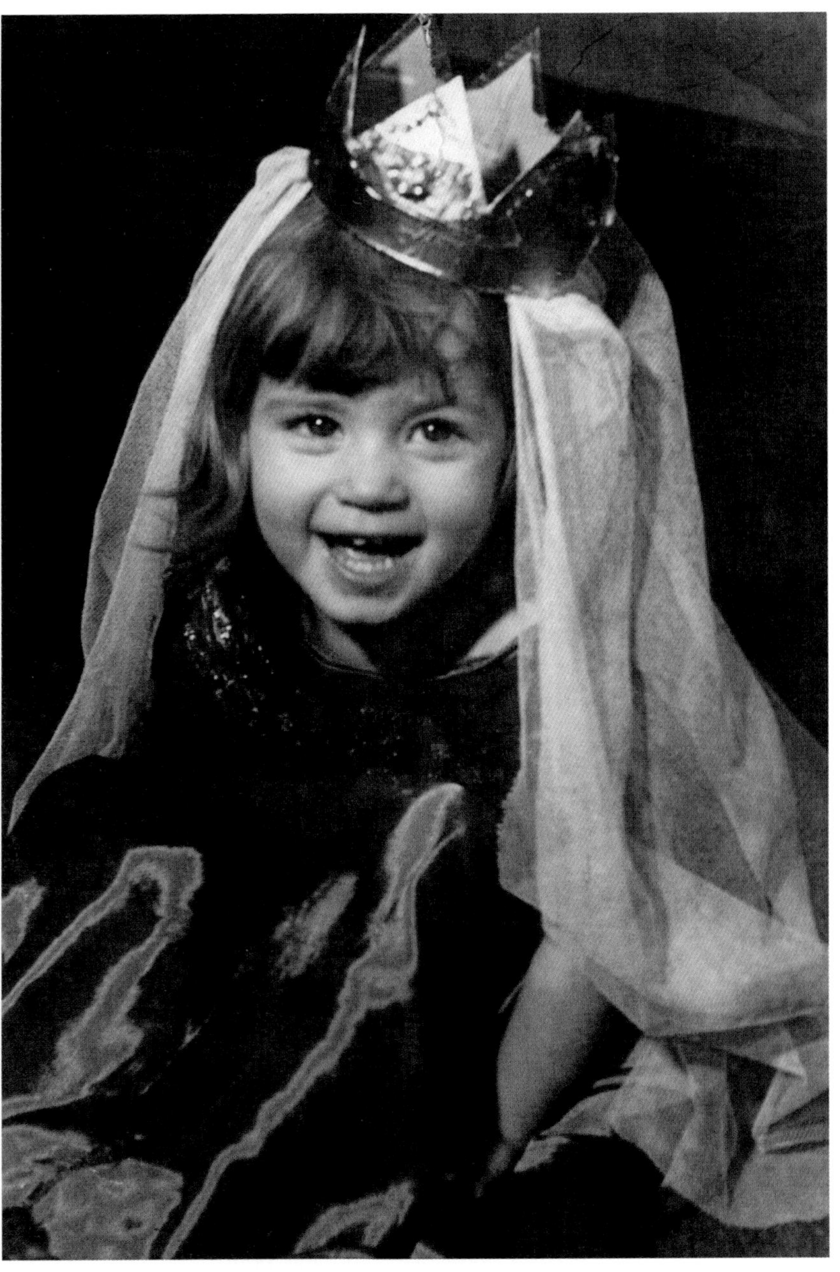

Anja als kleine Prinzessin im Fasching, 1972

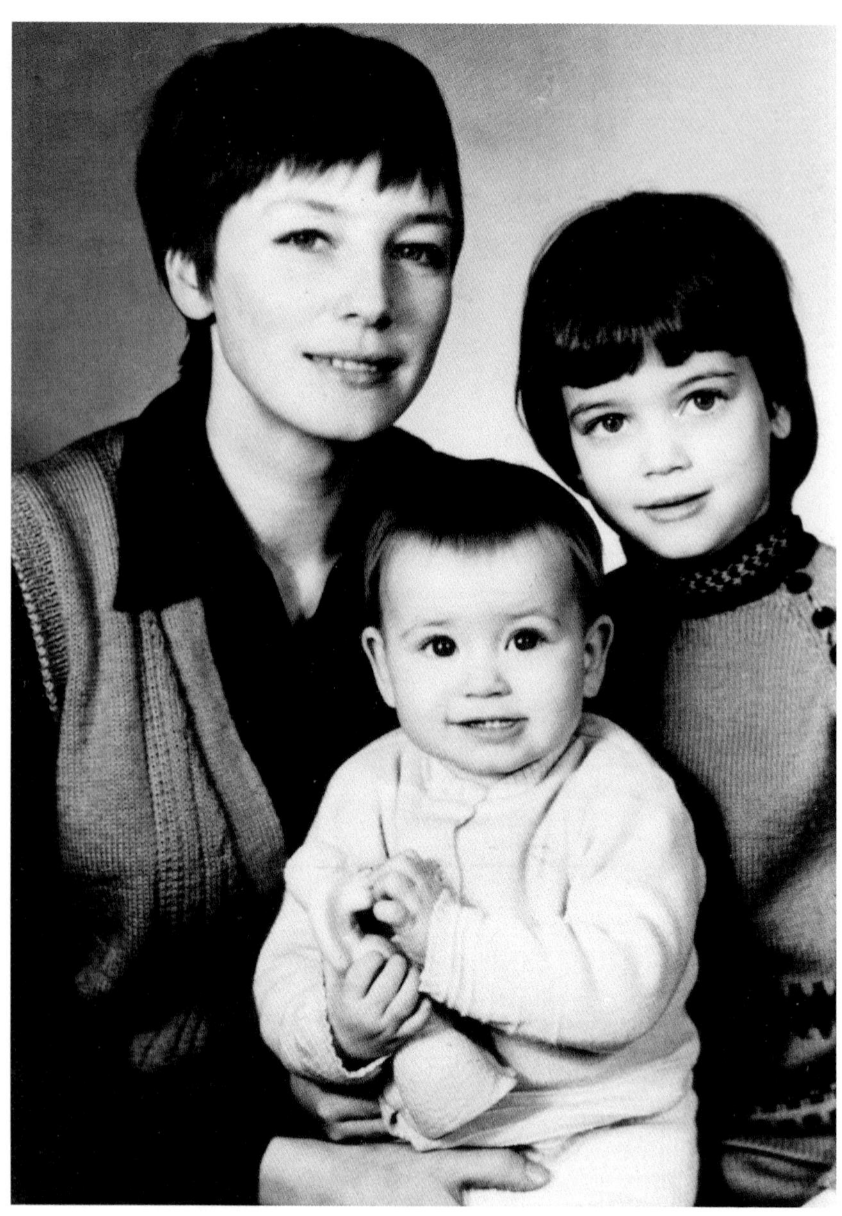

Anja und Gerit mit Mutter Margarita
in einem Potsdamer Fotostudio, 1971

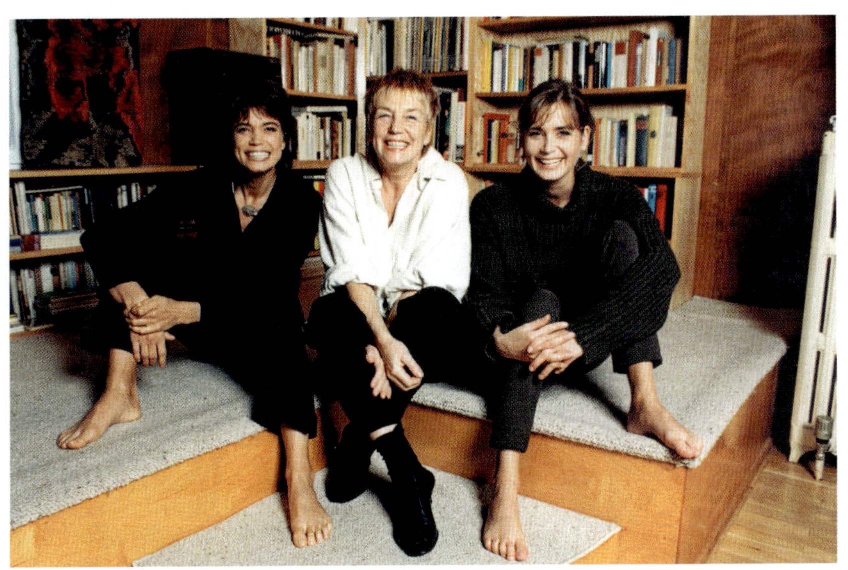

Im Wohnzimmer der Eltern, 1992

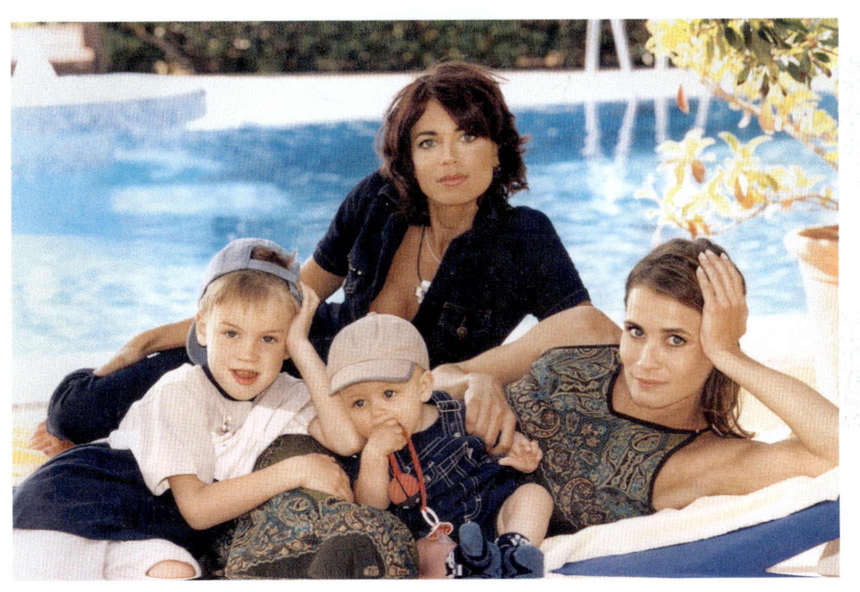

Gerit mit Sohn Leon (links) und Anja mit Sohn Tano
am Swimmingpool in Wilhelmshorst, 2000

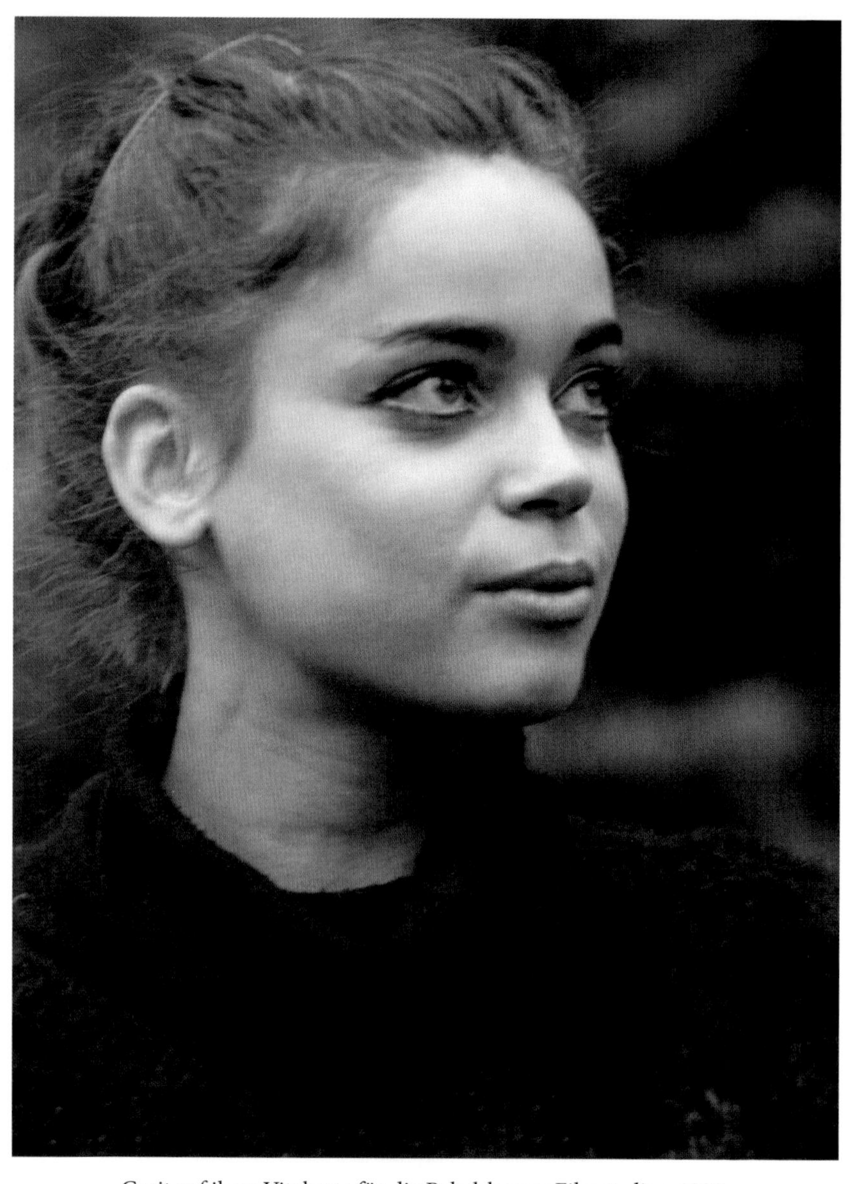

Gerit auf ihrer Vitakarte für die Babelsberger Filmstudios, 1987

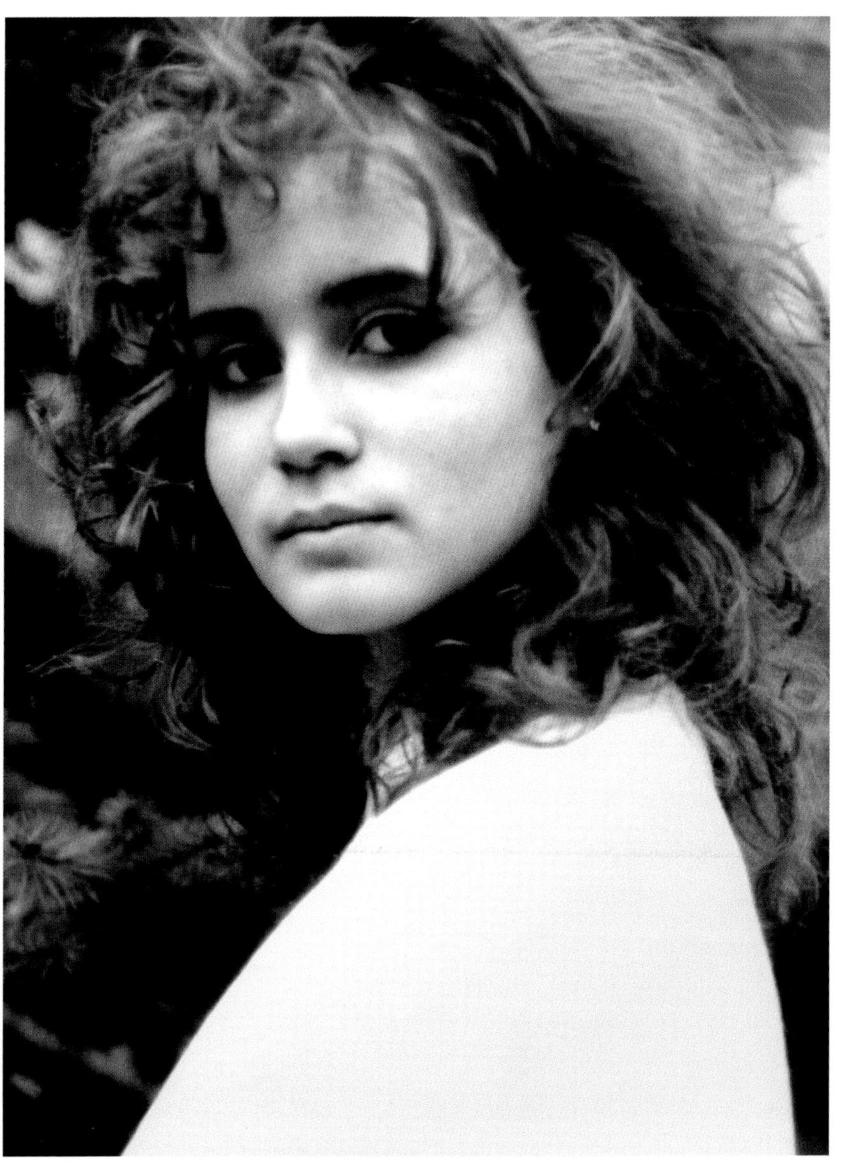

Anja im Alter von 17 Jahren

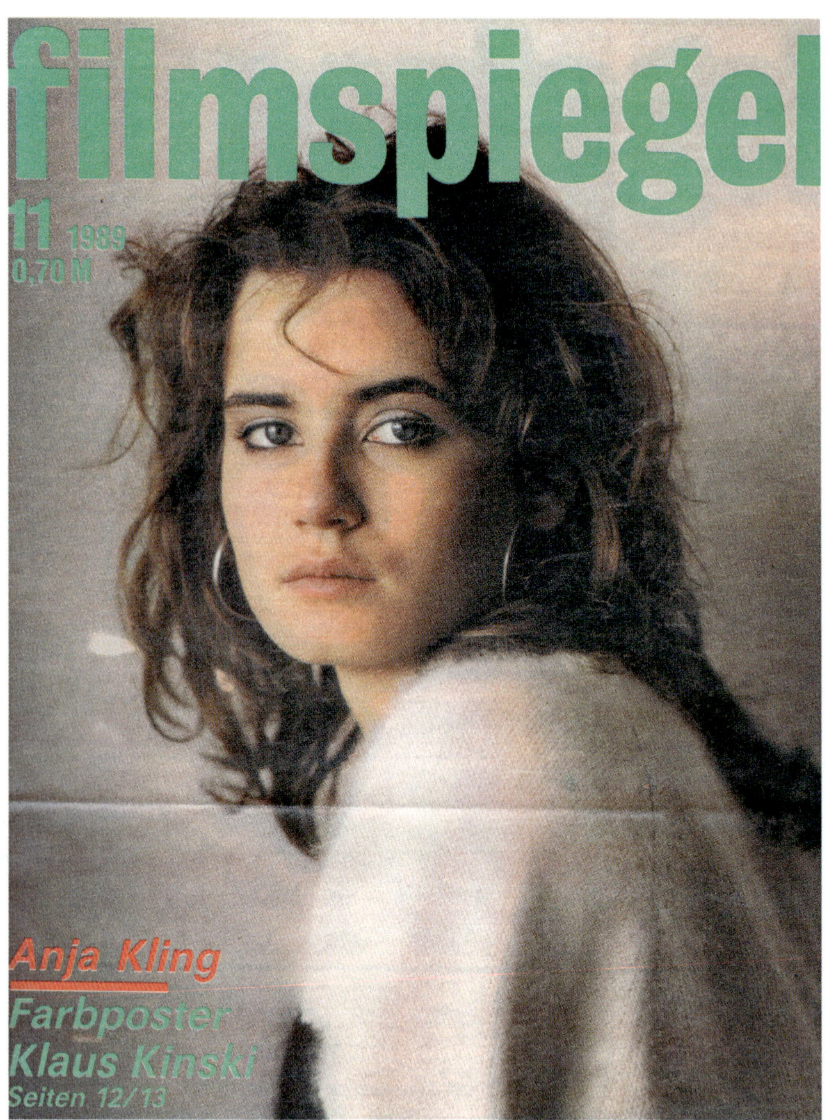

Anja auf dem Cover des *Filmspiegel*
anlässlich des Kinofilms *Grüne Hochzeit*, 1989

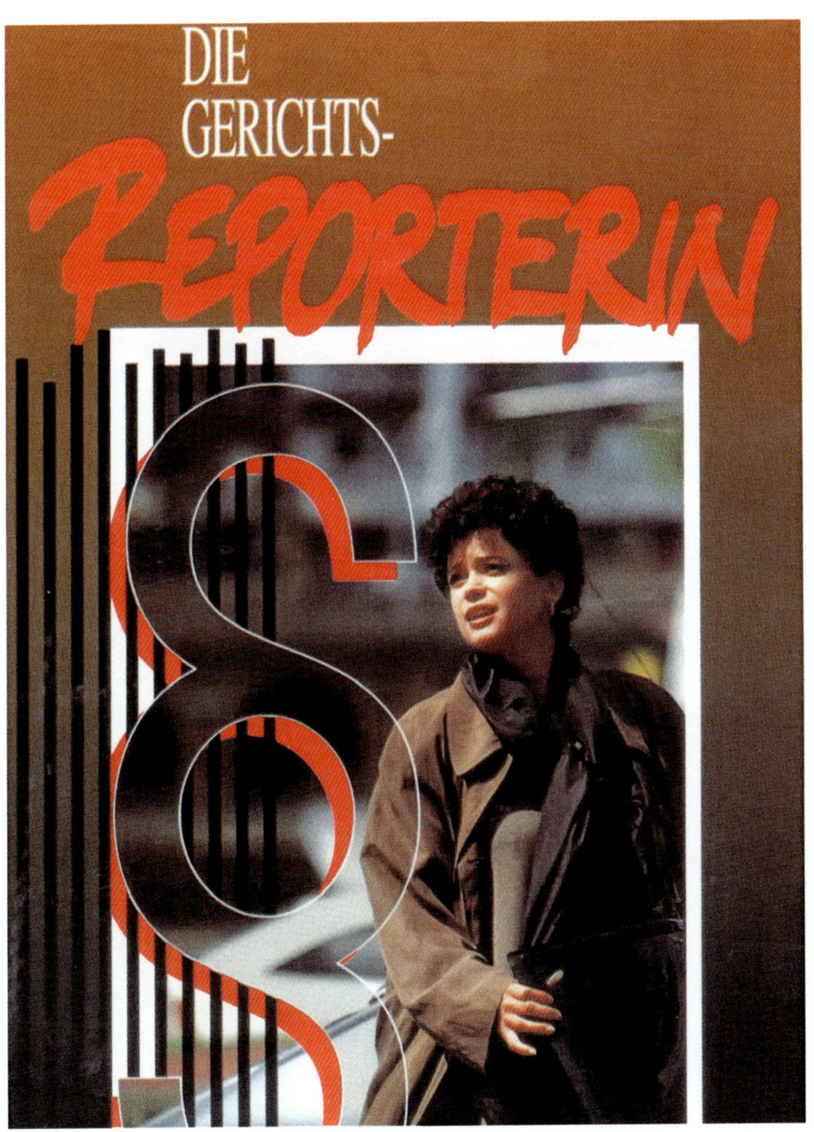

Gerit in der Hauptrolle der ARD-Abendserie
Die Gerichtsreporterin, 1994

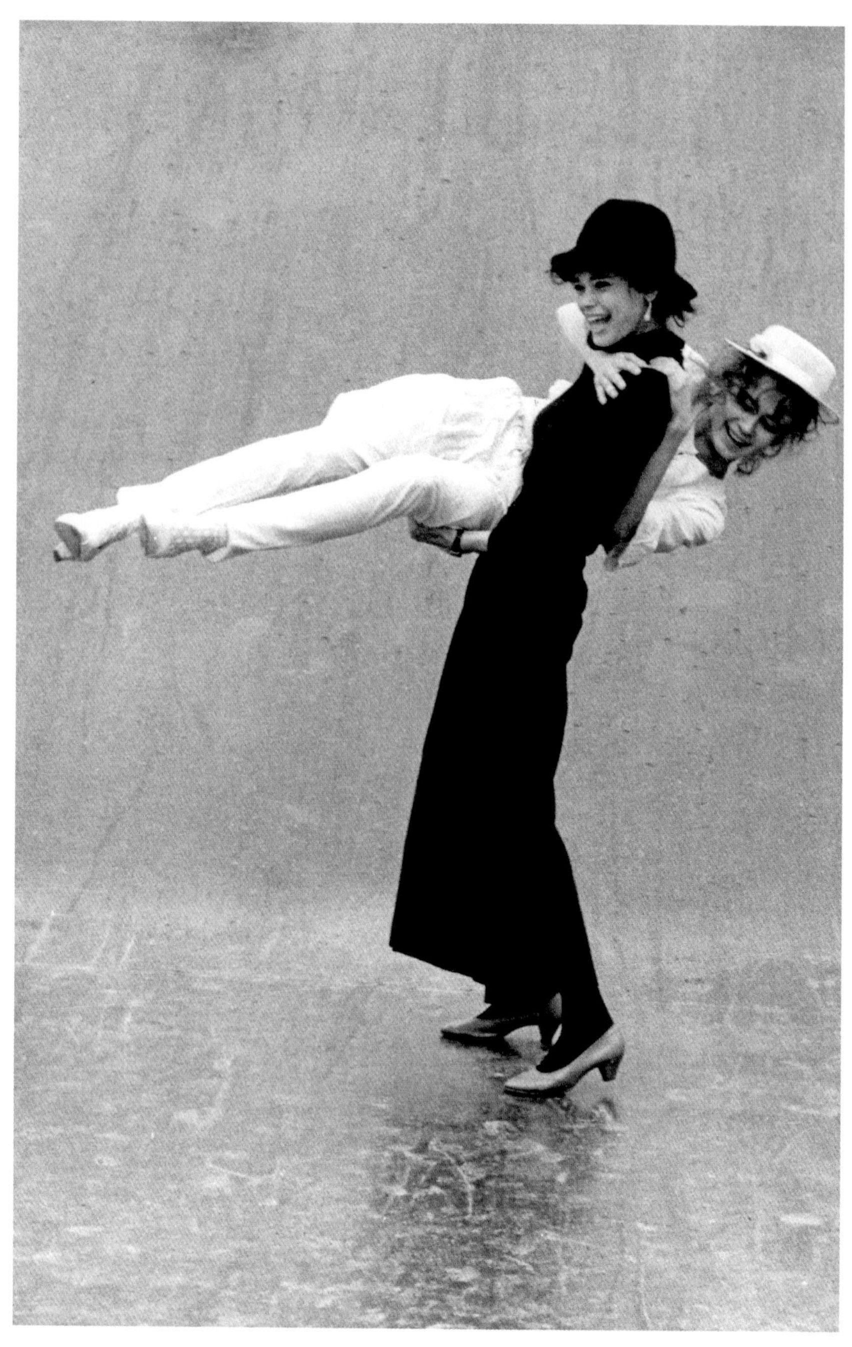

Gerit nimmt ihre Schwester Anja auf den Arm,
Shooting der Zeitschrift *Das Magazin*, 1987

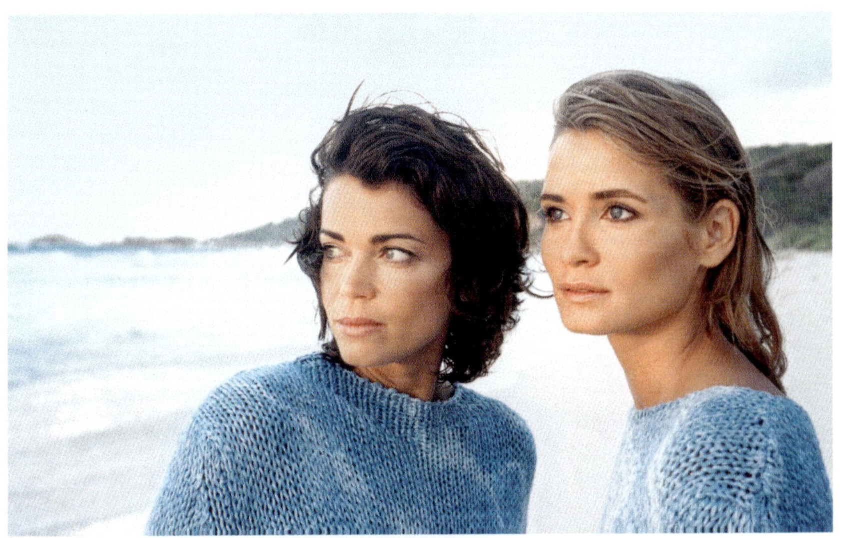

Gemeinsames Fotoshooting für eine Modekollektion

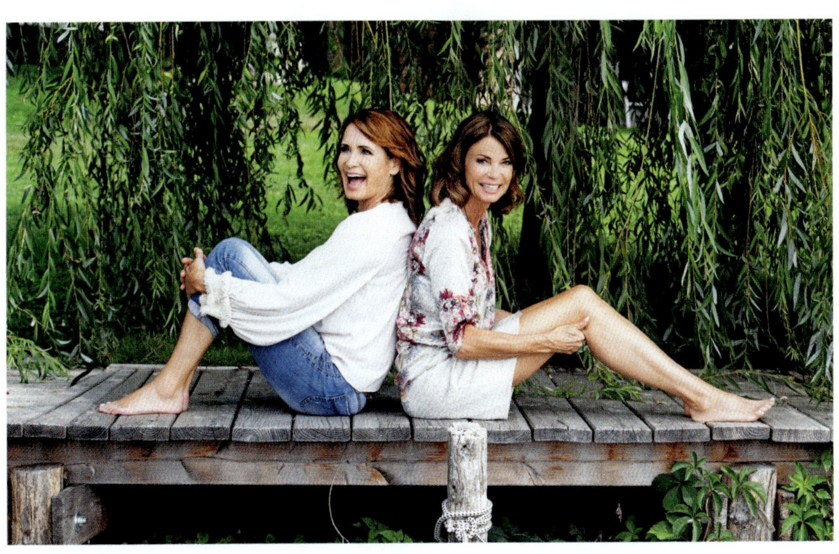

Anja und Gerit an der Havel, Potsdam 2019

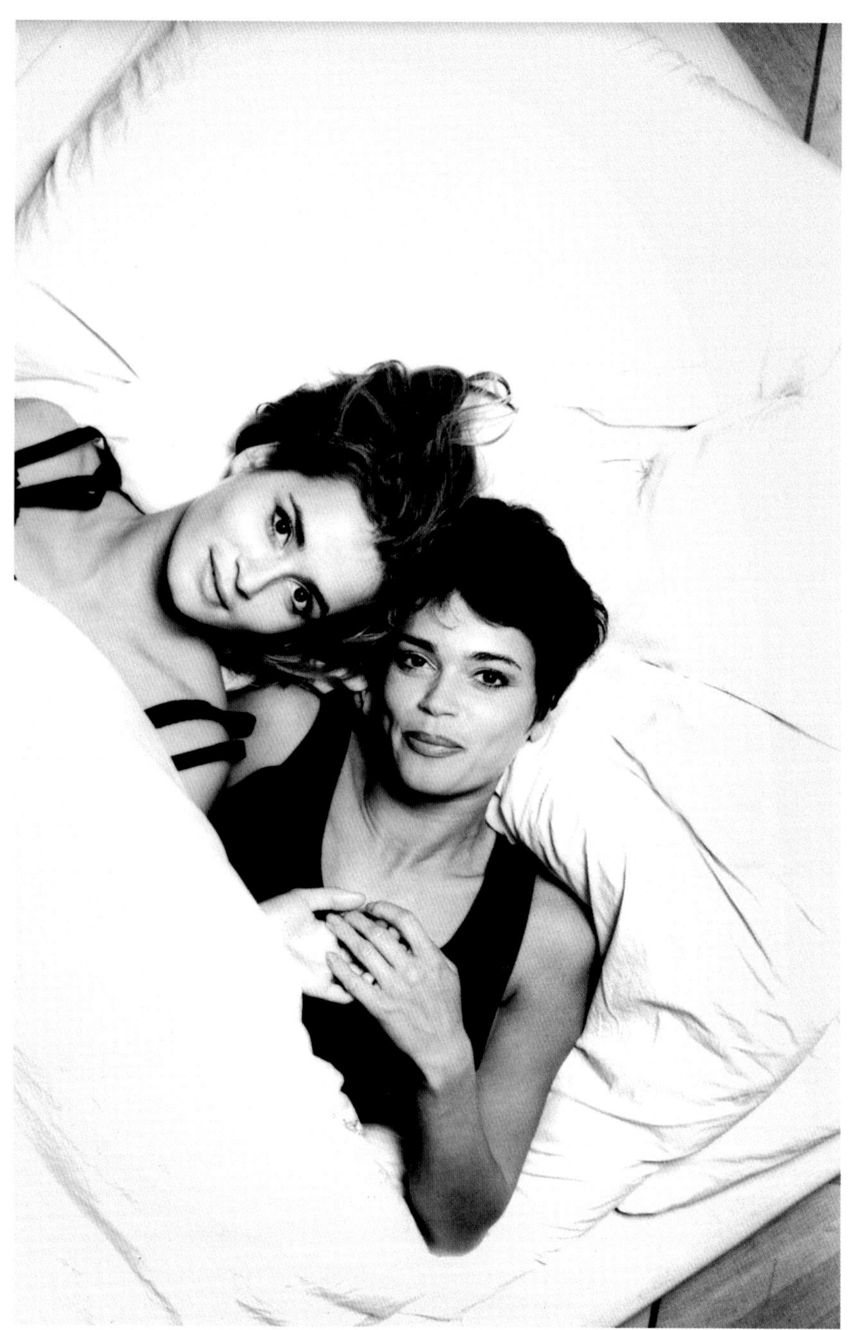

Fotoshooting, 1995

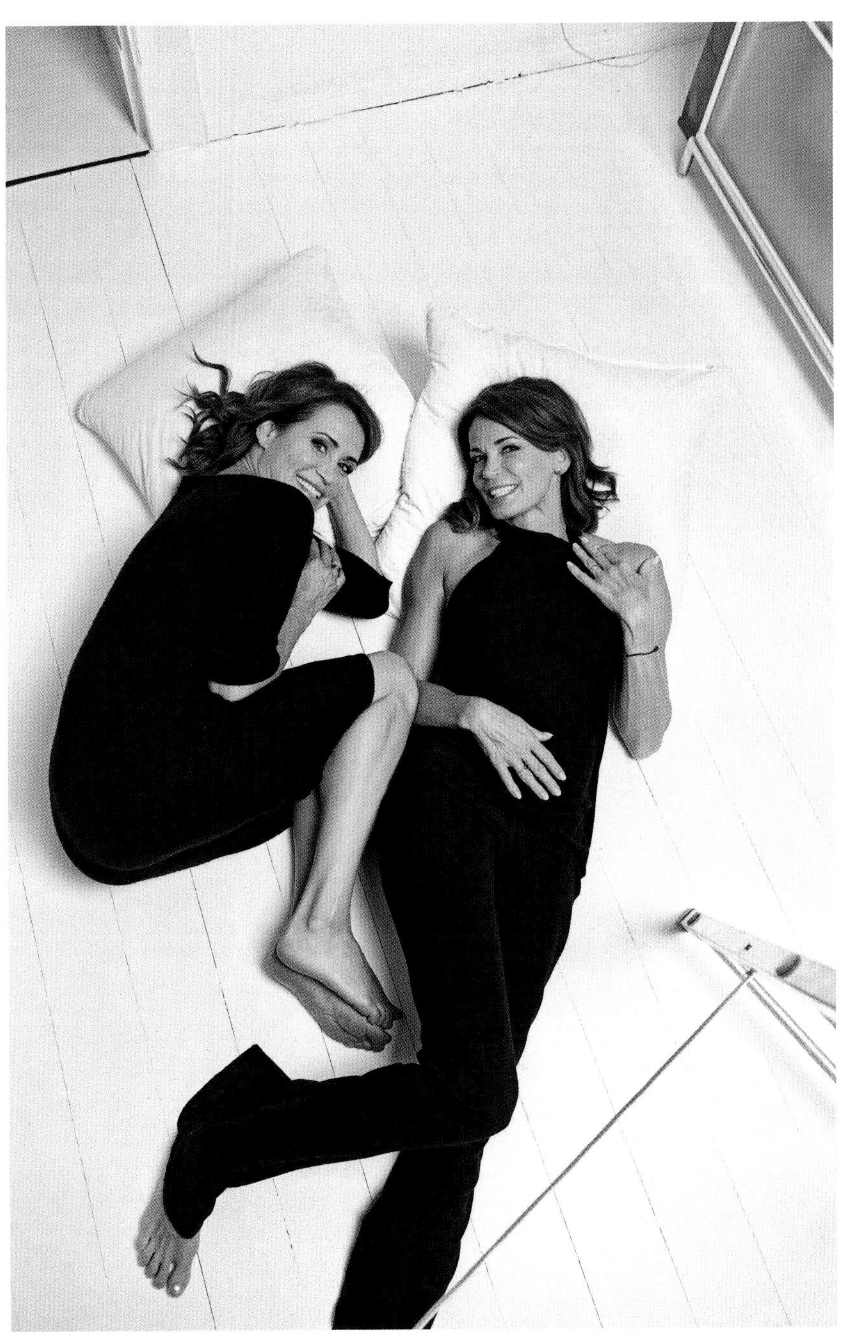

Fotoshooting, 2019

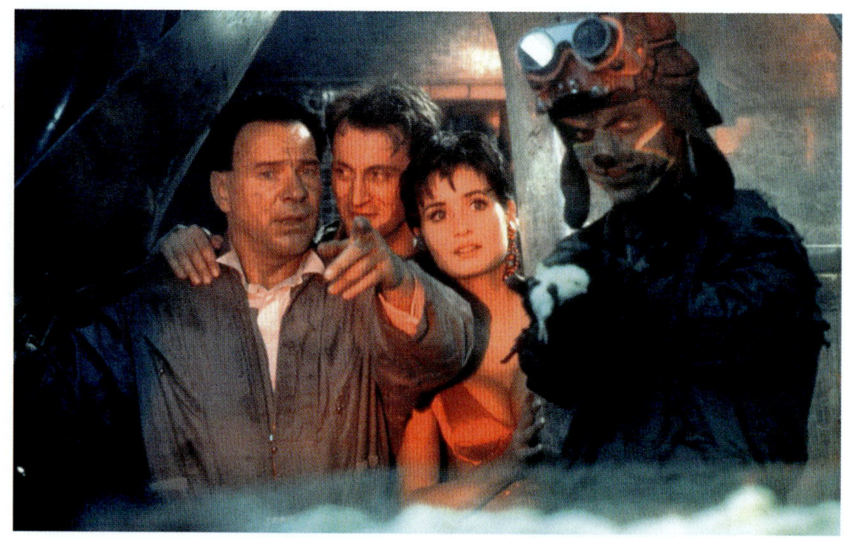

Anja mit Götz George im Kinofilm
Die Sturzflieger, 1995

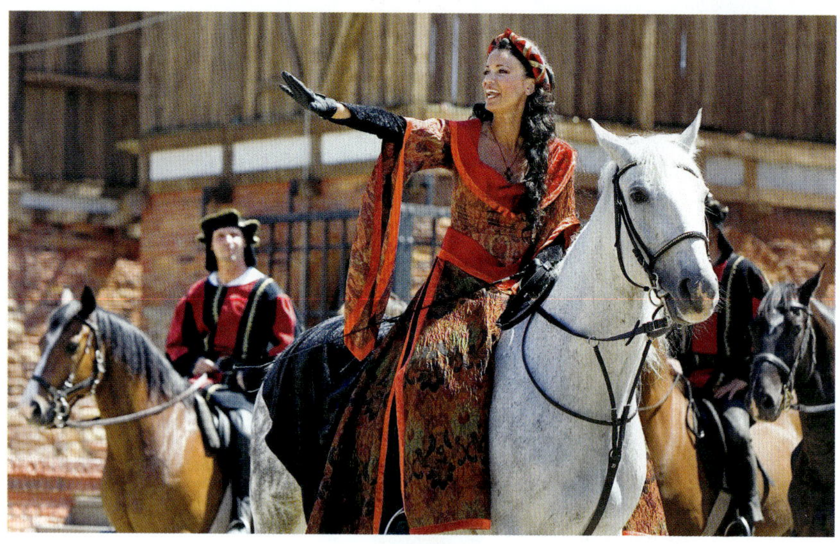

Gerit bei den Störtebeker Festspielen
auf Rügen, 2006

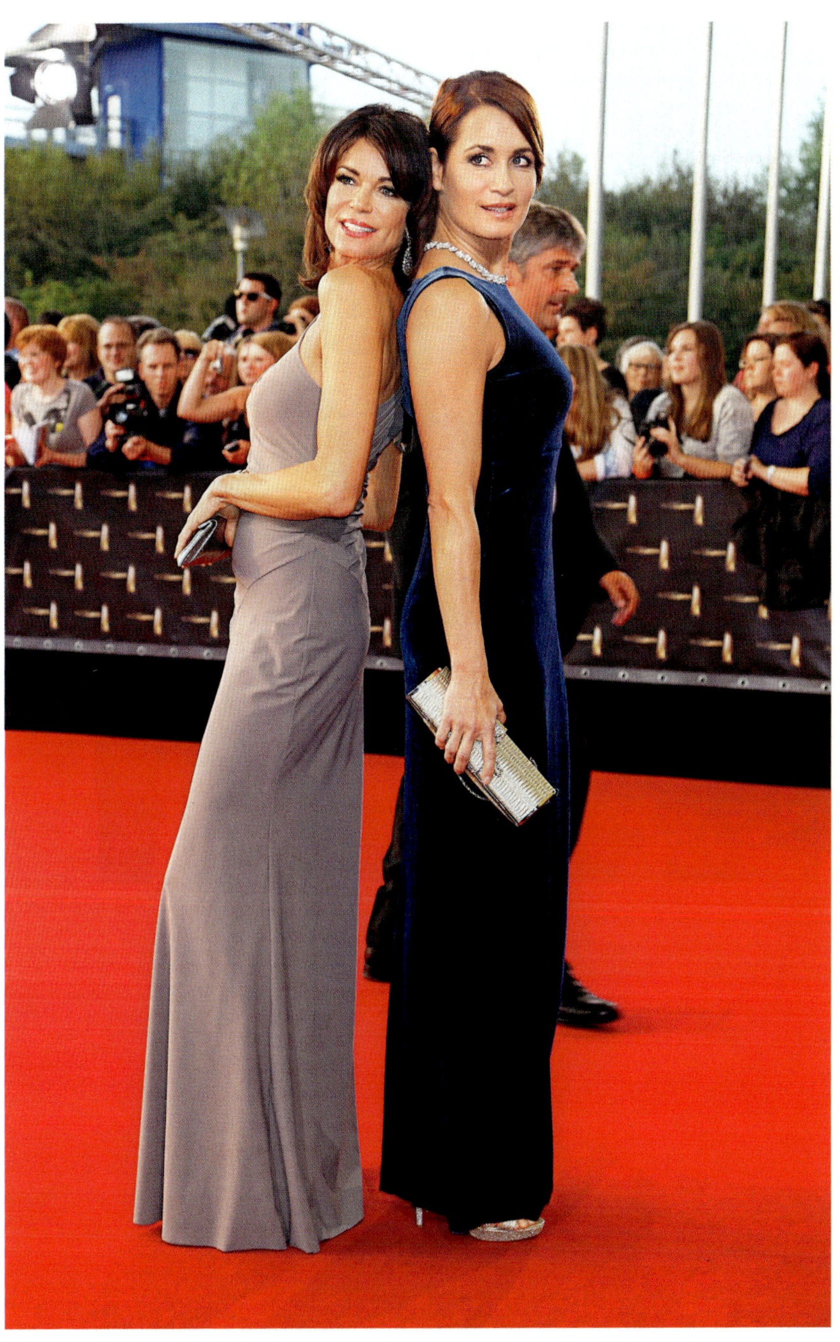

Auf dem roten Teppich beim Deutschen Fernsehpreis, 2014

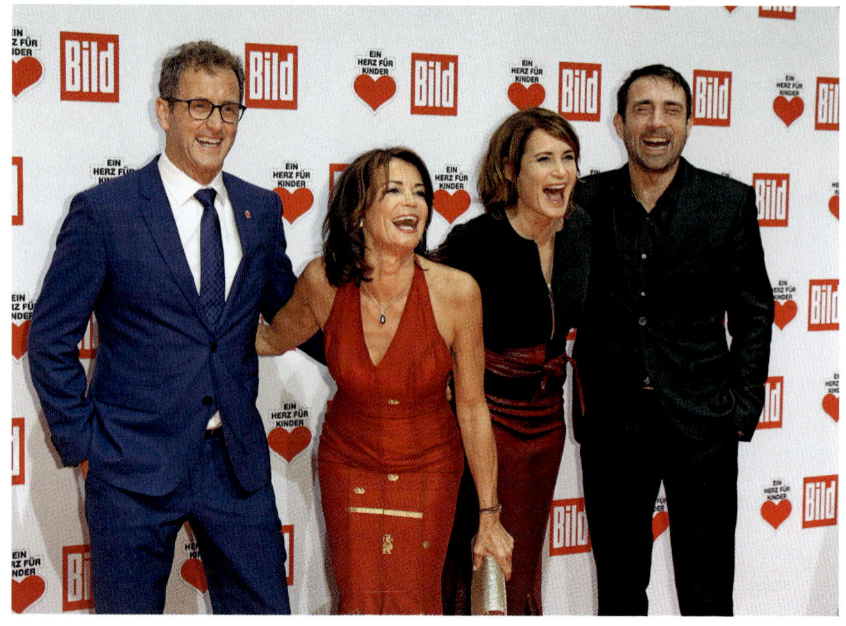

Gerit mit Ehemann Wolfram Becker (links)
und Anja mit Ehemann Oliver Haas (rechts),
Herz-für-Kinder-Gala, 2016

12

Der Hausgeist von Brandenburg

GERIT

Weißt du noch, wie ich ein Jahr lang immer das Theater in Brandenburg von innen abgeschlossen habe und dann ganz allein in den Gemäuern war?

ANJA

Du warst wie ein Hausgeist. Ein bisschen was davon ist bis heute so geblieben, wenn du morgens durch die Küche schleichst.

GERIT

Du siehst auch nicht besser aus, wenn du aufstehst und im Schlafanzug die Kinder zur Schule fährst.

ANJA

Liebe Polizei, bitte verzichtet zu eurem eigenen Schutz montags bis freitags von 7:00 bis 7:30 Uhr bei mir auf eine Verkehrskontrolle.

GERIT

Als ich mit der Schauspielschule fertig war, wollte ich alles – nur nicht zum Film oder Fernsehen. Stattdessen sah ich mich auf der Bühne. Ich wollte eine große Theaterschauspielerin werden. Dass das klappen würde, daran hatte ich keine Zweifel. Immerhin war ich schon im zweiten Studienjahr am Deutschen Theater engagiert worden, und Dieter Mann, der damalige Intendant, hatte mir signalisiert, um meine Zukunft müsse ich mir keine Sorgen machen, nach dem Motto: Man werde mich schon behalten. Zumindest war das meine Interpretation. Das Ding ist für mich geritzt, dachte ich selbstsicher. Aber wie heißt es so schön? Hochmut kommt vor dem Fall. Ich erhielt eine Einladung zu einem Gespräch mit dem Intendanten. Klar, dachte ich, die wollen mich treffen, um ein paar Details zu besprechen, damit ich anschließend den Vertrag unterschreiben kann. Entsprechend beschwingt ging ich zu dem Termin.

»Gerit, wir haben lange überlegt und uns die Entscheidung nicht leicht gemacht«, sagte der Intendant. »Du bist jetzt 23 Jahre alt, noch so jung, du musst erst mal ein bisschen auf die Weide und dir deine Sporen verdienen.« Ich war baff.

»Wir halten es für unverantwortlich«, fuhr er fort, »wenn du als Absolventin gleich an dieses große Haus kommst. Natürlich behalten wir dich im Auge, und wenn du woanders ein bisschen Praxis bekommen und Erfahrung gesammelt hast, schauen wir weiter.« In dem Moment brach für mich eine Welt zusammen – meine kleine Welt, meine Zukunft. Mit allem hätte ich gerechnet, damit nicht. Was sollte ich jetzt tun? Wo würde ich unterkommen? Siegessicher, wie ich gewesen war, hatte ich mich natürlich gar nicht erst darum bemüht, dass sich ein anderes Theater für mich interessierte. Meine Mitschüler hatten längst ihre Fühler ausgestreckt, waren zu Häusern im ganzen Land gefahren, hatten dort angeklopft, noch bevor es zum sogenannten »I-Vorspiel«, dem Intendanten-Vorspiel, kam. Diese hatten also bereits ihre Favoriten, und die meisten Jobs waren vergeben. Ich aber hatte nichts und stand da wie ein Loser. Und ich war sauer, dass man mir erst so spät beim Deutschen Theater eine Abfuhr erteilte.

Und dann passierte etwas, das lustig und traurig zugleich war. Da ich keinen konkreten Plan, keine Präferenz für ein Theater hatte, entschloss ich mich, zum I-Vorspiel einfach an den Ort zu gehen, der möglichst nah an meinem Zuhause lag. Das wäre zumindest praktisch, so mein Kalkül. Meine Wahl fiel auf Brandenburg an der Havel, knapp 50 Kilometer von Wilhelmshorst entfernt. Hier gab es ein kleines Theater, eher unbedeutend, denn Brandenburg ist keine berühmte Theaterstadt. Und dort schlug ich auf. Ich, die verwöhnte Ernst-Busch-Hochschulabsolventin, die Möchte-gern-Deutsche-Theater-Starschauspielerin. Ich wurde genommen und unterschrieb für zwei Jahre. Immerhin, ich stand nicht auf der Straße, hatte mein erstes festes Engagement, auch wenn es nicht der Traumjob war, den ich mir nach vier Jahren Schule erhofft hatte.

Das Theater befand sich damals in einem desolaten Zustand, die Heizung fiel ständig aus, vieles war kaputt und funktionierte nicht mehr. Was ich mir vorher schön ausgemalt hatte – in Potsdam zu wohnen und nur zu den Vorstellungen nach Brandenburg zu pendeln –, ließ sich im Alltag des Theaterbetriebs nicht umsetzen. Die Strecke war zu weit, die tägliche Fahrt zu lang, zumal wir jeden Vormittag probten und abends spielen mussten. Das Problem war: Ich hatte mich nicht um eine Wohnung in Brandenburg gekümmert. Der Intendant machte mir einen Vorschlag.

»Ich habe folgende Idee: Oben im Theater, unterm Dach, gibt's ein leeres Zimmerchen. Das kannst du haben, wenn du willst.« Ich nahm das Angebot sofort an, auch wenn meine neue Unterkunft alles andere als gemütlich war – klein und schäbig, und es zog durch alle Ritzen. Mein Vater musste einiges richten, um das

Zimmer einigermaßen bezugsfertig zu machen. An die Fensterrahmen, wo der Wind am schlimmsten durchpfiff, nagelte er dicke Pappe. Toilette und Dusche waren unten im Keller. Wenn am Abend nach der Vorstellung der letzte Gast gegangen war, drückte mir der Pförtner den Schlüssel zum Theatergebäude in die Hand, damit ich von innen abschließen konnte. Anschließend ging ich, taper-taper, hoch in meine Dachstube und war für den Rest der Nacht allein. Wie ein einsamer Geist, der Hausgeist von Brandenburg. Ein bisschen gespenstisch war es schon. Manchmal, wenn ich nicht schlafen konnte, ging ich runter in den Theatersaal, machte auf der Bühne das Licht an und probierte ein bisschen herum. Und morgens, wenn ich Probe hatte, klopften die Beleuchter an meine Tür und weckten den Hausgeist.

»Gerit, gleich zehn Uhr. Aufstehen. Probe.« Ich glaube, ich tat ihnen ein bisschen leid. Im Bademantel schlich ich, taper-taper, in den Keller, wo ich duschte und mein Kostüm anzog. Nachdem ich mir in der Kantine schnell noch ein Brötchen reingestopft hatte, stand ich pünktlich auf der Bühne. Nachmittags ruhte ich mich in meiner Dachstube aus, bis die Vorstellung begann, und abends schloss ich wieder hinter dem Pförtner die Tür ab. Tagein, tagaus, ein ganzes Jahr lang ging das so. Ich habe das Theater wochenlang überhaupt nicht verlassen. Ich war ja der Geist. Wo sollte der Geist schon hin? Anja machte damals ihr Abi und hatte nur selten Zeit, um mich zu besuchen. Aber bei den Premieren saßen meine Eltern und meine Schwester natürlich im Publikum.

Eigentlich wollte ich zwei Jahre in Brandenburg bleiben, doch dann spielten wir das Stück *Lulu* von Frank Wedekind, und alles kam schon wieder anders als geplant. Ich war als die Lulu besetzt. Die Inszenierung war – um es vorwegzunehmen – eine Katastrophe, ein einziger Affront. Das Premierenpublikum buhte uns aus, zuvor hatten viele Zuschauer schon den Theatersaal verlassen, sodass zum Schluss kaum noch Publikum da war. Auch meine Mutter hatte sich davongemacht und wartete in der Theaterkantine auf meinen Vater und mich.

Wir spielten nur die Premiere, danach war Schluss. Was war passiert? Der Affront bestand zum Beispiel darin, dass der Regisseur zwischen Bühne und Zuschauerrängen einen Gazevorhang hatte aufhängen lassen, der für ein mystisches Licht sorgte. Dadurch waren wir Schauspieler aber für die Zuschauer kaum zu sehen, man konnte uns nur erahnen. Ganze Textpassagen wurden in Englisch gesprochen. Und das in Brandenburg, in einer Stahlstadt, einer Arbeiterstadt, zu Zeiten der DDR, wo kaum jemand Englisch verstand. Und mittendrin in diesem Getümmel war ich, die Hauptdarstellerin, die Lulu. Schon während der Proben hatte ich die schlimmsten Befürchtungen. Ich ahnte, dass es nicht gut enden würde, hatte mich aber, gerade neu am Theater, nicht getraut, den Regisseur zu kritisieren. Und mit dem Ausmaß des Eklats hatte auch ich nicht gerechnet.

Nach der Aufführung fuhr ich mit meinen Eltern nach Hause.

Am nächsten Tag rief mich der Regisseur an und wollte mich zwingen, das Stück weiterzuspielen. Zu dem Zeitpunkt wusste er noch nicht, dass es abgesetzt wurde. Ich müsse sofort zurückkommen, befahl er mir, ansonsten, ja ansonsten …

In dem Moment brannten bei mir die Sicherungen durch, ich rastete aus, brüllte ihn an: »Nie wieder! Auf keinen Fall! Ich gehe doch nicht zu meiner eigenen öffentlichen Hinrichtung!« Und schmiss den Hörer auf. Mir war egal, ob ich mein Engagement los war und arbeitslos wurde.

Aber wie das Leben so spielt: Schließt sich die eine Tür, öffnet sich eine andere. Im Publikum der *Lulu*-Premiere saß der Oberspielleiter des Schweriner Staatstheaters. Trotz des Desasters muss ich ihm positiv aufgefallen sein, sodass er mich vom Fleck weg für sein Haus engagierte.

Auf diese Weise kam ich aus dem laufenden Vertrag heraus und wechselte an das Staatstheater Schwerin, wo ich vier Jahre lang blieb und alle großen Rollen spielte.

13
Grüne Hochzeit

GERIT

Neulich lief *Wo ist Fred* als Wiederholung im Fernsehen. Ich hab mich total erschrocken, als ich da plötzlich als deine Film-Schwester auftauchte. Hatte ich total vergessen.

ANJA

In meinem ersten Film *Grüne Hochzeit* hast du auch meine große Schwester gespielt. Das hatte ich total vergessen.

GERIT

In wirklich gleichberechtigt großen Rollen durften wir in 30 Jahren nur ein einziges Mal spielen, in *Irren ist sexy*. Ein wirklich schöner Film mit extra für uns geschriebenen Schwestern-Figuren.

ANJA

Stimmt. Das war toll. Ich liebe es auch, mit dir zu arbeiten. Weil wir uns viel schneller gegenseitig kritisieren und dann auch ermutigen können, als das mit einer fremden Kollegin möglich wäre. Warum stapeln sich eigentlich nicht die guten Drehbücher bei uns für uns beide gemeinsam?

GERIT

Haaaaallooooo, ihr Senderchefs, Produzenten, Autoren, Redakteure, Regisseure und alle anderen, die was zu sagen haben. Hört ihr uns????? DAS IST EIN AUFRUF!!!!! Herrgott noch mal! Wenn man nicht alles selber macht …;-)

Mittlerweile hatte ich mich an der EOS eingerichtet und ging in die elfte Klasse. Eines Tages hörte ich im Radio einen Aufruf zu Probeaufnahmen für einen neuen Film. Da hieß es sinngemäß: »Wenn du 16 oder 17 bist und in einem DEFA-Kinofilm mitspielen möchtest, dann melde dich …« Der Film, für den junge Nachwuchsschauspieler gesucht wurden, war im Grunde die Fortsetzung von *Sieben Sommersprossen*, ein Kinofilm aus dem Jahr 1978, der in der DDR besonders bei Jugendlichen zum Kult geworden war. Ich liebte ihn und hatte ihn gefühlt tausend Mal gesehen. Die Macher von *Sieben Sommersprossen*, der Regisseur Herrmann Zschoche und die Drehbuchautorin Christa Kozik, sollten jetzt auch für die Fortsetzung, *Grüne Hochzeit*, verantwortlich sein. Dem Aufruf zum Casting folgte halb Potsdam, zumindest die Jugendlichen im gesuchten Alter. Ich fragte Gerit, was sie davon halte.

»Mach das«, sagte sie.

»Ich weiß nicht, Gerit. Wenn ich da vor Fremden vorsprechen muss, bringe ich kein Wort raus.«

»Anjalein, das kannst du gar nicht wissen. Probier's doch wenigstens. Du bist jetzt älter als an der Ballettschule, hast mehr Selbstbewusstsein. Du musst die Sache locker angehen, nicht zu verbissen. Wenn es klappt, ist es gut, und wenn nicht, auch kein Drama.« Eigentlich hat sie recht, dachte ich, warum nicht.

Meine beiden besten Freundinnen hatten sich ebenfalls beworben. Telefonisch bekamen wir den Termin mitgeteilt, an dem wir uns zum Vorsprechen einzufinden hatten. Wir stylten uns auf, als wollten wir in die Disco gehen. Alle drei mit 80er-Jahre-Power-Dauerwellen und einer Tonne Haarspray drin, die Frisuren so festgetackert, dass sie sich nur im Stück bewegten, ich war zusätzlich mit einer großen Schleife im Haar dekoriert und sah aus wie ein Überraschungsei. Unsere Augen waren stark geschminkt, dunkel umrandet. So gefielen wir uns, und mit diesem Look machten wir uns auf den Weg.

Als wir uns dem DEFA-Büro näherten, sahen wir schon von Weitem, dass wir nicht die Einzigen waren, die auf die Idee gekommen waren, sich zu bewerben. Eine reine Massenabfertigung. Viele der anderen kannten wir aus der Schule.

»Hey, du auch, wie lustig ist das denn?« Die DEFA-Leute verteilten Handzettel mit dem Text, den wir gleich vorspielen sollten. Dabei handelte es sich um eine Szene, in der eine junge Frau, die Hauptdarstellerin, ihrem Freund gestehen muss, dass sie schwanger ist. Dabei heult sie die ganze Zeit. Wow, auch noch so 'ne peinliche Szene, schoss es mir durch den Kopf. Ein DEFA-Mitarbeiter kam zu uns, schaute uns an, ging weg, kam zurück und gab uns Wattepads.

»Hier, nehmt das, schminkt euch ab und kämmt euch die Haare. So könnt ihr nicht vorsprechen.«

»Waaas? Wieso denn nicht?« Protest unsererseits.

»Abschminken, oder ihr könnt wieder gehen!«

Widerwillig fügten wir uns. Ich war sauer. Die schöne Schminke, die tollen Haare … Dann wurden wir einzeln aufgerufen, und ich betrat das Allerheiligste. Der Regisseur, die Autorin und der Kameramann saßen aufgereiht hinter der Kamera, vor ihnen stand ein Junge, der mit mir die Szene spielen sollte. Er war etwas älter als ich, kam aus Thüringen, auch er hatte sich für die Rolle beworben, bekam den Zuschlag aber dann doch nicht.

Ich fühlte mich gar nicht wohl in meiner Haut. Lass es schnell vorbei sein, und dann nichts wie weg hier, war mein einziger Gedanke. Ich rasselte meine Passagen runter – den Text hatte ich schnell auswendig gelernt –, und dabei heulte ich wie ein Schlosshund.

Nach wenigen Minuten standen meine Freundinnen und ich wieder auf der Straße und sahen fürchterlich aus, mit verschmierter Restschminke im Gesicht, die Haare strähnig. Wir schauten uns an und bekamen einen Lachanfall.

»So viel zum Thema Film«, sagten wir, »von denen hören wir nie wieder was.«

Als ich Gerit das nächste Mal traf, schaute sie mich auffordernd an. »Und?«

»Und was?«

»Wie war's? Bei den Probeaufnahmen?«

»Ich fand es schlimm, einfach nur schlimm«, stöhnte ich und berichtete ihr detailliert, was ich beim Casting hatte tun müssen, wie das Ganze abgelaufen war. Und damit war diese Episode für mich nun wirklich abgehakt. Dachte ich zumindest.

Drei Wochen vergingen, und ich hörte nichts. Keine Absage, und natürlich keine Zusage. Eines Tages kam ich aus der Schule und sah vor dem Gebäude ein paar Leute, die mir bekannt vorkamen. Der eine ist doch der Kameramann von damals, fiel mir auf, jetzt haben sie bestimmt eine aus unserer Schule genommen. Bin gespannt, wer es ist.

Ich ging an ihnen vorbei, und in dem Moment sagte der Kameramann: »Das ist sie doch, die Kleine da, mit dem Zopf. He, du!«

»Ich?«

»Ja, du, komm mal her, deinetwegen sind wir hier.«

»Warum?«

»Wir haben uns alle Aufnahmen angeschaut und sind einstimmig dafür, dass du die Rolle spielen sollst. Wir würden gern mit deinem Direktor sprechen. Denn du müsstest für eine Weile aus der Schule raus und wirst einige Zeit fehlen.«

Erst dachte ich: Die verwechseln mich bestimmt, aber dann wurde mir klar: Die meinten wirklich mich. Ich war so perplex, dass ich sofort Ausflüchte suchte.

»Nee, das geht nicht«, sagte ich. »Ich kann das nicht spielen, ich will das auch nicht. Und überhaupt, wann soll der Film denn gedreht werden?«

»Hauptsächlich in den Sommerferien.«

»Also, das ist schon mal gar nicht möglich. Meine Ferien sind verplant. Ich fahre mit einer Freundin zum Zelten. Das kann ich nicht mehr absagen.« So versuchte ich mich herauszureden. Die DEFA-Leute dachten, sie hören nicht richtig. Kommen zu mir, verkünden, dass ich die Rolle bekomme, für die sich alle 17-jährigen Mädels in 100 Kilometern Umkreis beworben haben, und dann will ich gar nicht.

»Moment, jetzt reden wir erst mal mit deinen Eltern, dann sehen wir weiter«, sagten sie lachend. Meine Eltern gaben ihren Segen, die Schule war einverstanden, mich an manchen Tagen freizustellen, und am Ende ließ auch ich mich überzeugen. Meine Eltern versicherten mir: »Uns ist alles recht. Wenn du sagst, du willst den Film nicht drehen, weil du das als Belastung empfindest, wird dich niemand dazu zwingen. Jedes Argument lassen wir gelten, außer: Ich will mit einer Freundin zum Zelten fahren. Das ist ein dummes Argument.«

Und dann gab es noch einen Grund, weshalb ich zusagte – nicht mit Begeisterung, aber immerhin. Wegen der Dreharbeiten verpasste ich die verhasste ZV, die Zivilverteidigung, eine Art Armeegrundausbildung für Schülerinnen und Schüler, die zu Beginn des neuen Schuljahres stattfand. Die Jungs schickte man ins GST-Lager, Gesellschaft für Sport und Technik. Wir Mädels machten ZV-Lehrgänge. Dabei lernten wir durchaus sinnvolle Dinge wie Erste-Hilfe-Maßnahmen, aber wir mussten auch wie die Jungs in Uniform und Gasmaske durch den Wald robben und Unterkünfte aus Naturmaterialien bauen. Es kam immer ein bisschen darauf an, wie ernst die Lehrer diese Ausbildung nahmen.

Mit der ZV ging es schon in der POS los. In der zehnten Klasse hatte ich mal einen Verweis bekommen, weil ich mit meiner Freundin Bettina diese wahnsinnig hässlichen Uniformen umgenäht hatte, um sie etwas besser aussehen zu lassen. Wir machten sie enger, mehr auf Figur geschnitten, auf diese Weise wirkten sie moderner. Das Problem nur war, dass sie zwar uns jetzt passten, aber keinem anderen mehr, der sie nach uns bekommen würde. Bettina und ich waren berüchtigt für unsere Nähkünste. Wir kreierten zum Beispiel Jeansflickenjacken, nähten Pullover und Hosen aus alten Restteilen neu zusammen und verkloppten sie auf dem Schulhof, um uns was zum Taschengeld dazuzuverdienen. Weil wir nun unsere Uniformen aufgepeppt hatten, erhielten wir einen Verweis vor der ganzen Schule während des Fahnenappells. Fanden wir nicht weiter schlimm. Dafür sehen wir super aus, sagten wir uns.

Jetzt, als die Schule in der zwölften Klasse wieder losging, entfiel die ZV also für mich – schade, schade. Doch zwischenzeitlich bekam ich immer wieder Zweifel, ob ich dem, was auf mich zukam, gewachsen sein würde.

»Sie werden dich schon führen und leiten. Sieh es als ein Abenteuer«, beruhigte mich meine Mutter.

Aus Gerits Mund klang es weniger freundlich: »Wenn du das nicht machst, bist du wirklich völlig bescheuert.«

Aus der Nummer kam ich eh nicht mehr raus. Also ließ ich mich auf das Abenteuer ein.

Der männliche Hauptdarsteller stand, als man sich für mich entschieden hatte, noch nicht fest, und bei den nächsten Probeaufnahmen sollte ich mitwirken. Einen der Jungs, die sich bewarben, Marc Lubosch, mochte ich von Anfang an. Ein bisschen war ich sogar in ihn verliebt. Er war jünger als ich, etwa fünfzehn, sah aber älter aus und hatte – als Kinderdarsteller – schon Erfahrung vor der Kamera gemacht. Marc ist der Sohn der Schauspielerin Ute Lubosch. Heute arbeitet er als Oberbeleuchter beim Film und ist lustigerweise ein Kollege meines Mannes. Ich kannte Marc aus verschiedenen Kinofilmen. Als er für *Grüne Hochzeit* gecastet wurde, gefiel er mir von allen am besten. Ob meine Meinung zählte oder nicht, Marc bekam die Rolle.

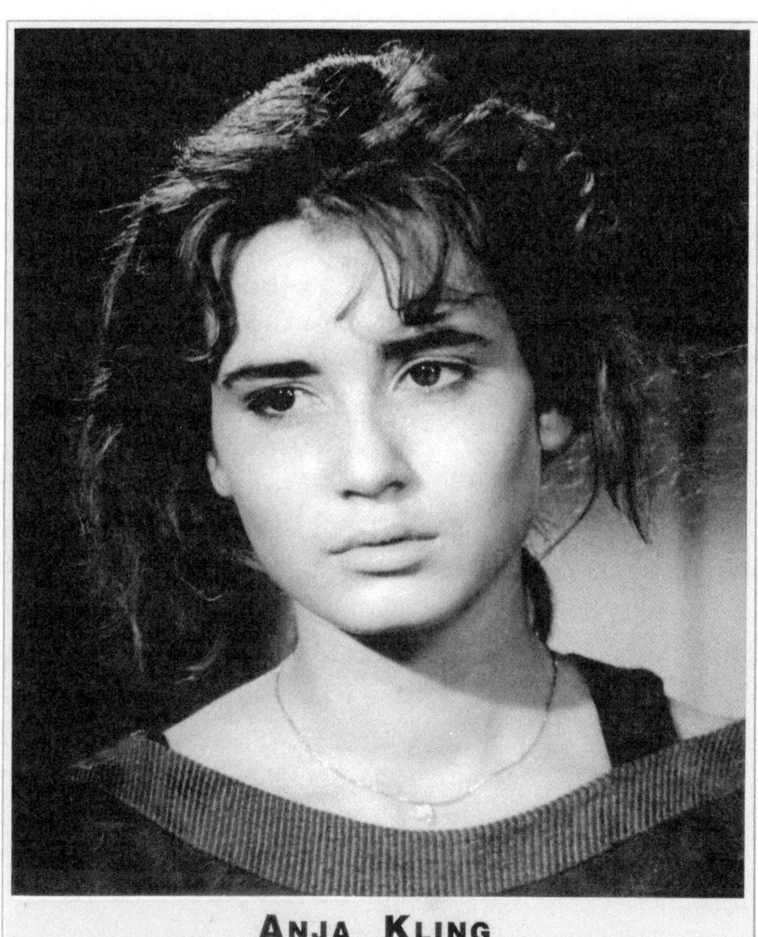

ANJA KLING

Zur Zeit der Dreharbeiten Oberschülerin, spielt sie die siebzehnjährige Susanne in „Grüne Hochzeit" (Regie: Hermann Zschoche). Zur Heirat braucht Susanne noch das Einverständnis der Mutter. Als dann, wenige Wochen nach der Hochzeit, Zwillinge zur Welt kommen, muß sie allein mit allen Problemen fertig werden.

Anja Kling im DEFA-Film *Grüne Hochzeit*, 1989

Wenn man sich *Grüne Hochzeit* heute anschaut, wirkt der Film wie aus einer anderen Welt, aus einer anderen Zeit – was ja auch zutrifft. Ein typischer DDR-Jugendfilm. Zwei junge Menschen verlieben sich und werden ein Paar, die beiden heiraten, als sie schwanger wird, auf keinen Fall möchte sie abtreiben. Das Mädchen und der Junge bekommen Zwillinge, und nun müssen sie mit zwei Babys im DDR-Alltag klarkommen. Der Film wurde ein Riesenerfolg. Dass er so populär war, lag sicher auch daran, dass er die DDR-Verhältnisse zumindest unterschwellig kritisierte. Da ging es unter anderem darum, dass man viele Waren entweder nur unter der Hand bekam oder ewige Zeiten darauf warten musste oder nur durch Schmiergelder eine Chance auf das Begehrte hatte. Die Zuschauer waren begeistert, die Kinos ausverkauft, und wir, die jungen Schauspieler, wurden plötzlich durch die DDR gereicht, gaben Interviews im DDR-Fernsehen und in Zeitungen. So schnell konnte ich gar nicht gucken, wie mir geschah. Neulich fand ich die Aufnahme einer Talksendung von damals. Es ist ganz seltsam, wenn ich mich sprechen höre, weil sich meine Stimme seitdem sehr verändert hat. Da saß ich völlig überfordert in einer Runde mit anderen Gästen, als der Moderator zu mir sagte: »Anja, Mensch, du hast ja jetzt einen großen Erfolg mit *Grüne Hochzeit*.«

»Hm.«

»Ich hab gehört, du drehst jetzt auch bald einen *Polizeiruf*.«

»Stimmt.«

»Na, Anja, und was spielst du da?« Der Moderator gab wirklich sein Bestes.

»Ja, soll ich jetzt etwa die ganze Geschichte erzählen, oder wie?«, pampte ich ihn an. »Ich weiß das nicht so genau.« War das wirklich ich?, fragte ich mich. Was war ich bloß für ein Backfisch? Völlig uncharmant!

In einem anderen Interview – kurz nach der Wende, ich war 21 und drehte gerade einen Film mit Götz George – ging es darum, dass dieser Film ein Karrieresprung für mich sein könnte. Ob ich denn vorhabe, ins Ausland zu gehen, wurde ich gefragt.

»Nee, also wirklich nicht. Vielleicht irgendwann mal einen Film im Ausland drehen, ja, aber nach Amerika oder so will ich nicht.

Nee, dazu bin ich viel zu heimatverbunden.« Und dabei machte ich die ganze Zeit den Eindruck, als ob mich der Interviewer hinter der Kamera extrem nervte. Fürchterlich!

Auch wenn ich am Anfang unsicher war, fiel es mir nie schwer, vor der Kamera zu agieren. Ich habe mich damals schnell in die Schauspielerei reingefuchst, und über viele Jahre war ich der Meinung, was ich da tue, kann doch jeder. Einen Satz auf natürliche Weise zu sagen, während die Kamera läuft – was soll daran schwierig sein? Inzwischen weiß ich: Das kann eben nicht jeder. Sätze, die nicht im eigenen Kopf entstanden sind, sondern die sich ein Autor ausgedacht hat, so wiederzugeben, als wären es deine, ist das Talent, das man als Schauspieler mitbringen muss. Mich in andere Charaktere hineinfühlen, Emotionen nachempfinden zu können, das kam erst später, aber meine Texte natürlich zu sagen und die Kamera dabei zu vergessen, das klappte von Anfang an. Bei Gerit war die Ausgangssituation eine andere. Sie war sich ihres Talentes immer bewusst.

Nach dem Erfolg von *Grüne Hochzeit* bekam ich weitere Rollenangebote. Die Schauspielerei zum Beruf zu machen war trotzdem kein Thema. Ich wollte nicht vor der Kamera arbeiten, sondern vielmehr hinter den Kulissen. Filmwissenschaften könnte ich studieren, dachte ich mir und bewarb mich nach dem Abi an der Filmhochschule in Babelsberg, wo mein Vater gerade eine Gastprofessur hatte. Er warnte mich, ich solle mich nicht auf meinen Lorbeeren ausruhen. »Nur weil du einen Film gedreht hast, heißt das nicht, dass du für das Studium geeignet bist.«

Die Hürden für den Aufnahmetest zum Studium waren hoch. Ich gebe zu, ich ruhte mich ein bisschen auf meinem Erfolg aus und bereitete mich nur schlampig vor. Stattdessen fuhr ich jedes Wochenende nach Berlin zu meinem Freund. Ich war mir sicher, den Test würde ich locker bestehen. Also, bitte, wussten die denn nicht, wer ich war? Ich hatte in einem Film gespielt, nicht in irgendeinem, sondern in dem Riesenerfolgsfilm überhaupt!

Und dann stand ich bei der Aufnahmeprüfung vor der Jury und fiel mit Pauken und Trompeten durch. Keine einzige der Fragen, die man mir stellte, konnte ich beantworten. Dabei wäre es zu schaffen gewesen, hätte ich mich vorbereitet.

Bis dahin war alles mehr oder weniger reibungslos gelaufen. Ballettschule, angenommen, zack, geklappt. Ein Jahr später zur EOS – geklappt. Superabi – geklappt. Und jetzt? Jetzt stand ich ohne Studienplatz da. Zum ersten Mal war ich in der Situation, etwas nicht geschafft zu haben. Ein ganz schöner Dämpfer. Am meisten ärgerte ich mich über mich selbst. Ich saß vor Jens und heulte ihm vor: »Weißt du eigentlich, wie gut du es hast an der Staatsoper?«

Weil ich immer schon gern genäht hatte, kam ich auf eine neue Idee. Ich konnte mich doch an der Staatsoper für eine Schneiderausbildung bewerben! Immerhin hatte ich da gute Kontakte.

»Anja, mit deinen guten Noten und deinem Geschick im Nähen würden wir dich sofort nehmen. Mit Kusshand«, sagte man mir, als ich mich an der Staatsoper bewarb. Das Problem aber sei: Ich dürfe keine Lehre machen, weil ich das Abi habe. So lief das bei uns in der DDR: Wer das Abitur hatte machen dürfen, der musste anschließend studieren.

»Studienplätze gibt es immerhin ausreichend. Vielleicht nicht das, was du willst, aber du kannst ja Maschinenbau oder so etwas studieren. Da gibt es genügend Plätze.«

»Nein, ich möchte Schneiderin werden«, sagte ich.

»Das hättest du dir früher überlegen müssen, nach der zehnten Klasse, aber dann hättest du kein Abi machen dürfen.« Da biss sich die Katze in den Schwanz. Den Studienplatz, den ich haben wollte, bekam ich nicht. Etwas anderes wollte ich nicht studieren. Eine Ausbildung wiederum durfte ich nicht machen. Folglich hatte ich keinen blassen Schimmer, wie es weitergehen sollte.

14

Zimmer mit Aussicht

GERIT

In meiner ersten Wohnung gab's nicht mal ein Badezimmer. Wir hatten nur eine Baby-Plastikwanne. In die haben wir uns reingequetscht.

ANJA

In der Dunckerstraße, Prenzlauer Berg, da hatten wir auch keine Dusche, kein Waschbecken, nur ein Abwaschbecken und auch so eine Babywanne.

GERIT

Und die Füße kamen in einen Eimer. So haben wir gebadet, Vollbad à la DDR. Aber das hat uns komischerweise alles nicht gestört, oder? Und die Toilette war 'ne Treppe tiefer. War das bei euch nicht auch so?

ANJA

Nee, in der Dunckerstraße hatten wir ein Klo. Das war da, wo die Sache mit den Gasbetonsteinen stattfand.

GERIT

Auch eine typische DDR-Geschichte. Ehrlich. Und schön.

ANJA

Auf privater Ebene lief es bei mir besser als in Bezug auf einen Beruf. Mit Jens verbrachte ich so viel Zeit wie möglich. Anfangs wohnte er noch in einem Berliner WG-Zimmer, bald aber bekam er – über die Staatsoper vermittelt – seine erste eigene kleine Wohnung im dritten Hinterhof, ohne Bad. Sobald ich die Schule abgeschlossen hatte, zog ich bei ihm ein. Es war gar keine Frage, dass ich nicht bei ihm einziehe. Wohnraum kostete nicht viel, für die Einzimmerwohnung zahlten wir 14 DDR-Mark im Monat. Uns störte nicht, dass die Wohnung im Hinterhof lag. Und dass es dunkel und lochig war, nahm ich kaum wahr. Die Wohnung hatte ein großes Zimmer, Flur und Küche, die im Verhältnis recht geräumig war. Wir konnten einen Tisch mit zwei Stühlen hineinstellen. Luxus pur. Hinter der Küche befand sich das Klo. Ohne Waschbecken, ohne Dusche, ohne alles. Aber immerhin – ein Innenklo. Wenn wir jetzt die Wand zwischen Küche und Klo herausreißen und ein bisschen versetzen würden, so unsere Überlegung, dann wäre die Küche zwar etwas kleiner, stattdessen aber könnten wir in dem vergrößerten Klo-Raum eine schmale Wanne oder eine kleine Dusche und ein Waschbecken einbauen. Und weil wir jung und wagemutig waren – Jens 20, ich 18 –, wollten wir den Umbau eigenhändig ausführen. »Ist doch bloß 'ne Bretterwand, das machen wir selbst.«

Mit der Unterstützung von ein paar Freunden kloppten wir an einem Wochenende die Wand heraus, warfen die alten Bretter auf den Hof und verfrachteten sie anschließend in einen Container. So gut, wie wir den Abriss geplant hatten, so schlecht war der Wiederaufbau durchdacht. Wir hatten kurzzeitig vergessen, in welchem Land wir lebten und dass man sich nicht mal schnell Baumaterial für eine neue Wand beschaffen konnte. Weiteres Problem: Beim Herausreißen der Zwischenwand hatten wir ein Loch in unsere Decke geschlagen, durch das man in die Wohnung des Nachbarn über uns sehen konnte. Dort befand sich, an der gleichen Stelle wie bei uns, die Toilette. Glücklicherweise lag ein Teppich über dem Loch, aber jedes Mal, wenn ich auf unserem Klo saß, fühlte ich mich beobachtet. Wenn er das Ding jetzt wegmacht, sieht er mich, dachte ich bang. Der Läufer blieb an Ort und Stelle, und der Nachbar schaute nie nach unten – zumindest nicht, dass ich wüsste –, aber allein der Gedanke ließ mich beim Toilettengang nie los. Das Loch blieb ein Loch. Außerdem hingen diverse Stromkabel in unserem Küchen-Klo-Zimmer herum. Wenn wir Besuch bekamen, war die Ansage: Wer aufs Klo geht, muss die Küchentür schließen. Denn unser Klo stand jetzt direkt hinter der Spüle. Zwischenzeitlich überlegten wir, eine Telefonzelle zu klauen und über das Klo zu stellen.

Die Beschaffung von Baumaterial entwickelte sich zu einem langfristigen Projekt. Um an Baustoffe zu kommen, ging man – so lief das in der DDR – zur sogenannten Baustoffversorgung. Dort musste man seinen Bedarf anmelden. Gleich nach unserem Abriss hatte ich mich auf den Weg gemacht.

»Ich brauche Steine. Für eine Zwischenwand, die wir in unserer Wohnung einziehen wollen.«

»Also, dafür nehmen Sie am besten Gasbetonsteine oder auch Holz«, sagte der Verantwortliche von der Baustoffversorgung.

»Ist mir beides recht …« Hauptsache, wir konnten bauen.

»Gibt's aber gerade nicht. Weder Gasbetonsteine noch Holz.«

»Wie? Aber wir müssen die Wand ersetzen, die alte ist ja schon weg.«

»Das hätten Sie sich vorher überlegen sollen. Bevor Sie die Wand rausreißen. Immer dienstags bekommen wir neues Material. Vielleicht ist was dabei. Sie sollten aber früh hier sein, gegen 6:30 Uhr. Notfalls müssen Sie jede Woche anstehen und nachfragen.«

Von da an wurde ich Stammkundin bei der Baustoffversorgung, jeden Dienstag, um Punkt halb sieben. Bald schon kannten mich alle Mitarbeiter.

»Nichts gekommen, Frau Kling.«
»Leider nein, keine Gasbetonsteine.«
»Kein Holz und auch sonst nichts für Sie.«
»Gibt nix.«
»Nächste Woche vielleicht.«

Oder auch nicht. Es war frustrierend. Von Woche zu Woche wurde ich vertröstet. Wir brauchten einen Plan B. Wie groß mussten diese Gasbetonsteine sein, die wir nicht kaufen konnten, und wie viele davon brauchten wir? 180 Stück waren nötig, so unsere Berechnung, um die Wand zu bauen.

Der Vater meiner damals besten Freundin arbeitete auf dem Bau. Ich schilderte ihr unsere missliche Küchen-Klo-Situation, und immerhin hatte sie so viel Mitleid mit mir, dass sie ihren Vater überredete, uns zu helfen. Er würde uns die Gasbetonsteine besorgen. »Besorgen« bedeutete: von der Baustelle mitnehmen. Nun konnte er natürlich nicht 180 Steine auf einen Schlag abzweigen. Damit es nicht auffiel, nahm er jeden Tag einen Gasbetonstein mit nach Hause. Dort holte ich ihn dann ab. Man muss sich einmal vorstellen, welches Risiko der Vater meiner Freundin eingegangen ist, um uns einen Gefallen zu tun!

Nach 60 Tagen stapelten sich 60 Gasbetonsteine in unserem Miniflur. Das Loch in der Klodecke – in unserem Zimmer mit Aussicht – bestand nun schon seit mehreren Monaten. Es hätte weitere vier Monate gebraucht, um genügend Steine zusammenzubekommen.

Aber so weit kam es nicht mehr. Denn dann sind wir geflohen. Zu viert – Jens und ich, Gerit und Robby – verließen wir die DDR in einer Nacht-und-Nebel-Aktion. Mein Vater holte die kostbaren Gasbetonsteine nach unserer Flucht aus der Wohnung heraus. Nach meiner Erinnerung fanden sie später beim Bau des Swimmingpools im Garten unserer Eltern Verwendung.

GERIT

Nur ein Teil der Gasbetonsteine wurde im Pool verbaut. Aus den anderen wurde die Umrandung des Komposthaufens im Garten unserer Eltern. Später wurden sie weggeworfen, weil sie grün anliefen. Die Besorgung der 60 Steine damals war also nicht ganz umsonst, auch wenn sie zweckentfremdet wurden.

ANJA

Und dem Vater meiner Freundin bin ich heute noch dankbar, dass er das für uns getan hat.

15
Wir müssen hier raus

ANJA

Ich dachte: Ich werde niemals diesen Weg gehen, den die jetzt einfach lässig rübergehen. Nie. Ich werde immer auf dieser Seite stehen bleiben. Und ich werde immer die sein, die unterm Tisch ihre Ostpfennige zählt, während die anderen nicht wissen, wohin mit den 20 DDR-Zwangsumtausch-Kröten. Das wird immer so bleiben.

GERIT

Diesen Drang rauszukommen, den hatte ich irgendwie immer schon. Ich glaube, ich konnte noch nicht »Mama« sagen, da wollte ich schon weg. Okay, so früh dann doch nicht, aber ich war wirklich noch sehr jung, als mir bewusst wurde, dass es noch etwas anderes geben musste. Deswegen hatte ich ja schon in der Schule erzählt, ich würde für *Starsky & Hutch* drehen. In meinen Fantasiegeschichten zog es mich in die weite Welt. Und ich weiß noch, wie ich in Schwerin, als ich dort am Theater engagiert war, am Fenster stand und dicke Krokodilstränen vergoss, weil ich mich eingesperrt fühlte. Vieles, wofür die DDR zu Recht in der Kritik stand und steht, hat mich damals unmittelbar gar nicht tangiert. Außer dass ich mal zu einem Gastspiel nicht mitfahren durfte. Oder dass mir nicht erlaubt wurde, zu Besuch in den Westen zu reisen. Ich hatte in der DDR mein Wunschstudium absolvieren dürfen, war an hervorragenden Theatern engagiert, musste nicht Hunger leiden, es war für mich gesorgt – so gesehen ging es mir nicht schlecht. Aber das Gefühl des Eingesperrtseins, des Sich-nicht-frei-entfalten-Könnens, das war immer präsent. In einem Staat zu leben, der mir alles vorschrieb, fand ich schrecklich. Hier konnte und wollte ich nicht auf Dauer bleiben. Ich hatte dieses große Fernweh in mir. Immer. Das Fernweh empfand ich schmerzhafter als Heimweh. Ich will das andere auch sehen können. Einfach mal nach Hamburg fahren können, dachte ich. Von Schwerin nach Hamburg – ich hatte mir die Strecke auf der Landkarte angesehen und Striche gezogen. Die Distanz war ja ein Witz, und dennoch war Hamburg für uns unerreichbar. Da kann ich nicht hin, da kann ich nie hin, ging es mir durch den Kopf. Hamburg – das war für mich die große, weite Welt. Oder einmal im Leben nach München reisen. Viel weiter dachten wir gar nicht. Ganz Deutschland zu sehen, das war das höchste Ziel. Aber in ferne Länder zu fliegen, fremde Kontinente zu besuchen, Amerika, Asien, Afrika, Australien, dafür fehlte uns die Vorstellungskraft, das hätten wir nicht für möglich gehalten. Genauso gut hätte man mir sagen können, morgen fliegst du zum Mars. Kein Unterschied.

Als dann die Mauer gefallen war, befanden wir uns alle in einer Aufbruchsstimmung und hatten einen ungeheuren Nachholbedarf. In den ersten Jahren reiste ich so viel wie möglich und nahm Angebote für Film- oder Fernsehrollen manchmal nur deswegen an, weil im Ausland gedreht wurde, selbst wenn mir der Stoff weniger zusagte. »Wo geht's da hin? Okay, ich komme.« Auf diese Weise konnte ich Job und Reiselust verbinden. Ich lernte die Welt kennen und verdiente dabei noch Geld. War doch großartig!

ANJA

Als ich zum ersten Mal alles hinterfragt habe, war ich 16 Jahre alt. Meine Eltern hatten entfernte Verwandtschaft aus dem Westen zu Besuch, ein Cousin meines Vaters und dessen Kinder. Der

Junge war in etwa so alt wie ich. Meine Eltern baten mich, ihm und seiner Freundin ein bisschen von Ostberlin zu zeigen. Zu viert – mein Freund kam auch mit – machten wir eine Sightseeingtour durch die Hauptstadt der DDR. Unsere Besucher konnten sich das Leben im Osten, unseren Alltag gar nicht vorstellen. Und umgekehrt galt das genauso. Einfach über die Grenze zu fahren, irgendwohin, und in einem Land zu leben, in dem man in ein Geschäft geht und das kauft, was man gerade braucht oder haben möchte – diese Idee von Freiheit überschritt unsere Vorstellungskraft.

Wir verbrachten einen netten Nachmittag, später gingen wir zusammen in eine Ostberliner Kneipe, das Hiddensee, wo wir unseren Besuch zum Steak au four einladen wollten. Ein typisches DDR-Gericht, Schweinesteak, mit Würzfleisch bedeckt und mit Käse überbacken. Ich erinnere mich noch genau, wie Jens und ich heimlich unterm Tisch unsere paar Kröten zählten und Angst hatten, dass das Geld nicht ausreicht. O Gott, wie peinlich, wenn es zu wenig ist, dachte ich. Und die beiden aus dem Westen, sie wussten gar nicht, wohin mit ihrem DDR-Geld, das sie durch den Zwangsumtausch in der Tasche hatten. Die ganze Zeit hoffte ich, sie würden uns anbieten, die Rechnung zu übernehmen, dann müssten wir hier nicht unsere läppischen Groschen zusammenzählen. Aber auf diese Idee kamen sie nicht. Gar nicht mal aus Geiz, sondern weil sie nichts über unsere Lebensverhältnisse wussten. Stattdessen fragten sie uns, wie sie ihr Ostgeld loswerden könnten. Es gebe hier ja nichts zu kaufen, ob wir wenigstens einen Buchladen kannten?

An diesem Tag dachte ich viel darüber nach, in was für einer verkehrten Welt wir lebten. Später brachten wir die beiden zum Tränenpalast, wo sie die Grenze passierten. Sie gingen durch die Schranke, drehten sich noch mehrfach um, winkten uns zu, wir winkten zurück. Und als sie außer Sichtweite waren, brach ich heulend zusammen. Ich würde niemals durch diese fuck Schranke gehen. Niemals. In dem Moment ging es mir wirklich schlecht.

Ein weiteres prägendes Erlebnis hat mit unserer Mutter zu tun. Sie war es, die uns immer schon gesagt hatte, wir müssten hier irgendwann raus.

»Kinder, ich will euch nicht vertreiben, aber überlegt es euch. Es darf nicht sein, dass meine Mädchen in dieser DDR gefangen sind. Ihr seid noch so jung, ihr seid begabt, ihr seid klug. Geht raus in die Welt.« Meine Mutter hatte kurze Zeit vorher in den Westen fahren dürfen, um eine Tante zu einem runden Geburtstag zu besuchen. Als sie in der Bundesrepublik ankam, flog sie mit der Tante weiter nach Paris. Heimlich natürlich. Einmal im Leben Paris zu sehen – damit erfüllte sie sich einen lang gehegten Traum.

Zu ihrer Rückkehr hatten wir uns alle in Wilhelmshorst versammelt. Sie wirkte verändert, nachdenklich, traurig. Meinem Freund hatte sie aus Paris einen kleinen Schlüsselanhänger mit dem Eiffelturm mitgebracht. Jens, der sonst eher selten Emotionen zeigte, fing an zu weinen, weil ihm bewusst wurde, den Eiffelturm, den werde er in echt niemals sehen.

Wir hatten den Abendbrottisch gedeckt, es gab Blattsalat mit Zucker und Zitrone, dazu Wurst, Käse, Brot und Butter. Alles war so wie sonst auch. Doch auf einmal griff unsere Mutter mit beiden Händen in die Salatschüssel, nahm die Blätter und warf sie durch den Raum. Wie von Sinnen. Keiner von uns sagte ein Wort. Jetzt dreht sie durch, dachte ich. Und dabei weinte sie, schmiss immer weiter die Blätter herum. »Das kann alles nicht wahr sein. Was machen die hier mit uns?«, rief sie. »Die nehmen uns doch unsere persönliche Freiheit, einfach alles. Was ich gerade gesehen habe, wie die Menschen woanders leben …« Die Szene am Abendbrottisch war gespenstisch. Wir gingen bedrückt und nachdenklich auseinander.

GERIT

Der Gedanke an eine Flucht war immer schon da. Tatsächlich hatten wir bereits mehrere Anläufe unternommen. Zum ersten Mal konkret wurde es aber erst im Sommer 1989. Die Ungarn öffneten die Grenze zum Westen, der Eiserne Vorhang hatte einen Riss bekommen. Viele, wirklich sehr viele unserer Freunde buchten in diesem Sommer ihren Urlaub in Ungarn und kamen nicht zurück. Die Chance rauszukommen, die wollten auch wir nicht verstreichen lassen, bevor es zu spät war und Reisen selbst ins befreundete Ausland verboten wurden. Wir besorgten uns Visa für Ungarn.

»Wir dürfen niemandem davon erzählen«, sagte ich zu Anja. »Weder unseren Eltern noch unseren Freunden. Auf keinen Fall. Wir müssen alle in dem Glauben lassen, dass wir bleiben.« Die Stasi, so mein Verdacht, hatte bereits ein Auge auf mich geworfen. Was ich daran festmachte, dass ich von Gastspielen des Staatstheaters Schwerin im Ausland ausgeschlossen worden war. Im Nachhinein kam heraus, dass einige aus meinem Ensemble, denen ich im Vertrauen von meiner Unzufriedenheit erzählt hatte, mit der Stasi kooperierten und dafür sorgten, dass ich nicht in den Westen fahren durfte.

Doch zunächst hatte ich nur einen Verdacht, sicher wissen konnte ich es nicht, ob die Stasi wirklich dahintersteckte. Ich beschwor Anja, unsere Fluchtpläne geheim zu halten, und fast wäre uns das gelungen. Anja brachte es aber nicht übers Herz, unsere Eltern im Ungewissen zu lassen – was ich heute gut verstehe –, und sie vertraute sich unserer Mutter an. Damit war alles vorbei. Unser Vater war völlig am Ende, er setzte sich ins Auto und fuhr einfach drauflos, irgendwohin, nur weg. Die Vorstellung, seine beiden Töchter zu verlieren – sei es auch an ein Leben in Freiheit –, war für ihn unerträglich. Gleichzeitig war er nicht in der Lage zu sagen, wir sollten unser Vorhaben aufgeben. Ihm war klar, letztlich wäre es die richtige Entscheidung gewesen. Auch unsere Mutter weinte und litt, und so machten wir einen Rückzieher.

»Wir können unsere Eltern nicht alleinlassen, das geht doch nicht«, sagte Anja. Wir begruben unseren Fluchtplan, löschten ihn aus unseren Köpfen – fürs Erste.

Und unser Vater, der immer nur das Beste für uns wollte, fing an, einen Pool im Garten zu bauen (in dem später die Gasbetonsteine landeten), nur mit Schippe und Schubkarre. Das war seine stille Art, uns zu zeigen, dass er alles tun wollte, um uns das Leben ein bisschen schöner zu machen.

16

Jeschute ist weg

ANJA
Du warst die treibende Kraft.

GERIT
Ich wusste: jetzt oder nie!

ANJA
Und dann sind wir weg.

GERIT
Als wir unseren Vater nach fünf Tagen wiedersahen, war er um zehn Jahre gealtert. Beide Kinder auf einen Schlag zu verlieren, das war schlimm, ganz schlimm.

ANJA
Diese fünf Tage sind auch für mich bis heute ein schwarzes Kapitel in meinem Leben.

GERIT

Anja drehte im Herbst 1989 eine siebenteilige DDR-Fernsehserie in der DEFA: *Fritze Bollmann will nicht angeln.* Allein dieser Titel! Die Menschen protestierten auf der Straße, die ganze DDR in Aufruhr, und die DEFA drehte *Fritze Bollmann will nicht angeln.* Eine absurde Situation.

Die Produktion musste mehrfach abgebrochen werden, weil immer wieder Schauspieler ausfielen, die in den Westen abgehauen waren, und mit neuer Besetzung begannen die Dreharbeiten von vorn. Bei mir, am Staatstheater Schwerin, ging es ähnlich zu. Jeden Tag wurde umbesetzt, weil erneut jemand weg war. An den Montagen fielen die Proben aus. Da gingen wir auf die Straße. Zur ersten Montagsdemo in Schwerin im Oktober 1989 erschienen bis zu 40 000 Menschen, die friedlich ihren Protest bekundeten. Auch das Theater war damals ein wichtiges Ventil für den Widerstand, vor jeder Vorstellung wurden Protestresolutionen verlesen. Die Stasi ließ ganze Aufführungen verbieten, zum Beispiel wurde uns ein Volksliederabend untersagt.

Wir gingen jeden Montag geschlossen als Theater mit Kerzen zur Demonstration. Kollegen von uns verschwanden, sie wurden weggesperrt, niemand wusste, wo sie abgeblieben waren. Die Situation war bedrückend und aufregend zugleich. Später, im Rückblick, sagten viele: »Na ja, konntet ihr euch nicht denken, dass die Grenze aufgehen wird?« Nein, das konnten wir uns nicht vorstellen. Im Gegenteil. Wir befürchteten, dass alles noch viel schlimmer werden würde. Dass man uns mehr und mehr einsperrt. Deswegen war unsere Flucht wenige Tage vor dem Mauerfall auch eine »wirkliche« Flucht.

ANJA

In die erste Demonstration, an der ich beteiligt war, geriet ich unfreiwillig. Ich ging durch den Prenzlauer Berg spazieren und befand mich plötzlich inmitten einer Demo. Um mich herum Protestierende, Wasserwerfer und Polizisten mit Schlagstöcken und Schilden, die uns brutal vor sich hertrieben. Wir flüchteten in die Gethsemanekirche, schlossen uns dort ein. Nach diesem einschneidenden Erlebnis ging ich in den Wochen darauf bewusst zu den Montagsdemos. Leute von der Staatsoper, die ich gut kannte, wurden mehrfach verhaftet und über Nacht festgehalten. Am nächsten Morgen erschienen sie völlig übermüdet zum Training und waren bei der nächsten Demo trotzdem wieder dabei. Damals drehte ich gerade in Dresden einen *Polizeiruf*, bei dem auch »echte« Polizisten mitspielten. Zu der Zeit fuhren die Flüchtlingszüge mit DDR-Bürgern, die sich in die Prager Botschaft gerettet hatten, durch die DDR in den Westen, unter anderem passierten sie dabei auch den Dresdener Hauptbahnhof, den die Behörden aus Angst vor Tumulten weiträumig abgesperrt hatten. Die Menschen versuchten dennoch, den Bahnhof zu stürmen. Die Polizei ging mit großer Brutalität gegen sie vor.

Am Tag nach diesen Ereignissen kam ich nach Dresden ans Set. Die Nacht zuvor hatte ich in der Gethsemanekirche verbracht, ohne zu schlafen, natürlich hatten wir alle von dem Polizeieinsatz in Dresden gehört. Jetzt standen mir bei den Dreharbeiten die beiden Polizisten gegenüber.

»Na, seid ihr gestern auch dabei gewesen?«

»Ja«, antworteten sie freundlich.

»Und seid ihr auch zum Einsatz gekommen? Konntet ihr mit dem Schlagstock was erreichen?« Einer der beiden begriff die Ironie und sagte kein Wort mehr. Der andere aber antwortete: »Ja!« Fröhlich, stolz. Woraufhin ich laut wurde. Der Regisseur und eine Garderobiere gesellten sich dazu. Wir drei diskutierten mit dem Polizisten, beschwerten uns über die Zustände in diesem Land, das Vorgehen der Polizei, die Willkür.

Am Ende packten die Polizisten ihre Sachen zusammen und verschwanden. Sie weigerten sich weiterzudrehen und schwärzten uns drei beim Fernsehchef an. Ich sollte umbesetzt werden. Von meinen 15 Drehtagen hatte ich zwar zwölf schon abgedreht, aber lieber wollte man 13 Drehtage mit einer anderen Schauspielerin wiederholen, anstatt mit mir weiterzuarbeiten. Ich weiß nicht, wie es dem Regisseur gelang, doch am Ende durften wir die Dreharbeiten noch beenden. Dieses Erlebnis aber hatte sich in mein Hirn eingebrannt.

GERIT

Die Zeiten waren ebenso hochpolitisch wie hoch spannend, und niemand wusste, wohin die Reise ging. Wie würde der Staat auf den immer stärker werdenden Protest seiner Bürger reagieren? Würde es zu einer Eskalation kommen?

Am Theater versuchte man, so gut es ging den normalen Betrieb aufrechtzuerhalten. Wir befanden uns inmitten der Endproben für das Stück *Die Ritter der Tafelrunde*, ich spielte die Jeschute. Es war der 4. November 1989 und nur noch drei Tage bis zur Premiere, als ich im Fernsehen einen Bericht über Rumäniens Diktator Ceauşescu sah und darüber, welche Maßnahmen er ergreifen wollte, um an der Macht zu bleiben. Wir alle, die die Berichterstattung verfolgten, hatten nur einen Gedanken: Das war's jetzt. Die machen die Grenzen zu. Sie riegeln uns komplett ab, sodass man nicht einmal mehr über Ungarn nach Rumänien, Bulgarien oder in die Tschechoslowakei kommt. In dem Moment bekam ich wirklich Panik.

Ich muss hier raus. Wir müssen hier raus, dachte ich. Heute Nacht noch! Ich ließ alles stehen und liegen, setzte mich in meinen Trabant und fuhr so schnell wie möglich von Schwerin nach Berlin zu meinem Freund.

»Du packst jetzt ein paar Klamotten zusammen, nimm warme Sachen mit. An der Grenze müssen sie uns glauben, dass wir in den Winterurlaub fahren wollen«, sagte ich zu ihm. In dieser Ausnahmesituation habe ich einfach nur funktioniert. »Und ich fahre zu meiner Schwester und hole sie ab.«

ANJA

Als ich Gerit die Tür öffnete, wusste ich sofort, dass etwas passiert war. Zwischen unserer Flucht und dem Fall der Mauer lagen fünf Tage. Nur fünf Tage, könnte man denken, aber es waren fünf Tage der Ungewissheit, fünf Tage, die mir vorkamen wie fünf Monate. Erst Jahre später wurde mir klar, dass ich in meiner Jugendlichkeit die Tragweite unserer Entscheidung damals überhaupt nicht erkannt habe. Was es für uns und unsere Eltern bedeutet hätte, wäre die DDR nicht untergegangen, und wie blauäugig wir uns auf das Abenteuer »Wir schmeißen unser Leben weg und fangen im Ungewissen neu an« einließen.

Der 4. November 1989 war schon aufregend gewesen, bevor meine Schwester am späten Nachmittag vor unserer Tür stand. Ich war gerade dabei, Reis zu kochen, als es gegen Mittag an der Tür klingelte. Ein Freund aus meiner Ballettschulzeit stand vor der Tür.

»Könnt ihr mir helfen?«, fragte er. »Ich muss in ein paar Stunden raus sein, und ich weiß nicht, wohin, mit meiner Plattensammlung und mit den Möbeln, ich will die nicht in der Wohnung lassen.« Dieser Freund hatte schon zwei Jahre zuvor zusammen mit seinen Eltern einen Ausreiseantrag gestellt, der just am 4. November bewilligt wurde. Das bedeutete, er musste innerhalb von nur wenigen Stunden das Land verlassen. Anschließend würde seine Wohnung versiegelt werden, womit der Zugriff auf alles, was er nicht hatte mitnehmen können, verwehrt war. Wir sollten seine Plattensammlung, auf die er so stolz war, aufbewahren, um sie ihm nach und nach in den Westen zu schicken.

Da wir uns gerade einen alten Trabi, 59er-Jahrgang, zugelegt hatten und unweit von ihm entfernt wohnten, halfen wir ihm gern.

Den ganzen Nachmittag fuhren wir zwischen seiner und unserer Wohnung hin und her und stapelten sein Hab und Gut, alles, was in den Trabi passte, in unserer winzigen Wohnung, Schallplatten, Klamotten und so weiter.

Als wir fertig waren, sagte ich zu Jens: »Und jetzt mach ich das Fleisch und den Reis, und dann können wir endlich essen.«

In dem Moment klingelte es erneut. Nachmittags, etwa 17 Uhr. Da stand Gerit, völlig verheult: »Hast du heute schon ferngesehen?«

»Nein, wieso?«

»Die Tschechen haben die Grenze zur BRD geöffnet, und immer mehr reisen aus. Los, mach den Fernseher an.« Und dann sahen wir, dass die Tschechen tatsächlich für 24 Stunden dem Druck nachgegeben hatten und die Grenze geöffnet war. Zahllose Ostdeutsche fuhren über die Grenze nach Bayern.

»Du weißt, was das bedeutet?«, fragte meine Schwester. »Die DDR wird darauf reagieren! Und wie werden sie reagieren? Sie werden die Grenze zur Tschechoslowakei für uns dichtmachen. Das heißt, ab morgen kommen wir nicht mal mehr da hin. Und dann sind wir hier wirklich richtig gefangen und müssen uns bald auf rumänische Verhältnisse einstellen. Wir sind hier am Ende. Ich werde noch heute Nacht mit Robby dieses Land verlassen. Wir gehen auf jeden Fall. Und ich bin jetzt nur da, weil ich wissen will: Kommst du mit?«

Ich stand völlig neben mir, in Tränen aufgelöst. Was sollte ich tun? Mitgehen, bleiben? Was war überhaupt Gerits Plan? Keiner, nur so viel: »Wir packen unsere Sachen ins Auto und fahren los. Und wir nehmen nur Wintersachen mit, denn wir werden hundertprozentig an der Grenze zur Tschechoslowakei gefilzt. Man darf auch kein Kartenwerk bei uns finden. Geld haben wir sowieso nicht, vielleicht 200 Ostmark, aber ansonsten nur ein paar Klamotten – und los geht's. Kommt ihr mit? Jens und du?«

Jens war sofort Feuer und Flamme. Für ihn stand schon lange fest, dass er in der DDR nicht alt werden wollte. Er war frustriert, weil er als Tänzer der Staatsoper, obwohl er im Reisekader war, plötzlich nicht mehr zu Gastspielen in den Westen mitgenommen wurde. Ein Onkel, den Jens kaum kannte, hatte einen Ausreiseantrag gestellt, und Jens wurde quasi in Sippenhaft genommen. Wenn es auf eine Tournee nach Moskau und Leningrad ging, durfte er mit, doch wenn Auftritte in Paris oder London anstanden, hieß es: ohne Jens. Das Thema Flucht stand also schon länger zwischen uns – als Idee, als Wunsch, nicht als Plan. Eine alte Freundin von Jens, die ausgereist war und mit der er gelegentlich heimlich telefonierte, sagte immer wieder: »Ihr müsst herkommen, ich helfe euch dabei, hier ist alles viel besser.«

Aber ich wollte nicht. »Meine Familie ist hier«, hatte ich zu Jens gesagt. »Und wie willst du es anstellen? Ich verstecke mich auf keinen Fall in einem Kofferraum, werde erwischt und wandere in den Knast.« Ich hatte viel zu viel Angst.

Als Gerit jetzt in unserer Wohnung stand und auf meine Antwort wartete, sagte Jens: »Ja! Ja, wir kommen mit. Auf jeden Fall.«

»Wir müssen aber erst mit unseren Eltern reden«, wandte ich ein.

Gerit war dagegen. »Das haben wir schon mal versucht. Wenn wir es ihnen sagen, gibt es wieder ein Drama. Und wenn sie dann weinen, kommen wir auch dieses Mal nicht weg, weil wir es nicht übers Herz bringen«, sagte sie. Immerhin würden wir uns ja nicht in Gefahr bringen. Weder durch die Donau schwimmen noch unter Stacheldraht robben.

»Noch ist die Grenze auf«, sagte Gerit. »Wir fahren mit dem Trabi los und werden sehen, wie weit wir kommen. Das Schlimmste, was uns passieren kann, wäre, dass sie uns zurückschicken. Das ist unser einziges Risiko. Und wenn wir erst einmal im Westen sind, überlegen wir uns, wie wir mit der Situation umgehen. Dann können wir mit unseren Eltern telefonieren und Briefe schreiben, und wir werden schon einen Weg finden, sie in Prag oder wo auch immer zu treffen.« Und dann fügte sie hinzu, um mich zu beruhigen: »Wir wohnen doch jetzt schon nicht mehr zu Hause, und wer weiß, wohin es uns ohnehin in den nächsten Jahren verschlagen hätte …«

Ich ließ mich darauf ein.

Die Entscheidung war gefallen, jetzt mussten wir »nur« noch in den Westen kommen. Gegen 18 Uhr brachen wir auf, wir vier – Gerit, Robby, Jens und ich. Jeder mit einer kleinen Tasche bepackt. Unser Hab und Gut, alles, was uns lieb und teuer war, ließen wir zurück. Als unsere Eltern ein paar Tage später in die Wohnung kamen, stand der Topf mit dem inzwischen verschimmelten Reis noch auf dem Herd.

Für mich war die ganze Situation wirklich schlimm. Schon nach wenigen Kilometern war ich ein nervliches Wrack. Was mache ich hier? Warum tue ich das? Tausend Gedanken rasten mir durch den Kopf. Was alles passieren könnte. Was man mit uns anstellen würde, wenn wir geschnappt würden. Und ich wusste ja, dass ich am nächsten Tag für die Fernsehserie drehen musste. Um sechs Uhr früh würde der Produktionsfahrer bei uns vor der Tür stehen, um mich abzuholen. Was würde das Team von mir denken? Noch eine, die uns im Stich lässt …

Auf der Höhe von Dresden holte Gerit eine Flasche Rotkäppchen-Sekt aus der Tasche und flößte mir den Alkohol ein. Sie stellte mich ruhig, indem sie mich abfüllte, weil ich nicht aufhören konnte zu weinen. Irgendwann schlief ich ein und wurde erst an der Grenze zur Tschechoslowakei wieder wach. Jetzt müsse ich mich wirklich zusammenreißen, ermahnte mich Gerit. Zu den Grenzbeamten sagten wir, wir wollten zum Skifahren in die Hohe Tatra. Und dann wurden wir gefilzt. Aber richtig. Ich heulte weiter, glücklicherweise dachten die Beamten wohl, ich weinte, weil sie mich filzten. Sie wühlten sich durch unser gesamtes Gepäck, schauten sich jede einzelne Socke an, leuchteten das Auto von oben und unten aus, schraubten die Türverkleidungen ab, selbst die Thermoskanne nahmen sie auseinander. Aber weil sie nichts Verdächtiges fanden – was auch, es gab nichts zu finden –, mussten sie uns ziehen lassen. Plötzlich waren wir in der Tschechoslowakei. Und hatten die erste Hürde geschafft.

GERIT

Die Stimmung im Auto war schwierig. Anja ließ sich kaum beruhigen.

»Jetzt hör doch bitte auf zu heulen«, sagte ich immer wieder, »reiß dich mal zusammen.« Ich habe das alles ein bisschen besser weggesteckt als sie, aber ich war auch fünf Jahre älter. Ich wurde ruhig, weil sie so unruhig war. Das ist ja üblich, sofort übernimmt man die andere Rolle. Wenn sich Anja wie eine coole Socke aufgeführt hätte, wären bei mir vielleicht die Sicherungen durchgebrannt. Aber dadurch, dass sie so flatterig war und Angst hatte, musste ich die Stärkere sein. Zumal ich das Ganze ja initiiert hatte. Ich habe versucht, Anja zu beruhigen, wie eine Mutter.

»Es wird schon alles gut werden. Mach dir keine Gedanken, uns passiert nichts.«

Und Robby, mein Freund, ein großer Pragmatiker und vorausschauender Denker, sagte immer wieder: »Wir werden das ganz, ganz, ganz cool machen.«

Mittlerweile war es Mitternacht. Wir hatten die DDR hinter uns gelassen, nach endlosen Stunden Fahrt befanden wir uns in einem Waldgebiet irgendwo in der Tschechoslowakei – und dann gab der Trabi seinen Geist auf. Ist einfach abgesoffen. Robby war von Beruf Autoschlosser, hatte in der DDR eine kleine Autobude, aber jetzt, mitten in der Nacht, ohne Licht, konnte auch er nichts ausrichten.

»Morgen früh sehen wir weiter. Jetzt schlafen wir hier erst mal ein bisschen«, sagte er. Und das taten wir, sitzend im Trabi, für ein paar Stunden. Sobald es hell wurde, schraubten Robby und

Jens am Motor rum und schafften es, den Wagen wieder in Gang zu bringen. Dummerweise war in der Nacht ein Benzinkanister im Kofferraum ausgelaufen und hatte unser Gepäck durchtränkt. Jetzt stanken alle Klamotten nach Benzin.

Übermüdet setzten wir unsere Fahrt fort. Immer weiter in Richtung Grenze. Die Stimmung im Auto war bedrückt, keiner von uns sagte etwas, jeder hing seinen Gedanken nach. Was würde uns an der Grenze erwarten? Ja, wir hatten ein bisschen Schiss. Würde man uns aufhalten, verhaften? Konnten wir einfach rüberfahren? Wir hatten keine Ahnung. Wir wussten nur, dass wir kein DDR-Geld in den Westen ausführen durften. Unser Geld mussten wir, um kein Risiko einzugehen, noch loswerden. Kurz vor der Grenze fanden wir einen Kiosk mit einem übersichtlichen Sortiment: Zigaretten und Schnaps. Wir investierten unser ganzes Geld in Alkohol. Becherovka, tschechischer Kräuterschnaps. Es war ein ungutes Gefühl, das schöne Geld so zum Fenster herauszuschmeißen. Ohne einen Pfennig, aber mit unzähligen Schnapsflaschen tuckerten wir weiter zur tschechoslowakisch-deutschen Grenze.

Wir hatten uns unterwegs durchgefragt, wo man am besten über die Grenze fahren könnte. Und wir waren nicht die Einzigen: Die Schlange von DDR-Autos, die nach Bayern wollten, wurde immer länger. Als wir endlich an die Grenze kamen, war alles völlig undramatisch. Man winkte uns einfach durch.

Und plötzlich waren wir im Westen. Wir hatten es geschafft! Am Straßenrand standen Menschen, die uns Tüten mit Lebensmitteln in den Wagen reichten. Im Schritttempo ging es im Tross vorwärts. Überall hieß es: »Ah, Flüchtling, okay, Flüchtlinge, hier entlang.« Und so gelangten wir nach Wackersdorf in der Oberpfalz, unsere erste Station in Westdeutschland.

ANJA

Die Straßen waren voll, überall Menschen, DDR-Bürger, die es nach drüben geschafft hatten, Westdeutsche, die uns empfingen. Die Stimmung war ausgelassen, emotional in jeder Beziehung. Alle lachten, waren überschwänglich, lagen sich in den Armen oder weinten vor Glück. Nur ich nicht. Ich war traurig, einfach nur traurig. Die ganze Szenerie wirkte auf mich irreal. Und auch die Tatsache, dass wir unbeschadet im Westen angekommen waren, konnte mich in dem Moment nicht aufheitern.

Das DRK hatte Zelte für die Neuankömmlinge aufgebaut. Die Mitarbeiter verteilten Zettel an uns mit den wichtigsten Informationen, unter anderem Wegbeschreibungen, in welches Auffanglager man weiterfahren sollte. Die Flüchtlinge wurden auf verschiedene Standorte aufgeteilt. Gießen beispielsweise war zu dem Zeitpunkt bereits überfüllt. Uns teilte man mit, wir müssten zur Erstaufnahme nach Wackersdorf weiterfahren.

In einem der DRK-Zelte wurden wir zunächst mit heißen Getränken versorgt, und jeder von uns bekam einen Beutel mit Kosmetikartikeln, Creme, Zahnbürste, Zahnpasta und Deo. Was fürsorglich gemeint war, damit wir uns nach den Strapazen der Reise frisch machen konnten. Bei mir kam diese Geste ganz anders an.

»Was für eine Unverschämtheit!«, rief ich und pfefferte den Beutel in die Ecke. »So denkt ihr also über uns? Dass wir stinken oder was? Dass wir erst mal euer scheiß West-Deo brauchen?« Ich wurde total aggressiv, was ich heute nicht mehr nachvollziehen kann. Weil es völlig albern war. Gerit hingegen freute sich über die Kosmetikartikel, und das hätte ich besser auch tun sollen, weil unsere Kleidung – abgesehen von dem, was wir trugen – derart nach Benzin stank, dass wir auch in den nächsten Tagen nichts davon nutzen konnten.

In Wackersdorf hatte man ein Erstaufnahmelager in einer leer geräumten Armeekaserne eingerichtet. Man wies uns unsere Unterkunft zu, in einem Zehnbettzimmer bekamen wir zwei Doppelstockbetten. Die gesamten fünf Tage, die wir in der Erstaufnahme verbrachten, habe ich, soweit ich mich erinnere, fast durchgeheult. Nicht eine Sekunde lang kam bei mir das Gefühl auf: »Mensch, jetzt sind wir im Westen. Toll!« Ich war der unglücklichste Mensch der Welt. Alles, was wir zu sehen bekamen, war aber auch nur diese triste, graue Armeekaserne. So hatten wir uns den gelobten Westen nicht vorgestellt. Was, bitte schön, war hier besser als bei uns im Osten?

Heute weiß ich: Ich habe es den anderen nicht leicht gemacht. Am Abend holten wir eine Flasche aus unserem unerschöpflichen Becherovka-Vorrat hervor und kippten einen kräftigen Schluck in den Saft, den es zum Abendessen gab. Nach ein paar Gläsern Schnaps besserte sich selbst meine Stimmung.

In der Kaserne in Wackersdorf, auf engem Raum, lebten damals rund 180 DDR-Flüchtlinge. Menschen unterschiedlichster Art und Herkunft. Mit manchen, die freundlich und klug waren, kamen wir ins Gespräch, für andere konnte man sich nur schämen. Für Sprüche wie: »Jetzt bin ich im Westen und muss nie wieder arbeiten. Hier kriegt man Arbeitslosengeld.« Was zeichnest du für ein Bild von uns?, fragte ich mich. Ich selbst bewegte mich kaum auf dem Gelände. Ich hockte die meiste Zeit über oben in meinem Doppelstockbett, während Jens und Gerit abwechselnd versuchten, mich zu trösten. Je länger wir von zu Hause fort waren, umso klarer wurde mir, was und vor allem wen wir zurückgelassen, welche Brücken wir abgebrochen hatten. Ich warf mir vor, meine Kollegen bei der Serie im Stich gelassen zu haben. Wir hatten schon dreimal neu starten müssen. Gleich zu Beginn war einer der Hauptdarsteller abgehauen. Es wurde neu besetzt und von vorn angefangen. Dann verschwand der Nächste. Neu besetzt, neu angefangen. Ich wusste: Ohne mich war es jetzt fast unmöglich weiterzumachen, weil schon 20 Drehtage hinter uns lagen. Aber was wäre die Alternative gewesen? Ich hätte nicht sagen können: »Moment, ich drehe in Ruhe die Serie zu Ende, und danach hau ich ab.«

Solche Gedanken wälzte ich. Aber das Schlimmste, das Allerschlimmste war, dass wir unsere Eltern immer noch nicht erreicht hatten. Auf dem Kasernengelände gab es eine einzige Telefonzelle, die in Dauerbeschlag war. Tag und Nacht standen die Leute dort Schlange. Sehr schnell war es ungeschriebenes Gesetz, dass jeder Anrufer zwei, drei Minuten probieren dufte, seine Familie oder Freunde im Osten zu erreichen. Gelang dies nicht, stellte man sich wieder hinten an, damit der Nächste sein Glück versuchen konnte. Gerit und ich schafften es nicht, unsere Eltern ans Telefon zu bekommen. Das Netz war hoffnungslos überlastet. Keine Verbindung. Immer wieder. Es war zum Verzweifeln.

Schließlich riefen wir bei einer Tante in München an – die wir auch tatsächlich erreichten –, in der Hoffnung, sie würde uns Hilfe anbieten oder uns zu sich nach München holen. Nix da. Stattdessen sagte sie: »Ach herrje, wo seid ihr denn, ihr Armen? In Wackersdorf? Das ist nicht weit von uns.«

»Nee, genau«, antworteten wir, hoffnungsvoll.

Doch dann sagte sie tatsächlich: »Och, können wir euch da vielleicht am Wochenende besuchen?«

War das zu fassen?

»Nee, das ist schlecht, hier kann man praktisch keinen Besuch empfangen.«

Später erklärte sie uns, sie sei überhaupt nicht auf die Idee gekommen, dass wir das Lager verlassen dürften. Sie dachte, wir wären eingesperrt, eine Art Mini-DDR. Total absurd.

Die Menschen, die uns im Lager betreuten, waren allesamt hilfsbereit und kompetent, das muss ich sagen. Meine schlechte Stimmung war allein meiner Situation geschuldet und nicht dem Umfeld, den Menschen, die uns wirklich helfen wollten. In dem Ort, in Wackersdorf, gab es zum Beispiel eine Frau, die einen Schuhladen betrieb und uns für ganz wenig Geld mit Winterstiefeln versorgte. Mit unseren ersten D-Mark, dem Begrüßungsgeld, gingen wir ohnehin sehr sparsam um.

Am fünften Tag, dem 9. November, wurden wir früh am Morgen mit Bussen abgeholt und ins benachbarte Schwandorf gebracht, dorthin, in ein größeres Auffanglager, sollten wir demnächst verlegt werden. An diesem Tag aber fand da erst einmal nur das Aufnahmeverfahren statt, wir brauchten immerhin gültige Papiere. In Schwandorf erhielten wir auch unsere Friedlandhilfe, also noch einmal 50 D-Mark für jeden. Zusammen mit dem Begrüßungsgeld von 100 D-Mark waren wir jeder stolze Besitzer von 150 D-Mark – in unseren Augen ein Vermögen.

In Schwandorf gab es nur zwei Abfertigungsschalter, davor standen ewig lange Schlangen, bis weit draußen auf dem Gelände warteten die Menschen. Weil es kalt war und angefangen hatte zu schneien, beschlossen wir, uns abwechselnd als Paar anzustellen, sodass sich immer zwei von uns aufwärmen konnten. Nach einer halben Stunde wechselten wir. Sage und schreibe 14 Stunden standen wir an. In der Zwischenzeit liefen Gerit und ich zu einer Telefonzelle und versuchten, unsere Eltern zu erreichen.

Wir hatten die Hoffnung schon fast aufgegeben. Während Gerit die Nummer wählte, stand ich draußen. Plötzlich fing sie an, wild zu gestikulieren, und machte mir Zeichen, ich solle reinkommen. Tatsächlich, sie hatte unsere Mutter an der Strippe und berichtete ihr in aller Kürze: Es geht uns gut. Niemandem ist etwas passiert. Wir sind gerade in Schwandorf. Alle Infos in Steno, bevor die Leitung abbrach. Daraufhin muss meine Mutter gesagt haben: »Gib mir mal Anja.«

Ich nahm den Hörer in die Hand und wollte meiner Mutter so vieles sagen … Aber es ging nicht. Weil ich so weinen musste. Immer wenn ich den Mund öffnete, um mit meiner Mutter zu reden, kam kein einziges Wort heraus. Ihr ging es genauso. Das Westgeld rann nur so durch. Gerit kam kaum hinterher, die Groschen nachzuwerfen.

»Anja, nun sprich doch mit Mama! Gleich ist das Geld weg«, sagte sie. Stattdessen floss mir das Wasser in dicken Bächen aus den Augen. Dann legten wir beide gleichzeitig auf und hatten kein Wort gesagt. Ich saß auf dem Boden der Telefonzelle und dachte: Mein Leben ist zu Ende.

Wir hatten unseren Eltern keine Nachricht hinterlassen, keine Notiz, keinen Hinweis, was wir planten, nichts. Später erfuhren wir, dass sie von meiner Filmproduktion einen Anruf erhielten, als ich nicht zum Dreh auftauchte. Auch das Theater in Schwerin meldete sich bei unseren Eltern, weil Gerit verschwunden war. Die Jeschute war weg. Unsere Eltern konnten eins und eins zusammenzählen, ihnen war klar: Jetzt hatten wir das getan, wovon wir immer gesprochen hatten – wir waren geflüchtet.

Der Wunsch nach einem freibestimmten Leben, ohne Gängelei, ohne Parteizwang, ohne Bespitzelung war auch bei mir stark ausgeprägt. Aber in dem Moment, als Gerit vor mir stand und zu mir sagte: »Jetzt oder nie, wir verlassen das Land«, in diesem Moment war meine Entscheidung im Grunde unpolitisch. Ich entschied, mit meiner Schwester fortzugehen, weil ich eine einfache Rechnung im Kopf hatte: Zwei-zwei, das ist besser als eins-drei. Wenn Gerit und ich weg sind, haben sich meine Eltern ja noch, sie sind nicht allein. Auf diese Weise wären wir besser aufgeteilt, als wenn drei im Osten geblieben wären und Gerit allein weggegangen wäre. Und wer weiß, ob sie mit Robby zusammenbliebe oder am Ende ganz allein wäre. Das mochte ich mir gar nicht vorstellen. Zwei-zwei – ja, das war eine sicherere Bank. Dass ich wegging, war eine Entscheidung für meine Schwester und auch für Jens. Ich weiß nicht, ob ich mich heute noch einmal genauso entscheiden würde. Mit absoluter Sicherheit weiß ich: Ich kann nur froh sein, dass der Spuk nach fünf

Tagen vorbei war und die Mauer fiel. Wer weiß, was sonst mit mir passiert wäre. Ich hätte wahnsinnig unter der Trennung gelitten und wäre vielleicht eingegangen wie eine Primel. Ich hing mehr an meinem Elternhaus, als ich es gedacht hatte. Die Aussicht, meine Eltern nicht mehr zu sehen, war grauenvoll.

In diesen fünf Tagen gingen mir viele Gedanken durch den Kopf. Damals war ich mir sicher, ich würde im Westen auf keinen Fall weiter als Schauspielerin arbeiten, oder überhaupt erst eine werden. Denn dann, so meine Überlegung, könnten mich meine Eltern nur im West-Fernsehen, also aus der Ferne sehen, und das ginge nicht, sagte ich mir, auf keinen Fall würde ich ihnen das antun. In diesem Gemütszustand befand ich mich. Das Gefühl, ich sei in mein eigenes Messer gerannt und schaue mir beim Sterben zu.

Gerit ging völlig anders mit der Situation um. Sie war stärker als ich.

»Wir sind so weit gekommen«, sagte sie, »jetzt müssen wir uns hier die positiven Dinge herauspicken. Schau uns an: Sind wir tot? Wir sind nicht tot. Und unsere Eltern sind noch jung, Mitte 40, haben zwei gesunde Kinder in einem anderen Land. Wir werden Möglichkeiten finden, uns zu sehen. Jetzt hör mal auf zu flennen.«

Letztlich hatte ich selbst entschieden, unser Zuhause zu verlassen. Gerit hatte nicht bettelnd an meinem Bein gehangen, sondern nur gesagt: »Wäre schön, wenn du mitkommst. Wenn nicht, muss ich damit auch leben.« Sie hat mich nicht gezwungen. Einen Vorwurf hätte ich ihr nie machen können oder wollen.

GERIT

Nachdem wir das Telefonat mit unserer Mutter beendet hatten, liefen wir zurück zu den Jungs, die den Platz in der Schlange sicherten. Auf einmal, es war schon gegen Abend und wir standen in der 14. Stunde an, ging ein Raunen durch die Menge. Unruhe breitete sich aus – Murmelei, Murmelei, Murmelei. Und dann rief irgendjemand: »Die Mauer ist auf! Die tanzen in Berlin auf der Mauer!«

»Hast du gehört, was die da gerade erzählen? Die Mauer soll auf sein!«, sagte ich zu Anja.

»Das kann ich mir nicht vorstellen.«

»Ich auch nicht. Das will ich jetzt genau wissen.«

Ich lief über das Gelände der Kaserne und fand einen Raum, in dem ein Offizier saß, der auf einen Fernseher starrte.

»Stimmt das?«, fragte ich. »Ist die Mauer auf?«

»Ja, offenbar.«

»Ich brauch den Fernseher. Das müssen Sie mir zeigen!«

Immer mehr Leute kamen dazu. Ich muss so energisch aufgetreten sein, dass der Offizier den Bildschirm in unsere Richtung drehte. Und jetzt sahen wir es selbst: In Berlin tanzten die Menschen tatsächlich auf der Mauer. Das war kein Märchen, das war kein Film, das war die Realität. Was in dem Moment los war, kann ich kaum in Worte fassen. Freude, Jubel, Unglauben, Chaos, Gewitter im Kopf. Alles auf einmal und durcheinander. Völlig widersprüchliche Gefühle.

»Das gibt es doch gar nicht! Ach, du Scheiße …« Ich glaube, damit sprach ich uns allen aus der Seele, und nach ein paar Minuten sickerte die Erkenntnis durch: Hätten wir nur fünf Tage länger gewartet, hätten wir uns diesen ganzen schweren Weg, die Heulerei, die furchtbare Angst, erwischt oder vielleicht eingesperrt zu werden, ersparen können. Das alles hätte nicht sein müssen.

Und Robby, der immer so pragmatisch war, sagte ganz nüchtern: »Wisst ihr, was wir jetzt machen? Wir fahren zum nächsten Flughafen und fliegen nach Westberlin.«

Bevor wir uns auf den Weg machten, holten wir noch unsere Papiere ab. Nach der langen Wartezeit waren wir fast an der Reihe, mussten lediglich noch zehn Minuten anstehen. Sobald wir die Papiere in den Händen hielten, fuhren wir mit dem Bus zurück nach Wackersdorf, packten unseren Kram zusammen und setzten uns in den Trabi. Nürnberg war der nächstgelegene Flughafen, rund 100 Kilometer entfernt, dorthin wollten wir. Auf die Idee, mit dem Auto in die DDR zurückzufahren, kamen wir nicht. Gegen drei Uhr nachts erreichten wir den Flughafen Nürnberg.

»Was machen wir jetzt mit dem Auto?«, fragten wir uns. »Na, das ist verloren.« Keiner von uns konnte sich vorstellen, dass man das Auto irgendwann wieder abholen konnte, wo doch jetzt die Grenze offen war, oder dass man überhaupt mit dem Auto einfach von Ost nach West und West nach Ost fahren könnte. Wir sind bestimmt nicht blöd, aber wir haben es nicht kapiert, diese Möglichkeit lag außerhalb unserer Vorstellungskraft. Eine Reise in den Westen war für uns immer noch wie ein Flug zum Mond, ein One-Way-Ticket.

Auf den Trabi hatte Jens lange gespart, 5000 Ostmark hatte er bezahlt. Anja hatte im Schweiße ihres Angesichts aus grünen Wolldecken Schonbezüge genäht. Der Wagen war ein bisschen Jens' und Anjas Heiligtum. Ihn einfach am Flughafen stehen zu lassen, das tat ihnen in der Seele weh.

Wir parkten am Straßenrand, und als wir ausstiegen, kam ein Typ auf uns zu. »Was habt ihr mit dem Auto vor?«

»Ja, also, keine Ahnung. Wir stellen es hier erst mal ab. und dann, hm …«, stammelten wir.

»Ihr seid aus dem Osten, wollt jetzt wegfliegen und lasst das Auto hier?«

»Ja.«

»Das geht nicht. Ihr dürft das Auto hier nicht stehen lassen, aber ich kann euch helfen. Ich kauf den Trabi. Nimmt euch sonst eh keiner ab. Außerdem kostet es viel Geld, wenn ihr hier parkt. Ich zahle euch 50 Mark, auf die Hand«, sagte er. 50 Westmark? Wir wären ihm fast um den Hals gefallen vor Freude.

Der Typ zog einen fertigen Kaufvertrag aus der Tasche. Hatte er ganz zufällig dabei … Er hatte am Flughafen Position bezogen, um ein paar arme, dumme Ossis abzuzocken. Das kam uns in dem Moment aber nicht in den Sinn.

Jens unterschrieb den Vertrag, nahm die 50 Westmark, und wir ließen den Trabi mitsamt Thermoskanne zurück. Wir wollten nach Berlin und brauchten jeden Pfennig für die Flüge. Jeder von uns hatte rund 150 Mark, plus die 50 für den Trabi. Robby, der Sparfuchs, hatte uns ständig dazu angehalten, das Geld zusammenzuhalten. Jens hätte sich so gern Zigaretten gekauft. Marlboro, echte Westzigaretten.

»Kannst du vergessen. Wir brauchen das Geld später. Du wirst mir noch danken«, sagte Robby.

»Gönn mir doch nur eine Zigarette, das ist doch mein Begrüßungsgeld«, sagte Jens. Robby blieb hart.

»Die scheiß fünf Mark, das sag ich dir, die fehlen dir nachher.«

Wie recht er doch hatte! Auch wenn es uns schwergefallen war, wir hatten in den fünf Tagen kein Geld ausgegeben, bis auf die fünf Mark für die Winterstiefel, aber die waren auch bitter nötig gewesen. Nun standen wir im Flughafengebäude mit ganz viel Westgeld, dachten wir jedenfalls. Um diese frühe Uhrzeit ging noch keine Maschine. Wir waren müde bis zum Umfallen, aber die Aufregung hielt uns wach. Der erste Flug nach Berlin sollte erst um halb sieben starten. Eigentlich wäre der Bund dafür zuständig gewesen, die DDR-Bürger auszufliegen. Wir hätten warten müssen, dass in einer Maschine Plätze frei wurden. Das dauerte uns zu lange, wir wollten jetzt und sofort nach Hause. Vom Flughafen aus versuchte ich, unsere Eltern anzurufen, und – Wunder geschehen – es klappte sofort. Ich redete ganz schnell auf meine Mutter ein: »Mama, ich hab jetzt nicht viel Zeit, das kostet 'ne Menge Geld hier. Hör zu: Die Mauer ist auf, alle tanzen in Berlin auf der Mauer, wir fliegen gleich zurück, morgen früh sind wir in Westberlin.«

Meine Mutter hörte sich meinen Monolog an, sagte nur »aha« und »verstehe«. Sie erzählte später, dass sie völlig durcheinander und verschlafen war und gar nicht verstanden habe, was ich da redete. Als sie wieder ins Bett ging, sagte sie zu meinem Vater: »Du, die Mädels, jetzt drehen sie völlig durch. Gerit hat irgendwas von offener Mauer erzählt …«

Von den Ereignissen in Berlin hatten die beiden bis dahin nichts mitbekommen. Selbst am nächsten Morgen waren sie noch ahnungslos. Mein Vater fuhr wie gewohnt ins Studio, meine Mutter, damals noch freischaffende Keramikerin, ging in ihre Werkstatt, und erst dort machte sie das Radio an. Und endlich, am 10. November um 9 Uhr, erfuhr auch sie, dass nichts mehr so war wie am Tag zuvor, dass die Welt kopfstand.

Sofort rief sie im Büro meines Vaters an. Er sei hier gewesen und direkt wieder verschwunden, sagte seine Sekretärin. Kurz darauf hörte sie ihn auf den Hof fahren und rufen: »Steig ein, wir fahren nach Neukölln, die Kinder holen!«

Zunächst aber mussten auch wir vier irgendwie nach Berlin kommen. In der Abflughalle gingen wir zum Schalter.

»Also ihr wollt nach Berlin fliegen?«, fragte der Mitarbeiter der Fluggesellschaft. »Okay, wie viel Geld habt ihr denn?« Jeder von uns legte seine 145 D-Mark hin plus die 50 vom Autoverkauf. Der Angestellte zählte das Geld und schüttelte mit dem Kopf.

»Reicht nicht. So ein Flug kostet mehr.«

»Mehr haben wir nicht.« Wir müssen ein mitleiderregendes Bild abgegeben haben, übermüdet, frustriert, verschmuddelt in unseren benzinversifften Klamotten.

Der Mitarbeiter verschwand in irgendwelchen Katakomben, kurz darauf erschien ein Vorgesetzter. »So, ihr setzt euch mal da drüben hin.«

Und dann kredenzten sie uns ein Frühstück, erließen uns die Differenz zum Flugpreis, und wir durften die erste Maschine in Richtung Heimat nehmen.

17

Auch weiße Häuser sind grau

GERIT

Wir konnten das alles gar nicht realisieren in der kurzen Zeit. Was sich weltpolitisch verändert hatte, was in Deutschland passiert war. Dass dieses Regime, unter dem wir gelebt hatten, eine Diktatur, auf einmal friedlich gesprengt wurde. Das konnte man als DDR-Kind nicht glauben. Das war wirklich ein Wahnsinn.

ANJA

Die Familie haben wir damals vielleicht ein bisschen leichtfertig aufs Spiel gesetzt, weil die politische Situation so war, wie sie war. Aber umso stärker war später das Gefühl in mir, meine Familie festhalten zu müssen.

ANJA

Wir landeten auf dem Flughafen Tegel, wo bereits Busse für Flüchtlinge bereitstanden, mit denen man kostenlos in die Stadt fahren konnte. Die Ereignisse der letzten Tage, der letzten Stunden hatten sich überschlagen. Wir waren gar nicht in der Verfassung, die Umwälzungen sofort in ihrer Tragweite zu begreifen. Die Flucht in den Westen, die Zeit in der Kaserne, der Fall der Mauer, der Flug zurück in Richtung Osten. Zum ersten Mal war ich jetzt in Westberlin, und unser Zustand war, vorsichtig formuliert, desolat. Seit 36 Stunden ohne Schlaf, davon 14 Stunden in der Kälte angestanden, kein Pfennig in der Tasche. Gerit und ich trugen unsere stinkenden schwarzen Filzmäntel, die mittlerweile voller weißer Flusen und Fusseln waren. Manchmal sind es die Kleinigkeiten, die sich ins Gedächtnis einbrennen. Wie diese Fusseln. Ich zupfte wie manisch die ganze Zeit an dem Mantel herum, um sie loszuwerden, weil ich von einem Gedanken regelrecht besessen war: Diese Fusseln, die verraten uns. Alle zeigen mit dem Finger auf uns und sagen: »Ach, guck mal, die Flüchtlinge mit den Fusseln in ihren stinkenden schwarzen Mänteln.«

Wir stiegen in einen der Flüchtlingsbusse. Eigentlich wollten wir zu einem Freund von Robby fahren, der zwei Jahre zuvor ausgereist war und in Neukölln wohnte. Die geheime Wohnung, hieß es im Freundeskreis, denn es war klar, wenn einer von uns in den Westen abhaut, konnte man sich dort treffen. Zunächst aber setzte uns der Bus beim ICC ab, in dem ein riesiges Flüchtlingslager eingerichtet worden war. Weil unsicher war, ob wir bei dem Freund würden bleiben können, wollten wir uns hier ein Bett sichern. Auch viele Ostberliner meldeten sich im ICC an. Alle wollten die Entwicklung abwarten und sicherheitshalber im Westteil der Stadt ausharren. Zu groß war die Sorge, dass, wenn man zurück in die DDR ging, plötzlich die Grenze wieder dichtgemacht wurde.

Der Andrang im ICC war gigantisch. Nach langem Anstehen – wieder einmal – bekamen wir ein Handtuch und eine Decke, man teilte uns Feldbetten zu und einen Spind, den man sich mit einer zweiten Person teilen musste. In den Messehallen hatte man Pappwände eingezogen, mit etwa zehn Betten pro »Zimmer«. Nachdem wir Handtücher und Klamotten auf unsere Feldbetten deponiert hatten, fuhren wir mit einem weiteren Flüchtlingsbus nach Neukölln. Immer noch in unseren Filzmänteln. Ich weiß noch, der 10. November war ein regnerischer Tag, kühl und ungemütlich. Wenn ich früher im Osten mit der S-Bahn Richtung Baumschulenweg gefahren war, hatte ich von Weitem die Sonnenallee im Westen mit ihren großen, weißen Gebäuden sehen können. So strahlend, als würde dort immer nur die Sonne scheinen. Selbst wenn es bei uns geregnet hat, war es auf der anderen Seite hell und sonnig. Zumindest in meiner Empfindung. Drüben in Westberlin, dachte ich damals ein bisschen naiv, scheint immer die Sonne. Die Leute laufen mit einer Krone auf dem Kopf rum, essen den ganzen Tag knackige Weintrauben und süße Ananas und haben die Sonne für sich gepachtet. Jetzt fuhr ich das erste Mal, im Bus stehend, durch Neukölln. Nichts war sonnig, weder der Himmel noch die Menschen. Die Leute im Westen sahen im Grunde genauso aus wie wir. Okay, das Straßenbild war bunter, es gab Obstläden mit Bergen von Weintrauben und Ananas in der Auslage. Die konnte man einfach kaufen, wenn man Lust hatte, und musste nicht warten, dass sie einem einmal pro Jahr im Herbst zugeteilt wurden. Aber ansonsten? Was war so viel besser? Gar nichts, dachte ich nach 36 Stunden ohne Schlaf und am Ende meiner Kräfte. Und der Regen fiel im Westen genauso vom Himmel wie im Osten.

Wie, das war's jetzt? Dafür der ganze Unsinn? Dafür dieser ganze Mist? Dafür, dass hier niemand mit einer Krone auf dem Kopf herumrennt? Dafür, dass es nicht schöner ist als bei uns? Und dafür, dass die weißen Häuser, wenn man nah dran ist, in Wirklichkeit grau und dreckig sind?, ging es mir durch den Kopf. Ich fühlte mich unwohl und bildete mir die ganze Zeit ein, dass die Leute im Westen uns Ossis anstarrten und über uns tuschelten. »Flüchtlinge, iiih …«, mit einem leicht angeekelten Gesichtsausdruck.

Das Gefühl, im Westen fremd und nicht willkommen zu sein, hielt noch Monate an. Als wir später wieder im Prenzlauer Berg wohnten, war ich immer leicht angespannt, wenn ich Termine in Westberlin hatte, und atmete erst wieder auf, wenn ich zurück in Ostberlin war. Nach dem Motto: Hier ist mein Zuhause, hier sprechen sie meine Sprache.

In Neukölln suchten wir die Adresse von Robbys Freund auf, die geheime Wohnung. Wir waren nicht die ersten Bekannten aus dem Osten, die sich eingefunden hatten. Im Laufe des Tages klingelte es immer wieder an der Tür, und am Ende saßen wir zu zwölft im Wohnzimmer des Freundes. Unsere Stimmung war nicht euphorisch, wie man es hätte vermuten können, sondern eher gedrückt, voller Skepsis. Weil niemand so recht wusste, wie es weitergehen sollte. Alle, die wir hier saßen, hatten viel aufgegeben und riskiert. Gerit war aus dem Theater in Schwerin abgehauen, drei Tage vor einer Premiere. Ich hatte, wie gesagt, mein Drehteam sitzen lassen. Uns trieb selbst jetzt noch die Sorge um, man könnte uns wegen Republikflucht bestrafen, völlig unbegründet im Nachhinein, aber was wussten wir schon …

Schließlich klingelte es ein weiteres Mal, irgendjemand ging raus und öffnete. Und dann standen sie vor uns: unsere Eltern. Heute noch bekomme ich Gänsehaut, wenn ich an diesen Moment zurückdenke. Tagelang war ich mir sicher gewesen, dass wir sie für ganz lange Zeit nicht mehr würden sehen können. Und jetzt waren sie da. Unsere Mutter fing sofort an zu weinen. Und unser Vater … Er war in den fünf Tagen, die er um uns gebangt hatte, grau und schmal geworden, alle Farbe war aus ihm verschwunden. Gerit fiel den beiden um den Hals, wir alle heulten vor lauter Freude, ich hing in den Armen meiner Mutter.

»Seid ihr mit dem Auto da?«, fragte Gerit.

»Ja, mit dem Wartburg«, sagte unsere Mutter.

»Wisst ihr was, ich komm gleich wieder mit zurück. Was soll ich denn jetzt hier, wenn die Mauer auf ist? Ich geh an mein Theater zurück. Jetzt wird alles gut.«

Doch ich war diejenige, die einwarf: »Moment, das geht doch nicht, wenn die DDR die Grenzen wieder zumacht, war alles umsonst. Dann haben wir umsonst gelitten.«

Gerit war sich sicher, dass der Fall der Mauer nicht rückgängig zu machen war, und sie wollte erst einmal zurück ins Theater, um in Ruhe entscheiden zu können, wie es weitergehen sollte. Noch am selben Tag fuhr sie mit meinen Eltern und Robby zurück nach Ostberlin. Sie war voller Optimismus, aber ich traute der Situation noch nicht und beschloss, erst einmal in Westberlin zu bleiben.

Unsere Beziehung als Schwestern war vor der Flucht und in den Tagen danach sehr eng, natürlich schweißt einen ein solch existenzielles Erlebnis zusammen. Ganz sicher haben die Auswirkungen der Flucht unsere ganze Familie noch viel näher zusammengebracht. Die Angst, ein weiteres Mal auseinandergerissen zu werden, ist stets unterschwellig existent. Der Wunsch, nebeneinander und miteinander zu wohnen – Gerit und ich in einem Haus gleich neben dem unserer Eltern –, hat meiner Meinung nach seinen Ursprung auch in der Zeit der Trennung. Ich sage mir immer wieder, auch wenn es wie in jeder Familie Streitigkeiten gibt: Wir können so froh sein, dass wir uns haben.

Bald nach der Wende wurde unsere Mutter zu unserer Schauspielagentin. Auch beruflich waren wir eng zusammengeschmiedet. Wir sorgten praktisch dafür, dass wir überhaupt nicht mehr ohneeinander konnten.

GERIT

Ich sah keinen Grund, warum ich nicht da weitermachen sollte, wo ich aufgehört hatte, also am Theater in Schwerin. Aber die Tatsache, dass ich bei Nacht und Nebel abgehauen war, unmittelbar vor einer großen Premiere, hatte meine Beliebtheitswerte am Staatstheater nicht unbedingt wachsen lassen. Als ich wieder im Osten war, stellte sich die Frage, wie ich mich beim Theater melden sollte. Ich gebe zu, ich war zu feige, um selbst beim Intendanten anzurufen, und schickte meine Mutter vor. Sie machte das sehr souverän.

»Und? Wie sieht es denn aus, jetzt, wo sich die politische Lage verändert hat? Gerit ist ja wieder hier«, fragte sie. »Kann sie zurück? Nehmt ihr sie wieder im Ensemble auf?«

»Ja, soll kommen«, lautete die knappe Antwort des Intendanten, was nicht so klang, als würde man mich mit offenen Armen empfangen. Aber immerhin, ich war nicht gefeuert. So kehrte ich ans Staatstheater Schwerin zurück. Ein bisschen reumütig, und man ließ mich spüren, was man von mir hielt.

»Du hast uns verraten, Gerit, du hast uns im Stich gelassen«, so der allgemeine Tenor. Okay, war ja auch so, aber ich hatte meine Gründe gehabt, gute Gründe! Und ich bekam ein Disziplinarverfahren an den Hals. Konkret bedeutete das: »Du darfst deine Rollen erst einmal nicht mehr spielen, deine bisherigen Rollen werden anderen Schauspielerinnen zugeteilt. Aber wir bieten dir an, die nächste Zeit in der Ankleide zu arbeiten, zur Strafe. Du hilfst, die Schauspieler anzuziehen, und wirst die Schuhe putzen.«

Meinten sie das wirklich ernst? Ich konnte es nicht fassen, fügte mich aber in mein Schicksal. Drei Wochen lang wienerte ich die Schuhe sämtlicher Darsteller von *Wilhelm Tell*, inklusive Komparsen, und ich kümmerte mich um die Kostüme meiner Kollegen. Okay, das kann jetzt aber nicht die Lösung sein, dachte ich. Dann hatten der Intendant und der Oberspielleiter ein Einsehen und beendeten die Strafmaßnahme. Ich wurde wieder Mitglied des Ensembles und im nächsten Stück besetzt. Von da an stieg ich wieder voll ein.

Ein Jahr noch blieb ich in Schwerin am Staatstheater, bis mich unser damaliger Chefdramaturg Thomas Wieck nach Nürnberg mitnahm. Ich war 25 Jahre alt und bekam mein erstes Engagement im Westen. Damit erfüllte sich zwar ein Traum, aber erst einmal war es ein Kulturschock. Ich war politisches Theater gewohnt, wir hatten gelernt, dass ein Stück auch immer eine Botschaft hatte. Theater musste etwas aussagen, bewirken, dadurch erst legitimierte es sich, wurde kraftvoll. Natürlich sollte Theater auch unterhalten, aber es diente nicht der Unterhaltung allein. Die Verbeugung vorm leeren Hut in *Wilhelm Tell* hatte eine Aussage. Wenn wir im Osten einen Volksliederabend veranstalteten und Lieder wie *Es kann ja nicht immer so bleiben, Wo mag denn nur mein Christian sein, in Hamburg oder Bremen?* oder *Wenn ich ein Vöglein wär, flög ich zu dir* sangen, dann taten wir das nicht nur der schönen Melodien wegen. Alle diese Lieder hatten eine politische Bedeutung. Wir haben ja Revolution gemacht.

Nun war ich im Westen, und hier war alles anders. Theater hatte hier, so sah ich es damals, mehr eine unterhaltende Funktion. Damit man mich nicht missversteht: Nürnberg hat ein großes, gutes Theater, aber ich wusste nicht, was ich da gerade sollte. Mir wurde das alles erst mit der Zeit klar. Ich musste mich einleben, an meine neuen Lebensumstände gewöhnen, und spürte von Monat zu Monat, dass Schauspieler aus dem Westen und aus dem Osten sich nur schwer verbinden konnten. Ein Beispiel: Wir bereiteten uns auf ein neues Stück vor und trafen uns zur Konzeptionsbesprechung. Jeder brachte sein Rollenbuch mit, und der Regisseur erzählte uns, was er mit dem Stück vorhatte. Anschließend wurde gemeinsam gelesen. Seltsam, dachte ich, aber gelesen haben wir unsere Texte doch schon zu Hause. Zusammen lesen, so kannte ich die Arbeit nicht. Wenn wir im Osten Konzeptionsbesprechungen abhielten, erzählte jeder Schauspieler von seiner Figur, wie er sie sich vorstellte, welche Hintergründe sie haben könnte und so weiter, anschließend wurde sofort probiert. Jetzt aber lasen wir das Stück zusammen, nicht ein- oder zweimal. Fünfmal! Einen Tag später wurde wieder nur gelesen. Am übernächsten Tag hieß es: »Jetzt lesen wir das Stück noch mal und können darüber sprechen.« Und dann wurde am Tisch verhandelt und diskutiert.

»Ja, also, hm, wenn du dies jetzt so sagst, könnte ich vielleicht das sagen oder jenes anders machen …«

»Oder wäre es besser, wenn …« Und so weiter und so fort, während ich die ganze Zeit nur dachte: Mensch, nun lasst uns doch endlich mal proben! Am Ende war ich total verunsichert.

Eigentlich wollte ich nie zum Film, auch wenn ich im Osten hier und da eine Rolle bekommen hatte. Aber nach der Erfahrung in Nürnberg war ich glücklich, als ich einen Anruf von der ARD bekam, genauer von einer Produktionsfirma in Saarbrücken, die mich zu einem Casting für eine neue Hauptabendserie einlud. *Die Gerichtsreporterin*, 13 Folgen waren geplant, und man suchte die Schauspielerin für die Gerichtsreporterin. Der Regisseur hatte mich auf dem Demoband gesehen, nicht auf meinem eigenen, denn ich hatte noch gar keines, sondern auf dem eines anderen Schauspielers, auf dem ich im Hintergrund irgendwie agierte. Daraufhin wollte er mich treffen. Die Konkurrenz war groß, eine Reihe bereits bekannter Schauspielerinnen meines Alters wurden gecastet. Schon im Flieger sah ich, wie schick die anderen angezogen waren, und ich in Punkthose und mit Pumuckl-Frisur. Na ja, dachte ich, schau ich mir mal Saarbrücken an.

Zu meiner völligen Verblüffung wurde ich genommen, und die ARD kaufte mich aus dem Theatervertrag heraus, wo ich für zwei Jahre unterschrieben, aber erst ein Jahr gespielt hatte. An

146 Drehtagen war ich nun die Journalistin Claudia Bender, die nicht nur aus dem Gericht berichtete, sondern auch selbst recherchierte und auf diese Weise zur Urteilsfindung beitrug.

Die Rolle der Gerichtsreporterin war mein Debüt im Westfernsehen und eine Riesenchance, denn die Zuschauerquoten waren hervorragend. Dennoch wurde die Serie nicht verlängert, weil unsere Konkurrenz, eine weitere Journalistenserie mit Thekla Carola Wied, noch besser lief. Als ich *Die Gerichtsreporterin* abgedreht hatte, spielte ich als Nächstes an der Seite von Robert Atzorn in *Ein Herz für Laura*, eine hochgelobte TV-Produktion. Danach hätte ich auf diese Art von Filmen bauen sollen, zumal es etliche Rollenangebote gab. Aber ich entschied mich für andere Projekte, die auch gut waren, mich aber auf eine andere Schiene brachten. Man fragte mich für die Hauptrolle in der ZDF-Serie *Verschollen in Thailand* an. Zehn Folgen, ein ganzes Jahr lang Dreharbeiten in Thailand. Und dennoch, vielleicht die falsche Entscheidung, weil ich mir andere Projekte dadurch verbaute. Was gab den Ausschlag? Sicherheitsdenken und nicht zuletzt meine Abenteuerlust. Ich war schon eine Reisetante und wollte die Welt erkunden. Und als ich das Stichwort »Thailand« hörte, war ich sofort Feuer und Flamme.

ANJA

Während Gerit zurück nach Schwerin ging, blieb ich mit Jens in Westberlin. Für ihn wäre es unvorstellbar gewesen, einfach dort weiterzumachen, wo er aufgehört hatte. Auch er hatte nur wenige Tage vor einer Premiere der Staatsoper alles hingeschmissen und war geflüchtet, genau wie Gerit. Aber wieder anzuklopfen und zu sagen: »Hey, Leute, war nur ein Scherz, bin wieder da und will hier weiter tanzen«, das ging nicht. Aber wo sollten wir bleiben? Im ICC kampieren und auf einem Feldbett schlafen? Darauf hatte ich keine Lust.

Jens hängte sich ans Telefon und rief Kollegen und Freunde an, die schon früher ausgereist waren, und er schaffte es, uns eine Unterkunft zu besorgen – bei einer Balletttänzerin aus Jens' Klasse, die mit ihren Eltern in den Westen gegangen war. Sie lebte in Neukölln in einem Miniapartment, ein Zimmer. Lustigerweise in einem der weißen Häuser, die, wie ich jetzt wusste, gar nicht so weiß waren. Die frühere Studienkollegin nahm uns mit offenen Armen auf. Ossis haben damals zusammengehalten. Wir konnten es erst gar nicht glauben, als sie uns ihre komplette Wohnung anbot.

»Wisst ihr was, ich freue mich so, dass ihr hier seid! Ich ziehe zu meinen Eltern, und ihr könnt hier erst mal wohnen, bis ihr wisst, wie es weitergeht. Kostenfrei. Ihr habt schließlich kein Geld. Ihr könnt mir ja was zahlen, wenn ihr was verdient.« Mit diesen Worten packte sie einen Koffer, wünschte uns alles Gute und verschwand. Ich war selig.

Ein Freund von Jens, ebenfalls Tänzer, hatte das ganze letzte Jahr bei uns im Prenzlauer Berg mitgewohnt, weil er nirgendwo anders unterkommen konnte. Er schlief auf der Couch in unserem Wohnzimmer und, auch wenn es ein bisschen gemein klingt, ich war froh, dass diese Dreierkonstellation durch die Flucht beendet worden war. Aber da hatte ich mich zu früh gefreut. Kaum wohnten wir in Neukölln, stand er vor der Tür, denn er hatte gehört, dass wir dort eingezogen waren. Er wusste mal wieder nicht wohin und dachte: »Och, war doch bisher schön mit den beiden«, und wir ließen ihn wieder bei uns einziehen. Eigentlich war es viel zu eng in dem Apartment, und wir mussten zu dritt in einem Bett schlafen, aber wenn man jung ist, sieht man die Dinge nicht so eng.

Als Tänzer der Meisterklasse hätte Jens überall ein neues Engagement gefunden, aber das wollte er gar nicht. Er und unser Mitbewohner gaben Unterricht an Berliner Ballettschulen und verdienten gutes Geld. Damit konnten wir unserer Vermieterin auch die Miete der Wohnung zahlen.

Ein paar Tage nach unserem Einzug in Neukölln bekam ich Besuch von einem Regisseur, der auch mein Mentor war.

»Pass mal auf, Anja«, fing er an, »die Dreharbeiten zu *Fritze Bollmann will nicht angeln* ruhen. Nichts geht da gerade weiter ohne dich. Die Regisseurin und die Produktionsleitung würden gern mit dir sprechen. Sie kommen auch zu dir nach Westberlin.«

Ich versprach ihm, mich mit den beiden zu treffen. Davor hatte ich mich die ganze Zeit gefürchtet, das war der Bumerang, der mich jetzt kalt erwischte. Ich hatte ein wirklich schlechtes Gewissen und erwartete eine Standpauke. Ich verabredete mich mit der Regisseurin in einer Westberliner Kneipe. Und ehe ich auch nur den Mund öffnen konnte, sagte sie schon: »Bevor du mit irgendwelchen Entschuldigungen anfängst, will ich dir eines sagen: Die brauchst du heute nicht. Wir alle verstehen dich. Wäre ich in deinem Alter gewesen, ich hätte genauso gehandelt. Ich habe nur eine Bitte: Komm zurück und dreh mit uns das Ding zu Ende. Die Produktion steht, und ohne dich können wir nicht weitermachen.«

»Wie soll das funktionieren? Ich trau mich nicht nach Ostberlin zurück. Ich will erst mal hier im Westen bleiben ...«, antwortete ich.

»Wir holen dich morgens mit einem Wagen hier ab und bringen dich abends wieder zurück. Wir drehen natürlich weiterhin in der DEFA, aber glaub mir, die Grenze wird nicht wieder geschlossen. Keine Sorge.«

Darauf ließ ich mich ein, fuhr jetzt jeden Tag zum Drehen in den Ostteil, kam abends zurück nach Neukölln und hatte immer ein mulmiges Gefühl. Meinem Fahrer ging es ähnlich, nur mit umgekehrten Vorzeichen. Er traute sich nicht in den Westen und weigerte sich partout, die Grenze zu passieren. Was zu der absurden Situation führte, dass er auf der Ostseite bis Baumschulenweg fuhr, und ich ging von der Sonnenallee kommend über die Grenze. Dort erst setzte ich mich ins Auto, wir fuhren zur DEFA, ich drehte den ganzen Tag, und abends auf dem Rückweg dachte ich: Hoffentlich ist die Grenze noch auf.

Ich passierte die Ost-West-Grenze mit meinem DDR-Ausweis und wurde immer gründlich durchsucht. Man kann sich heute gar nicht mehr vorstellen, dass es nach dem 9. November noch solche Kontrollen gab. Doch nach und nach normalisierte sich die Lage, und ich fühlte mich langsam sicherer.

Nach drei Monaten brachen Jens und ich unsere Zelte in Neukölln ab und überließen der eigentlichen Mieterin wieder ihre Wohnung. Wir zogen zurück nach Prenzlberg. Während wir in Westberlin als Untermieter rund 350 D-Mark gezahlt hatten, kostete unsere Wohnung im Prenzlauer Berg nach wie vor nur 14 DDR-Mark.

Die Wohnung war von den Behörden kurz nach unserer Flucht versiegelt worden. Unsere Eltern waren, nachdem sie von unserer Flucht erfahren hatten, sofort hingefahren, um unsere persönlichen Gegenstände und alles, was von Wert war, herauszuholen und für uns zu sichern – für den Fall, dass wir irgendwann zurückkommen sollten. In der Wohnung fanden sie Spuren unseres übereilten Aufbruchs. Alles, was transportierbar war, packten sie ein, unter anderem die Gasbetonsteine, die wir nicht mehr hatten verbauen können. Oder den Nadelfilz auf dem Fußboden. Es war schwer gewesen, den Nadelfilz zu ergattern, entsprechend wertvoll war er für uns. Mein Vater rollte ihn zusammen und holte ihn mit einem Hänger ab.

Nach dem Mauerfall, noch während wir in Neukölln wohnten, brachte er alles wieder an Ort und Stelle zurück, rollte den Bodenbelag aus, hängte die Spiegel auf, und als wir zurückkehrten, sah es fast so aus, als seien wir nie fort gewesen – inklusive des Lochs über der Toilette.

In den Wochen und Monaten nach dem Mauerfall ging es turbulent zu. Es herrschte ein großes Durcheinander, keiner wusste, welche Wohnungen noch belegt waren und welche nicht. Selbst die Kommunale Wohnungsverwaltung war von der Situation überfordert und machte einen Aushang, mit dem sie die Anwohner aufforderte, sogenannte Leerstandsmeldungen abzugeben. Man sollte beobachten, in welche Wohnungen die Menschen, die geflüchtet waren, zurückgekehrt und welche verwaist waren. Die KWV überprüfte daraufhin den Leerstand, und wenn man Glück hatte, durfte man selbst in die gemeldete Wohnung einziehen.

Jens und ich konnten uns auf dem üblichen Wege der Wohnraumverteilung kaum Hoffnung auf eine neue, größere Wohnung machen. In dem Aufruf der Behörden sah ich also unsere Chance und machte in den folgenden Wochen rund 25 Leerstandsmeldungen. Ich beobachtete, wo in unserem Viertel abends das Licht anging und wo es dunkel blieb. Meine Meldungen wurden geprüft, und man bot uns dann sogar drei Wohnungen an, wovon wir die beste nahmen. Von unseren bisherigen lag sie nur einen Häuseraufgang entfernt und, rückblickend betrachtet, war kaum weniger schrecklich. Parterre im dritten Hinterhof, zwei Zimmer, immerhin mit Bad, aber so dunkel, dass man das Fenster öffnen und den Hals verrenken musste, um wenigstens ein bisschen vom Himmel sehen zu können.

Meine Mutter schaute sich unser neues Domizil an, und wie schon zuvor warnte sie mich auch jetzt: »Zieht da nicht ein, das ist die letzte Absteige. Wenn ihr einmal drin seid, bekommt ihr nie wieder eine andere Wohnung! Dann seid ihr endversorgt.«

Und ich, beratungsresistent: »Warum? Die ist doch cool! Und sie hat sogar ein Vollbad.«

Wir waren also zurück im Prenzlberg, im Osten, und ich war heilfroh, dass ich meine Familie wieder beisammenhatte.

18

Gerits »Nachfolgerin«

GERIT

Unser Vater sagt immer, er würde unter der Erde noch seinen Hut ziehen, sollten Anja und ich es schaffen, ein Leben lang ein gutes Verhältnis zueinander zu haben. Weil das nicht so einfach sei, wenn man den gleichen Beruf ausübt.

ANJA

Na, wir schaffen das schon. Den Hauptteil haben wir ja bereits hinter uns.

GERIT

Stimmt, jetzt kann nicht mehr so viel passieren.

GERIT

Ich erinnere mich noch genau an den Moment, als ich zum ersten Mal als Schauspielerin auf der Straße erkannt wurde. Ein völlig neues Gefühl. Noch während ich zur Schauspielschule ging, hatte ich meine erste Rolle im DDR-Fernsehen gespielt, in der Familienserie *Barfuß ins Bett*. Erstausstrahlung am 24. Juni 1988, die Serie endete 1990 nach 14 Folgen. In der DDR wurde sie zum Kult, auch weil viele Ost-Stars mitspielten, wie Renate Blume, Jörg Panknin, Gudrun Okras – und ich, 19 Jahre alt, war Jule, die Schwiegertochter der Familie.

Ich fuhr mit meinem Trabi nach Dresden. Damals lief die Serie schon eine Weile im DDR-Fernsehen. Unterwegs machte ich halt an einer Tankstelle. Ich wollte gerade weiterfahren, als ich sah, wie eine ziemlich dicke Frau auf mich zugerannt kam. Schon von Weitem fixierte sie mich mit ihrem Blick, kam immer näher und blieb ganz dicht vor meinem Wagen stehen. Sie machte Handzeichen, ich solle die Fensterscheibe herunterkurbeln. Was will sie denn?, dachte ich. Braucht sie Hilfe? Ist was passiert?

Sobald das Seitenfenster unten war, reckte sie ihren Kopf noch näher in meine Richtung und sagte dann mit einer fiepsig hohen Stimme, die so gar nicht zu ihren Körpermaßen passte: »Sie sind doch …« Schweigen.

»Bitte was?«, fragte ich die seltsame Person.

Dann wieder diese Stimme. »Sind Sie es? Die Jule aus *Barfuß ins Bett?*«

Und ich so: »Äh, hm …ja?«

Es folgte ein ohrenbetäubender, spitzer Schrei, der mir durch Mark und Bein ging. »HAAAAAAAAAAAAAAAAAAA!!!« Kein weiteres Wort, keine Frage, nichts.

Und dann ein anderes Mal, als ich in einer Episode von *Der Staatsanwalt hat das Wort* mitgespielt hatte, einer DDR-Krimireihe, die seit den 1960er-Jahren im Fernsehen lief, eine der ersten Krimireihen im Osten überhaupt. Ich bekam eine mittelgroße Rolle in der Folge *Um jeden Preis*, also nicht schlecht für einen Neuling wie mich. Die Ausstrahlung »meiner« Folge war eine aufregende Angelegenheit.

Am nächsten Morgen saß ich in der S-Bahn nach Schöneweide, auf dem Weg zur Schauspielschule. Ich spürte Blicke auf mir. Die anderen Fahrgäste schauten immer zu mir rüber, lächelten mich nett an, nickten mir zu, manche grüßten mich sogar. Ich war verwirrt. Mein Gott, geht das schnell, dachte ich. Da spiele ich einmal eine kleine Rolle im Fernsehen, und schon kennen mich alle. Das ist ja Wahnsinn. Ich war regelrecht verzückt. Nickte und grüßte natürlich freundlich zurück, mit stolzgeschwellter Brust, nach dem Motto: Ja, war schön gestern. Ich bin's. Ich bin's wirklich, die aus dem Fernsehen.

Bestens gelaunt kam ich in der Schauspielschule an und musste ganz nötig auf die Toilette. Ich stand vor dem Spiegel – und da erkannte ich ihn. Meinen Ruhm! Über mein komplettes Gesicht zog sich ein dicker, fetter, schwarzer Kohle-Ruß-Streifen, einmal quer von oben nach unten. Warum? Weil wir damals zu Hause noch mit Kohle heizten. Irgendwie musste ich mir das Gesicht vollgeschmiert haben. Die Blicke der Fremden hatte ich also völlig fehlinterpretiert. Nix mit Berühmtheit. Doch nicht ganz so einfach, ein Star zu werden, dachte ich.

ANJA

Meine erste Begegnung mit dem, was man allgemein als Popularität bezeichnet, war vor allem eines: traumatisch. Durch *Grüne Hochzeit* wurde ich in der DDR nicht berühmt, aber ich erlangte eine gewisse Bekanntheit, die ausreichte, dass man mich in der Wendezeit in eine TV-Talk-Show einlud. *Doppelpunkt* hieß die Sendung, die im ZDF ausgestrahlt wurde und brisante und aktuelle Themen behandelte. In dieser Sendung sollte ich über den Erfolg meines

Kinofilms im Osten und zur Wendezeit im Allgemeinen befragt werden. Ich hatte keine Ahnung, was auf mich zukommen würde. Außer mir waren nur Politiker eingeladen. Seltsame Runde, wunderte ich mich, pass ich doch gar nicht rein. Ich war etwas nervös, aber nicht übermäßig, die Haare hatte ich – dieses Detail wird noch eine Rolle spielen – zu einem strengen Dutt zusammengebunden.

Die Sendung begann, und recht schnell kam ich an die Reihe, interviewt zu werden. Ich erzählte alles, was ich zu *Grüne Hochzeit* zu sagen hatte, beantwortete artig die Fragen des Moderators, und schon kam der nächste Gast dran. Ich lehnte mich entspannt in meinem Sessel zurück. Arbeit erledigt, abschalten, hatte ja ganz gut geklappt. Im Laufe der Sendung änderte sich aber die Stimmung im Studio. Die anderen Gäste, die Politiker, bekamen sich wahnsinnig in die Haare. Sie stritten über Themen, von denen ich in meinem ganzen Leben noch nichts gehört hatte. Ich dachte nur: Wovon reden die? Keine Ahnung. Die Diskussion wurde immer lauter, irgendwann brüllten sich alle nur noch an. Der Moderator wirkte hilflos, bekam seine Gäste nicht mehr in den Griff, die Gemüter nicht beruhigt. Und als er gar nicht mehr wusste, wie er noch eingreifen sollte, unterbrach er die anderen mitten im Satz und wendete sich abrupt mir zu. »Frau Kling, was sagen Sie denn dazu?« In dem Moment wäre ich am liebsten im Boden versunken. Ich spürte, wie ich knallrot im Gesicht anlief, und stammelte irgendetwas nach, was ich gerade noch von den anderen aufgeschnappt hatte. Nur um überhaupt etwas sagen zu können. Ich fing auch unheimlich an zu schwitzen. Dann wurde ich wieder links liegen gelassen, und die Runde diskutierte weiter.

Bis mir der Moderator plötzlich wieder die gleiche Frage stellte. »Wie sehen Sie das, Frau Kling?«

Darauf ich: »Ach, wissen Sie, Sie haben in dieser Runde viel kompetentere Ansprechpartner als mich. Fragen Sie lieber die, ich kann dazu nichts Kluges sagen.«

Heute denke ich, das war die beste Antwort, die ich geben konnte. Völlig legitim, klang souverän, als hätte ich das vorbereitet, es war mir aber spontan eingefallen. Damals sah ich das anders. Am liebsten wollte ich von diesem Stuhl fallen und sterben. Ich dachte: Spätestens jetzt wissen alle, dass ich strunzdoof bin und von nichts eine Ahnung habe. Und dann das Schlimmste: Mir wurde so unfassbar heiß im Studio, dass ich immer mehr ins Schwitzen geriet. Ich spürte, wie mir der Schweiß aus dem Dutt in den Nacken tropfte. Kontinuierlich und immer stärker. Gleich sitze ich hier in meiner eigenen Schweißpfütze, dachte ich. Wie peinlich, was für ein Desaster. Meine Mutter, die mich damals begleitete, sagt bis heute, man habe mir meine Verzweiflung nicht angemerkt und die Schweißpfütze nicht gesehen. Aber vielleicht wollte sie mich auch nur beruhigen. Nach der Sendung war ich überzeugt: Das Thema Talkshow hat sich für mich erledigt, und zwar für alle Zeiten!

»Nie wieder, nie mehr gehe ich in eine Talkshow. Da könnt ihr euch auf den Kopf stellen.« Daran hielt ich mich einige Jahre lang. Ich hatte eine echte Phobie.

Barbara Schöneberger war es, die es schaffte, mich zu einem Besuch zu überreden. Sie kündigte mich damals mit den Worten an: »Jetzt kommt eine Schauspielerin, von der wir wissen, dass sie sonst nie in Talkshows geht. Weil sie eine regelrechte Phobie davor hat. Aber jetzt, und darüber freuen wir uns besonders, ist sie da.«

Heute gehe ich zwar in Talkshows, aber meine Lieblingsbeschäftigung ist es nach wie vor nicht. Stets habe ich das Gefühl, dass mir die klugen, charmanten oder lustigen Antworten erst nach der Sendung einfallen, und darüber ärgere ich mich dann schwarz.

Nach *Grüne Hochzeit, Polizeiruf* oder *Bollmann* verfolgte ich die Schauspielerei entgegen ursprünglich anderslautender Pläne weiter, aber eigentlich nur, um Geld zu verdienen. Großartig um Angebote kümmern musste ich mich nicht, die kamen einfach. Hast du Lust, in der Serie mitzuspielen, willst du eine Rolle in dem Film?, hieß es. Dann schaute ich mir das Angebot an und entschied nach folgenden Kriterien:

1. Wo wird gedreht?
2. Wann wird gedreht?
3. Habe ich Lust dazu?

Was ich drehte, war mir ziemlich egal, weil ich ohnehin alles nicht so wichtig nahm, es war ja kein ernsthafter Beruf, nichts zum Darin-älter-Werden. Solange sie mich spielen lassen, na schön, dann mache ich mit, wenn nicht, suche ich mir einen richtigen Job. Nebenbei versuchte ich mich, auch wenn es mit den Filmwissenschaften nicht geklappt hatte, doch noch in verschiedenen anderen Studienfächern. Durch die Öffnung der Grenze boten sich auf einmal ganz neue Möglichkeiten.

Ich probierte es mit Theaterwissenschaften an der TU, mit Musikwissenschaften, schrieb mich an der FU für Publizistik ein, ich fing vieles an, vermochte mich letztlich aber für keines der Fächer wirklich zu begeistern. Es war eine zweijährige Phase des Ausprobierens, ich konnte und wollte mich nicht festlegen. Zusätzlich zu Uni und Filmerei kam die Moderation eines Jugendmagazins im DDR-Fernsehen. *Elf 99*, eine Kultsendung, benannt nach der damaligen Postleitzahl 1199 von Berlin-Adlershof, wo das DDR-Fernsehen seinen Sitz hatte. *Elf 99* wurde erstmals am 1. September 1989 ausgestrahlt. Die zweistündige Sendung – Untertitel *Der Jugendnachmittag* – war ein Mix aus Nachrichten, Musikvideos, Sportberichten, einer Folge einer Fernsehserie und vielem mehr. Innerhalb der Sendung gab es das Mädchenmagazin *Paula*, dessen Moderation man mir anbot. Einmal mehr fiel mir ein Job in den Schoß, weil die Frau eines Regisseurs, der mich gut kannte, für die Sendung arbeitete. Sie fragte mich, ob ich nicht Lust hätte, zu moderieren und Interviews zu führen. Das war für mich Neuland.

Elf 99 war insofern wichtig für mich, da ich in den folgenden zwei Jahren viel im Umgang mit Menschen und dem Agieren vor der Kamera lernen konnte. Die zuständige Redakteurin schrieb für mich die Moderationstexte, sie formulierte meine Fragen. Sie entschied alles, und ich ließ sie machen. Nur in einer Sache blieb ich stur. Und das war ein Fehler.

»Wenn ich hier als Anja Kling auftrete«, sagte ich, »möchte ich auch aussehen wie Anja Kling.« Was ich damit meinte? Ganz einfach: Ich weigerte mich, in die Maske zu gehen, weil ich befürchtete, dort würden sie mich in einen anderen Menschen verwandeln, eine andere Figur aus mir machen. Stattdessen trat ich mit meiner ausgewaschenen Dauerwelle und ungeschminkt vor die Kamera. Großer Fehler aus heutiger Sicht.

»Vielleicht wäre es doch besser, wenn du in die Maske gehst, dann siehst du besser aus«, meinte die Redaktion. Aber ich blieb standhaft – »Nein, auf keinen Fall« – und sah in der Sendung aus, als sei ich gerade aus dem Bett gestürzt. Modisch befand ich mich zu der Zeit in einer seltsamen Phase. Kurzum, was die Optik anging, war ich schlecht beraten.

Im Mädchenmagazin *Paula* wurden nicht nur Themen wie »Mein erstes Mal« oder »Meine erste große Liebe« behandelt. Wir stellten auch Mädchen vor, die ein besonderes Talent hatten, die in Bands spielten, die mit einer Behinderung lebten oder einen Migrationshintergrund besaßen – eine breit gefächerte Themenvielfalt, immer aber ging es um junge Frauen. Einmal musste ich die SPD-Politikerin Regine Hildebrandt für Paula interviewen. Thema: Abtreibung, Paragraf 218. Regine Hildebrandt war eine großartige Politikerin, eine eindrucksvolle Persönlichkeit, berüchtigt für ihre klaren Worte, manchmal etwas schroff. Ich machte mir in die Hosen vor Angst und bereitete mich umso intensiver auf das Interview vor, besorgte mir alle Informationen, die ich bekommen konnte, um für Frau Hildebrandt gewappnet zu sein.

Mir schlotterten die Knie – und das meine ich nicht im übertragenen Sinn –, als ich in ihre Wohnung kam, wo wir das Interview aufzeichnen wollten. Natürlich war sie wahnsinnig lieb zu mir, denn sie sah mir meinen Gemütszustand sofort an. Vor lauter Aufregung versuchte ich, eine Art Kumpelei zwischen ihr und mir herzustellen. Zum Beispiel saß ich ihr gegenüber und fasste ihr bei jeder Frage an die Schulter.

»Frau Hildebrandt, was ich Sie noch fragen wollte …«

Schultergriff.

»Frau Hildebrandt, finden Sie nicht auch …«

Schultergriff.

»Frau Hildebrandt …«

Frau Hildebrandt hier, Frau Hildebrandt da, ich rückte auch immer näher an sie heran. Schultergriff! Der Kameramann versuchte, mich mit der Kamera rauszufahren, und ging nur noch auf Hildebrandt, aber meine Fingerspitzen waren in jeder Einstellung zu sehen.

Hat doch gut geklappt, fand ich hinterher, aber am nächsten Tag wurde ich zum Fernsehchef zitiert. »Guckst du mal bitte?« Und er zeigte auf den Fernsehbildschirm, wo mein Interview zu sehen war. Bei jeder Frage arbeitete sich meine Hand ins Bild.

»Das geht definitiv nicht, Anja. Solche Fehler dürfen dir nicht mehr passieren.« Das Gespräch wurde trotzdem gesendet. Frau Hildebrandt selbst fand das alles überhaupt nicht schlimm. Die Redakteurin hatte sich schon vor Ort für mich entschuldigt. Ich sei noch jung und unerfahren. Die sonst so schroffe Hildebrandt blieb cool. »Nu mach dir ma nich ins Hemd, Kleene, war doch allet jut.«

Was die Filmangebote anging, so erweiterte sich mein Radius, plötzlich hieß es nicht mehr nur Leipzig und Dresden, sondern auch Hamburg und München. Durch die Arbeit lernte ich den

Westen, die Bundesrepublik, relativ schnell kennen. Und das Beste war: Ich konnte immer wieder nach Hause zurück. Zur Familie. Zu meinen Eltern.

Bald schon drehte ich auch mit großen Namen, zum Beispiel wie schon erwähnt mit Götz George in *Die Sturzflieger*. Die Dreharbeiten verlangten mir einiges ab. Ich war viel zu jung, zu unerfahren, zu verängstigt, um neben einer schauspielerischen Urgewalt wie Götz George bestehen zu können. Durch ein Casting war ich an die Rolle gekommen, und dann stand ich am Set und sah neben mir Götz George, den ich bis dahin nur als Schimanski aus dem Westfernsehen kannte. In seiner Lederjacke. Er spricht mit mir. Der sagt Anja zu mir, dachte ich. Ich hatte eine Ladehemmung, sobald er den Raum betrat, und hätte mir gewünscht, dass er einmal zu mir gesagt hätte: »Du musst keine Angst vor mir haben, wir kochen alle nur mit Wasser.«

Nach diesen Dreharbeiten wollte ich auf keinen Fall weiter als Schauspielerin arbeiten, der Film war auch alles andere als ein Sprungbrett für mich. Danach habe ich leider nie wieder mit George gedreht. Aber ich begegnete ihm später erneut, bei der Gala, bei der mir die Goldene Kamera als beste Nachwuchsschauspielerin verliehen wurde. Als er an mir vorbeikam, blieb er stehen und sagte: »Da habe ich mich wohl in dir geirrt.« Und ging weiter.

Dann, wieder Jahre später, war ich zu Gast in der WDR-Sendung *Zimmer frei!* mit Götz Alsmann und Christine Westermann. Götz Alsmann sprach mich im Laufe der Sendung auf George an. Ich habe ja mal mit ihm, seinem Namensvetter, einen Film gedreht, sagte er.

»Wie ist er denn so?«, fragte Alsmann mich.

»Ach, weißt du, es fällt mir ein bisschen schwer zu sagen, wie der Götz George so ist, weil ich gehört habe, dass er wirklich auch ausgesprochen nett sein kann.« Punkt. Mehr sagte ich nicht. Und Götz Alsmann hat schmunzelnd auch nicht weiter gefragt.

Ich bin mir sicher, dass ich heute sehr gut mit Götz George auskäme, und trotz allen Respekts vor diesem großartigen Schauspieler wäre es durch meine über die Jahre entstandene größere Selbstsicherheit ein Spiel auf Augenhöhe.

Sehr prägend war für mich in meinen Anfangsjahren die Begegnung mit Hansjörg Felmy, mit dem ich für die Fernsehserie *Hagedorns Tochter* vor der Kamera stand. Felmy spielte Hagedorn, einen Hamburger Gewürzhändler, der kurz vor der Pleite stand, und ich seine Tochter. Ohne Hansjörg Felmy wäre ich nicht bei der Schauspielerei geblieben. Er war mein väterlicher Freund und Mentor und noch dazu ein großes Vorbild. Nicht nur schauspielerisch, vor allem menschlich.

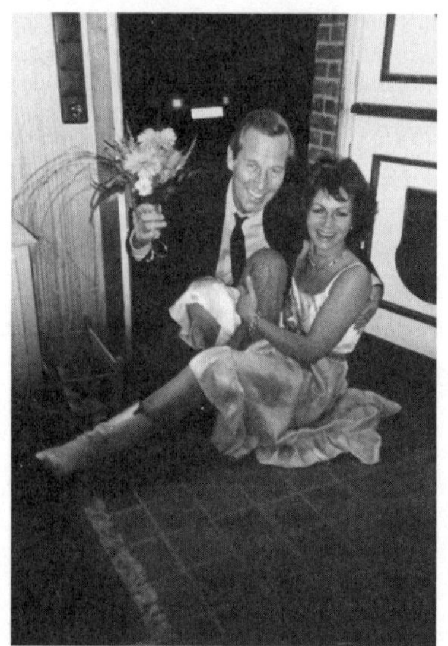

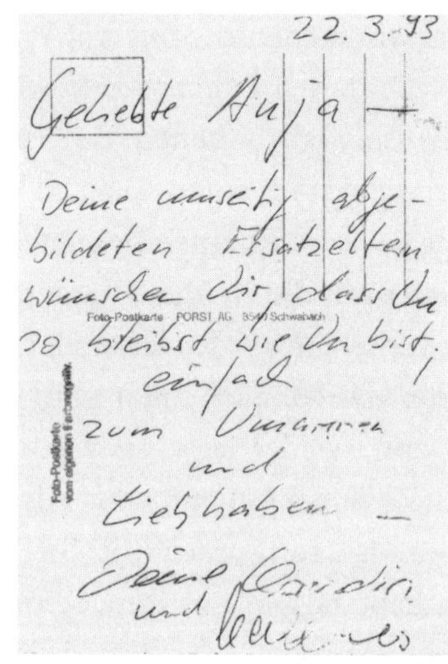

22. 3. 93

Geliebte Anja

Deine umseitig abgebildeten Ersatzeltern wünschen dir dass Du so bleibst wie Du bist. einfach zum Umarmen und Liebhaben –

Deine Claudia und [illegible]

Foto-Postkarte PORST AG Schwabach

Foto-Postkarte

Karte von Hansjörg Felmy und seiner Ehefrau Claudia Wedekind-Felmy

Die Art und Weise, wie er mit Menschen umging, wie er sich am Set bewegte und das Team wertschätzte – von diesen Erfahrungen profitiere ich bis heute. Er war ein Teamplayer, und dabei spielte es für ihn keine Rolle, ob er es mit einem Fahrer oder dem Produzenten zu tun hatte, er behandelte alle gleich. Felmy war einfach Mensch. Er sagte manchmal zu mir: »Ach, Anja, du hast einen großen Fehler. Und der ist bitter.« Dann wusste ich immer schon, was als Nächstes kam. »Du hast schon einen tollen Vater. Das ist dein Fehler. Sonst würde ich dich jetzt adoptieren.« Aber er nahm mich beschützend unter seine Flügel.

Auch seine Frau, Claudia Wedekind, meinte: »Das wäre so schön, wenn wir dich einfach adoptieren könnten!« Die beiden hatten keine eigenen Kinder.

Deshalb antwortete ich: »Ich finde, ich bin auch ein bisschen euer Kind.«

Irgendwann besuchte ich die beiden in ihrem Zuhause in München. Felmy gab mir das Gefühl, ihm ebenbürtig und ein wertvoller Mensch zu sein, dabei war ich ein junges Mädchen, das noch nicht viel wusste und nicht viel konnte. Er sah in mir Dinge, die ich selbst überhaupt nicht erkannte, und gab mir Selbstvertrauen. Das fing schon beim Casting für *Hagedorns Tochter* an. Viele junge Schauspielerinnen bewarben sich um die Rolle. Hinterher wurde mir erzählt, dass Felmy von der ersten Runde an immer gesagt hatte: »Ich will das nur mit ihr machen.« Mit Mitte 70 starb er. Seine Frau kümmerte sich bis zu seinem Tod liebevoll um ihn. Zwischen uns entstand, so unterschiedlich wir auch waren, eine besondere, eine – väterliche – Freundschaft. Wir drehten zwei Staffeln von *Hagedorns Tochter*, und zwischen der ersten und der zweiten kam der Film mit Götz George. Damals war mir klar: Ich suche mir einen anderen Job. Ich wollte noch die zweite Staffel mit Felmy drehen, das war ich ihm schuldig, aber danach sollte Schluss sein. Ich las jede Woche die Stellenanzeigen in der Zeitung. Hoch und runter. Allein das beruhigte mich. Ich konnte so viele andere Jobs machen!

Felmy hielt überhaupt nichts von meinem Plan. »Du wirst, egal was du tust in deinem Leben, immer wieder Menschen begegnen, mit denen du nicht klarkommst. Du kannst doch jetzt nicht sagen: Ich mag den Beruf nicht mehr. Was bist du für eine Memme?«

Und auch Gerit redete auf mich ein, als sie hörte, dass ich hinschmeißen wollte. »Ja, du bist wirklich ein bisschen doof. Drehst einen Film nach dem anderen, wofür andere lange und hart arbeiten müssen. Bekommst alles einfach zugeschoben und überlegst nur: ›Hm, liegt der Film in den Semesterferien? Passt mir das zeitlich?‹ Du solltest die Sache professioneller angehen. Geh an die Schauspielschule, lerne die Technik, mach Sprecherziehung! Das bisschen *Hans Wurst* im Wald reicht nicht. Du musst deine Stimme ausbilden lassen, wenn du in dem Beruf bleiben willst.«

Und dann entschloss ich mich, doch an die Schauspielschule zu gehen. Dank Hansjörg Felmy und Gerit. Ganz so einfach war es mit der Aufnahme allerdings nicht, denn ich wollte weiterhin arbeiten und brauchte die Genehmigung, parallel zum Studium Filme drehen zu dürfen. Nach der Wende wusste die Schauspielschule nicht so recht, wie sie damit umgehen sollte.

In dieser Situation half mir ein Regisseur. »Wenn Anja hier studiert, werde ich ihr Mentor sein. Ich verpflichte mich, sie in zwei Filmen im Jahr zu besetzen. Die Arbeit ist dann auch eine Form von Unterricht und muss folglich als Unterricht anerkannt werden.«

Die Ernst Busch ließ sich auf dieses Arrangement ein. Ich drehte in der folgenden Zeit häufig mit diesem Regisseur, und nebenbei studierte ich – zumindest ein bisschen. Schnell war allen klar, auch mir, dass es so nicht funktionierte. Erstens, weil ich häufig den Unterricht verpasste. Die anderen Studenten rümpften die Nase über mich, nach dem Motto: »Kriegt die den gleichen Abschluss wie wir? Sie ist doch nie da. Wieso braucht sie das Szenenstudium schon wieder nicht mitzumachen? Ach, die hat einen Film – oh, na dann …«

Wenn ich am Set war, hatte ich ein schlechtes Gewissen der Schule gegenüber, und wenn ich in der Schule saß, dachte ich: Ich muss heute Nacht drehen. Wie soll ich das durchhalten? Jetzt mach ich das Szenenstudium, aber um 18 Uhr holt man mich zum Dreh ab.

Zweitens: Ich hätte niemals die Schauspielschule wählen sollen, auf die Gerit gegangen war. Das wurde mir aber erst im Nachhinein bewusst. An der Ernst Busch galt ich als die Nachfolgerin von Gerit. Die zweite Kling. Ich, die anders ist als Gerit, die auch anders probt und sich anders vorbereitet und anders an Figuren herangeht. Ich kam an diese Schule, an der meine große Schwester große Spuren hinterlassen hatte. Sie war dort ein unglaublich geliebtes Kind, hatte dort vier Jahre lang mit Enthusiasmus studiert. Die Dozenten waren hin und weg von ihr. Und dann kam ich. Gerit meint heute, ich hätte mir vieles nur eingebildet. Das mag schon sein, aber nicht alles. Ich spürte immer so eine Art Enttäuschung bei den Dozenten.

Einmal sprach es einer, der auch Gerit früher unterrichtet hatte, offen aus. Das setzte sich bei mir im Kopf fest. Nach einem Szenenstudium sagte er: »Mensch, Anja, wir haben gedacht, da kommt eine zweite Gerit, aber das war nichts. Das war gar nichts.«

Na, eine zweite Gerit werde ich auch nicht, ich heiße Anja, ich werde niemals eine zweite Gerit sein, dachte ich. Paradoxerweise versuchte ich mir die Liebe der Dozenten zu erkämpfen, indem ich so tat, als sei ich wie Gerit. Das heißt, wenn ich in der Schule war, spielte ich meine Schwester, ich verhielt mich wie sie und verrannte mich dabei so sehr, dass ich praktisch nie mehr ich selbst sein konnte. Wenn jemand eine Frage stellte, überlegte ich, wie Gerit wohl reagieren würde. Ich kopierte ihre Frohnatur, was auf Dauer kräftezehrend war.

Sobald ich aus der Schule kam und endlich Anja sein durfte, fiel alles von mir ab. Von einem gewissen Punkt an wusste ich nicht mehr, wie ich aus der Nummer wieder rauskommen sollte. Wenn ich jetzt wieder wie Anja bin, denken doch alle, ich habe eine Depression, überlegte ich. Ich fragte Gerit um Rat.

»Was du da machst, ist totaler Blödsinn. Sei du selbst«, sagte sie. Aber ich hatte mich schon zu sehr in die Sache reingesteigert. Sobald mich jemand anschaute, war meine Reaktion: »Was guckt der so? Der guckt mich so enttäuscht an.« Ich hätte an eine Schule gehen sollen, wo der Platz Kling nicht schon besetzt war.

Nach etwa einem Jahr trat die Schulleitung an mich heran. »Anja, wir haben uns das jetzt eine Weile angesehen. Ehrlich gesagt: So geht es nicht. Du musst dich entscheiden. Entweder du drehst oder du studierst. Wenn du weiter an der Schule bleiben willst, hast du für die nächsten drei Jahre einen Drehstopp.«

So schnell konnte man gar nicht gucken, wie ich sagte: »Ach so, na dann. Tschüss.« Packte meine Sachen und weg war ich. Von nun an war mein weiterer Weg klar.

19

Um dich jeht's hier jarnich

GERIT

Als Kinder haben wir null gestritten. Wir waren uns stets einig und sind füreinander eingestanden. Ich bekam oft zu Hause Ärger, weil ich so ein verrücktes Huhn war, aber Anja stand immer hinter mir. Und wir waren sehr verkuschelt. Als wir klein waren, haben wir in einem Bett geschlafen. Da kam sie zu mir gekrabbelt, und ich spielte ihr stundenlang mit Puppen Märchen und Gruselgeschichten vor, die ich mir ausdachte. Und Anja hing an meinen Lippen.

ANJA

Heute können wir zwei uns streiten wie die Kesselflicker. Neben den existenziellen Dingen gab es auch den ganz normalen Hausstreit. Den konnten wir exzellent führen, als wir zusammenwohnten. Da flogen die Türen, und wir schrien uns an, nur um uns zehn Minuten später wieder zu vertragen. Dann war alles wieder gut. Meine Kinder sagen, das sei ein Geschwisterphänomen. Die machen das nämlich genauso.

GERIT

Anja und ich waren beide erst einmal ganz lange weg von unserem Elternhaus, bevor wir wieder zurückgekehrt sind. Das Zurückkommen war überhaupt nicht geplant. Anja ging mit 16 aus dem Haus zur Ballettschule, zog nach einem Jahr noch einmal bei unseren Eltern ein. Ich verließ Wilhelmshorst mit 18, um zur Schauspielschule nach Berlin zu gehen, und bin nie wieder zurückgekehrt. Erst als mein Sohn Leon schon geboren war, damals war ich 31, zogen Anja und ich zusammen in das Haus gleich neben dem unserer Eltern.

ANJA

Ursprünglich wollten wir uns zwei Wohnungen suchen, die gleich nebeneinanderlagen. Als wir nichts Passendes fanden, entstand die Idee mit dem Haus. Es sollte auf jeden Fall auf dem Land sein, am besten in einer Gegend, die wir kannten, wo wir nicht ganz fremd waren. Perfekt wäre es, dachten wir, wenn das Haus gleich neben dem unserer Eltern läge. Dummerweise wohnte dort schon eine andere Familie.

Eines Tages rief Gerit aus Spaß über den Gartenzaun zum Nachbarn rüber, wenn er mal dran denken sollte zu verkaufen, solle er sich bitte erst bei uns melden, bevor er einen Makler beauftragte. Das sei ja lustig, antwortete er, gerade gestern erst habe er das Haus einem Makler zum Verkauf angeboten.

Es dauerte dann noch ein Jahr, bis wir uns mit dem Nachbarn einigten und das Haus tatsächlich kauften. Zwischenzeitlich waren wir beide uns gar nicht mehr so sicher, ob das gut gehen würde, Gerit und ich in diesem Haus. Gerit vertraute sich nämlich unserer Mutter an: »Wenn ich einziehe, dann nur, wenn ich unten wohnen darf. Mit direktem Gartenzugang. Und das will Anja garantiert auch.« Davon wusste ich zu diesem Zeitpunkt allerdings nichts. Im Gegenteil.

Denn ich wiederum sagte zu meiner Mutter, auf gar keinen Fall wolle ich im Erdgeschoss wohnen.

»Wenn, dann nur oben!«

Und unsere Mutter zu uns beiden: »Mädels, unterhaltet euch mal.«

GERIT

Die Aufteilung der häuslichen Pflichten und Rechte war simpel: Wir machten einfach halbe-halbe bei allem. Wasser, Strom, Heizung, man konnte im Haus sowieso nichts trennen, und wir hatten keine Lust, wie Pfennigfuchser jeden Posten auseinanderzudividieren und der anderen vorzurechnen, wer wann wie oft gebadet hat, wer mehr Strom verbraucht hat. Wir beide waren auch nie die besten Buchhalter, weshalb sich unser Vater bereit erklärte, das Haus zu verwalten, die Stromabrechnungen zu machen und was alles so anfiel. Ich baute mir das Erdgeschoss aus und musste noch ein Bad hinzufügen, Anja bezog die erste Etage, in der eine Küche fehlte und eingebaut werden musste. Wir wohnten also nicht wie in einer WG, jede von uns hatte – mitsamt Kindern und Partnern – ihre abgeschlossene Wohnung mit einem eigenen Eingang, wie in einem Zweifamilienhaus. Und das direkt neben unserem Elternhaus, in dem wir groß geworden sind. Der Zaun zwischen beiden Häusern wurde entfernt, sodass ein gemeinsamer großer Garten entstand. 18 Jahre lang wohnten wir dort zusammen.

Gerade die Anfangsjahre waren von einer großen Harmonie geprägt. Wir waren jung, hatten keine Kohle mehr, denn all unser Geld hatten wir in den Hauskauf gesteckt, um den Kredit so klein wie möglich zu halten. Dennoch versuchten wir, uns das Leben lustig und schön zu machen. In gewisser Weise war in diesen Jahren der Altersabstand zwischen uns und unseren Eltern gefühlt am geringsten. Meine Eltern sind nur 20 Jahre älter als ich. Also hatten sie mit 50, in meinem jetzigen Alter, 30-jährige Kinder. Dieser Zeitabschnitt ist ein ganz besonderer. Es gibt ein kurzes Zeitfenster, in dem auf einmal die Eltern mit den Kindern verschmelzen und auf Augenhöhe sind. Im Sommer machten wir Partys im Garten, luden die Freunde unserer Eltern und unsere eigenen Freunde ein, machten mit der Klampfe Musik und veranstalteten schrille, bunte Liederabende. Wir gingen abends zusammen aus, feierten gemeinsam Fasching. Unsere Kinder waren noch klein, und auch sie verstanden sich unglaublich gut. Es waren wilde und bewegte Zeiten, die ich nicht missen möchte. Wir waren eine eingeschworene Gemeinschaft.

Aber das Leben verändert sich, nach einem Hoch kommt ein Tief, das ist der Lauf der Dinge, das Leben ist nicht immer nur heiter und sonnig. Es wurde irgendwann ein bisschen anstrengender, die Männer haben gewechselt, die Kinder wurden größer, die Umstände veränderten sich. Die Arbeit war auch nicht immer leicht, wir beide waren im selben Beruf, unsere Mutter als Agentin ebenfalls dabei – natürlich kommt es da auch zu Reibereien, wenn die Nähe sehr groß ist.

Anja war in gewisser Weise die treibende Kraft, dass unsere Mutter auch unsere Managerin wurde. Anja war damals bei einer Agentur, wollte dort aber weg, und unsere Mutter war gerade auf der Suche nach einer neuen beruflichen Herausforderung. Also sagte Anja zu ihr: »Mama, kauf dir doch mal ein Faxgerät und fang einfach an. Was eine Agentin kann, kannst du auch.«

Und dann hat sie losgelegt. Am Anfang reagierte sie allergisch, wenn jemand aus der Branche sagte: »Ach, Sie sind also die Mutter von …!« Aber sie erarbeitete sich schnell Respekt bei den Filmleuten und machte ihre Sache gut. Sie ist ja auch ein kommunikativer Mensch, hat ein gutes Gespür für andere und lässt sich – ganz wichtig als Agentin – nicht unterbuttern.

In der ersten Zeit passierten natürlich auch lustige Fehler. Bei einer Gagenverhandlung sagte sie zum Beispiel nicht: »Nein, über die Gage müssen wir noch mal reden.« Sondern: »Ach, da wird sich meine Tochter aber freuen, so viel Geld.« Aber es dauerte nicht lange, und sie wusste, wie das Spiel funktionierte.

Im Laufe der Jahre baute sie eine erfolgreiche Agentur auf. Sie hat uns auch kritisch zur Seite gestanden. Manchmal sagte sie zu mir: »Gerit, du gehst den Weg des geringsten Widerstandes und suchst dir immer diese leichten Formate aus. Und dann machst du dies und jenes und noch ein schönes Zeitungsinterview mit irgendeiner einer bunten Zeitung.« Einerseits hat sie das nicht befürwortet, andererseits sagt sie heute auch: »Vielleicht war das gar nicht verkehrt, denn heute hast du einen Namen, und zwar keinen schlechten. Und du bist noch da. Ihr beide seid noch im Geschäft, was nur wenige über so eine lange Strecke von sich behaupten können.«

Mittlerweile haben mein Mann Wolfram und ich selbst eine Agentur ins Leben gerufen, mit der wir uns um meine und verschiedene andere Projekte kümmern.

Die räumliche Nähe unserer Familie war für Anja und mich auch dahingehend großartig, weil immer jemand für unsere Kinder da war. Wenn ich unterwegs zu Dreharbeiten war – ich arbeitete ja gern im Ausland und musste zum Beispiel einmal für fünf Wochen nach Uruguay –, wohnte Leon hauptsächlich oben bei meiner Schwester. So gesehen wuchsen unsere Kinder gemeinsam auf, wurden wie Geschwister in einem Haus groß.

Bei Leons Erziehung habe ich immer Wert auf eine ganz große Freiheit gelegt. Ich habe nie versucht, meinem Sohn meine Meinung aufzudrängen. Er sollte frei in seinen Gedanken und in seiner Kreativität sein. Trotzdem halte ich viel von Regeln. Solche, die einen angemessenen Rahmen vorgeben, Regeln des Anstands. Höflichkeit, Bescheidenheit und Respekt anderen gegenüber. Heute ist es gelegentlich umgekehrt, dann erzieht er mich, weil er manchmal viel anständiger und korrekter ist als ich, sodass ich ihm vorhalte, nicht ganz ernst gemeint: »Mensch, sei mal nicht so spießig.«

Ich finde, er ist ein großartiger Junge geworden. Und daran hat Anja ihren Anteil. Anja war als Mutter ein bisschen behütender als ich. Das sagt sie auch selbst von sich. Sie kann weniger leicht loslassen, besitzt ein großes Verantwortungsgefühl, einen Beschützerinstinkt, bis heute. Wenn sie zum Dreh wegfuhr, wurde im Vorfeld alles bis ins letzte Detail durchorganisiert, sodass auf keinen Fall etwas Unvorhergesehenes eintreten konnte. Jeder wusste genau, wann wer wo ist. Das ist auch so ein kleiner Unterschied zwischen uns beiden.

Es gibt eine lustige Geschichte, die beispielhaft für meine Art der Erziehung ist. Ich spielte einen Sommer lang auf Rügen in *Störtebeker* die Rolle der Gräfin van Dooren. Was mich neben der Figur reizte, war das Spiel unter freiem Himmel auf einer großen Naturbühne. Unter einer Bedingung nahm ich das Angebot an: »Nur wenn ich meinen Sohn mitbringen darf.« Er war damals zehn Jahre alt und ging in die vierte Klasse. Man gab ihm sogar eine kleine Rolle in dem Stück.

Die Proben begannen bereits im Mai, gespielt wurde von Juni bis September. Ich musste Leon also für zweieinhalb Monate aus der Schule nehmen (die restlichen Wochen waren Ferien) und beschloss kurzerhand: Ich unterrichte ihn selbst. Seine Lehrerin war skeptisch, gab aber ihr Einverständnis: »Okay, wenn Sie es sich zutrauen, Ihrem Kind den Lernstoff beizubringen, machen Sie es.«

Ich war zuversichtlich. Vierte Klasse, na ja, kann nicht so schwer sein. Was sollte da schiefgehen?

Wir fuhren nach Rügen, und am nächsten Morgen setzte ich mich mit Leon hin. »So, jetzt hast du Schule. Was hat deine Lehrerin dir für heute aufgeschrieben? Seite 14, Aufgabe 12 … Dividieren und Multiplizieren in halbschriftlicher Form als Vorübung für die verkürzte Endform, ausformulierte Rechenoperationen in eine Gleichung umwandeln … Leon, wir machen Deutsch!« So kam es leider, dass Leon zwar einen Einblick in die Schauspielerei gewann, jedoch keinen in die Mathematik. Heute studiert er doch tatsächlich Ingenieursinformatik mit Schwerpunkt Mathematik. Wer hätte das gedacht?

ANJA

Alea hatte, als sie noch klein war, ein paar Probleme mit Mathe. Es fehlte ihr das Mengenverständnis, 4, 40, 400 – in ihrem Denken waren alle Zahlen gleich, und dadurch fiel ihr das Rechnen naturgemäß schwerer als den anderen Kindern.

»Aber die Lehrer haben gesagt, die Null bedeutet nichts. Dann ist doch auch egal, ob man Nullen dranschreibt oder nicht«, so ihre kindliche Logik. Ich nahm mir wirklich vor, nicht ungeduldig zu werden, wenn ich ihr Mathe erklären wollte. Aber dann saß sie neben mir und fing an, mit mir zu diskutieren: »Aber in der Schule haben sie gesagt, 2 plus 3 macht 6.«

»Nee, Alea, wirklich? Das kann die Lehrerin nicht gesagt haben«, versuchte ich zu argumentieren, noch blieb ich ruhig.

»Doch! Kannst sie ja fragen. Ich kann auch die anderen noch mal fragen, aber sie hat das so gesagt.«

Irgendwann flippte ich aus. »Nein! Pass auf, das sind zwei und das sind drei, und jetzt zähl doch mal zusammen, verdammt!« Sie kam auf sechs. Das gibt es doch nicht, dachte ich. Und egal, wie friedlich ich angefangen hatte, es endete immer mit Tränen, und zwar auf beiden Seiten.

Um das Problem anders anzupacken, gingen wir zusammen in ins ZTR, das Zentrum zur Therapie der Rechenschwäche, und ließen uns dort diverse Unterlagen mitgegeben. Dabei gab es auch eine Geschichte, die von einem Kind handelte, das Probleme mit Zahlen hatte, und es ging auch darum, wie seine Eltern reagierten. Ich las die Geschichte und fühlte mich ertappt. Hatten die mich etwa beobachtet? Genauso falsch wie die Eltern in der Story hatte ich mich verhalten. Ich war gestresst, weil ich selbst dachte, das ist doch logisch, das muss mein Kind doch verstehen, und diesen Stress gibt man an das Kind weiter.

Im Lernzentrum konnten sie helfen, weil sie ganz anders ans Lernen herangingen, spielerisch, anschaulich, nachvollziehbar. Eineinhalb Jahre lang besuchte Alea einmal pro Woche einen Kurs, um ihr Verständnis für Zahlen zu schulen. Heute sagt sie, Mathe sei ihr Lieblingsfach. Das ist das Verdienst des ZTR, aber auch das ihrer Lehrerin, einer jungen, innovativen Pädagogin, die, als sie Aleas Schulklasse übernahm, als Erstes fragte: »Wer von euch hat Schwierigkeiten mit Mathe?«

Alea meldete sich. »Ich! Mathe kann ich gar nicht.«

»Was fällt dir denn schwer?«

»Zum Beispiel Bruchrechnung, die hatten wir zum Schluss, kann ich gar nicht.«

»Kann jeder«, sagte die Lehrerin. »Kannst du auch. Ist ja Quatsch, wer hat dir denn eingeredet, dass du das nicht kannst? Du musst nur anders lernen. Du hast doch bestimmt einen Computer zu Hause. Und YouTube kennst du sicher auch.«

»Ja?«

»Da gibst du mal DorFuchs ein. Der rappt dir die Bruchrechnung vor. Ich bin sicher, auf die Weise merkst du es dir.«

Aus ihrem Zimmer hörte ich dann den Mathe-Rap und Textzeilen wie »oben links und unten rechts und dadadadada«. Plötzlich klappte es mit der Bruchrechnung. Manche Kinder lernen leichter über die Musik.

Aleas Mathenoten wurden besser, ich war beruhigt, bis es irgendwann auf einmal wieder schlechter wurde. Ich wandte mich an die Lehrerin.

»Machen Sie sich keine Sorgen«, sagte sie, »der Unterrichtsstoff liegt Ihrer Tochter nicht, aber das ändert sich wieder, wenn wir andere Themen durchnehmen. Ich bin ja da.« Ein toller Satz! »Ich bin ja da.« Einmal mehr zeigte sich, wie sehr es auf die Lehrerin oder den Lehrer ankommt, damit Kinder etwas lernen und gut durch die Schule kommen. War bei uns damals auch nicht anders.

Mein Sohn Tano hat vor Kurzem das Abitur gemacht und studiert jetzt Sportmanagement. Er ist ein ziemliches Sport-Ass, vor allem im Tennis. Vor einiger Zeit hat er nun auch den C-Trainerschein gemacht, um Trainerstunden geben zu können. Diese Ausbildung nimmt einige Wochenenden in Anspruch. Eines Tages kam Tano nach Hause und sagte: »Morgen soll jeder angehende Trainer zwei Probanden zum Tennistraining mitbringen. Wir geben denen dann Unterricht und werden von einem Profitrainer begutachtet. Ist egal, wie gut die Probanden spielen können. Das Ganze dauert fünf Stunden.«

Ich hatte am nächsten Tag keine weiteren Pläne und bot meine Teilnahme an. »Find ich gut. Ich mache mit. Dann bekomme ich obendrein fünf Stunden Training umsonst.«

»Ich bin auch dabei«, sagte Oli, der unser Gespräch mitbekommen hatte. Jetzt muss ich dazu erklären, dass ich ein bisschen Tennis spielen kann, ein solides Hausfrauentennis. Oli aber hat keine Ahnung von Tennis, aber das war ja, so Tano, auch gar nicht verlangt.

Am nächsten Tag waren Oli und ich pünktlich beim Tennisverein, wo sich die Anwärter für die C-Trainerlizenz und ihre Probanden versammelten. Als Nächstes wurden wir in Gruppen aufgeteilt, willkürlich, keiner wusste, wer ursprünglich zu wem gehörte, immer drei Trainer und drei Probanden. Zufällig kam Oli in Tanos Team, ich zu einer zarten, blonden angehenden Trainerin. Der zuständige Ausbilder: ein Mann Mitte 60 und Berliner Original vom Feinsten. Los ging's.

»So, jetzt machta mal'n paar Bälle übert Netz«, sagte er zu Tano und Oli. Und nur zu Tano: »In drei Minuten treffn wa uns am Netz und dann schätzte ein, wat der kann und wat der nich kann.«

Nun wusste Tano ja, dass Oli überhaupt nicht spielen konnte, und erklärte ihm noch schnell ein paar Basics, wie er überhaupt den Schläger halten sollte und so weiter. Da polterte der Trainer schon los: »Mensch, du sollst nich quatschn, du sollst Bälle übert Netz schlagn!«

Die beiden spielten sich ein bisschen die Bälle zu, Tano natürlich ganz zaghaft.

Nach drei Minuten fragte der Ausbilder: »So, wat sachste denn jetzt zu dem?«

»Ja, also ich würde sagen, dass er noch nicht so viel Erfahrung im Tennis hat …«

»Wat hat der nich? Wart ma, ick hab nich richtich jehört. Wat hat der nich? Nich viel? Haste den ma anjekiekt? Der springt wie'n Guppi uff dem Feld rum. Der Fuzzi kann jar nüscht!«

Mir blieb die Spucke weg. Wie redete der denn? Ich war fassungslos, musste gleichzeitig aber auch extrem darüber lachen.

Dann war ich dran. Der Trainer zu der Blonden: »So, mit der machste ma'n paar Volleys am Netz, allet klar?«

Okay, Volleys waren jetzt nicht unbedingt meine Stärke. Aber nach dem Anschiss für Oli gab ich mein Bestes. Vorhand-Volley, Rückhand-Volley. Vorhand-Volley, Rückhand-Volley … Drei Minuten lang. Dann kam der Trainer wieder zu uns.

»Na, watt sachste zu der?«

»Ja, also …«, bemerkte meine Trainerin, »ich würde sagen, sie kann schon ein bisschen Tennis spielen.« Ich stand direkt daneben. Ich hörte jedes Wort. »Aber sie hat beim Vorhand-Volley einen falschen Griff«, fuhr die Blonde fort. »Und beim Rückhand-Volley nimmt sie den Vorhand- und nicht den Rückhand-Griff.«

»Und watt machste jetz mit der?«, fragte er.

»Na, ich zeig ihr den Rückhandgriff.«

»Der willste'n neuen Griff beibringn, ja? Haste mal jekiekt, wie alt die is?«, brüllte er und wedelte mit der Hand in meine Richtung.

Ich sagte: »Entschuldigung? Ich höre Sie.«

»Nee, du hörst mich jetz nich. Sei leise, dich jibt's hier nich. Um dich jeht's hier jarnich«, sagte er zu mir und wandte sich wieder der Blonden zu: »Also, bei der kannste doch nur noch Vorhandenet optimiern. Der kannste doch nüscht Neuet mehr beibringn. Ick mein, haste mal jekiekt, wie die ditt macht? Die schlägt den Ball ja nich rüba, die sticht den rüba. Und mal sticht se richtich, wenn se Glück hat, aber meistens sticht se danebn.«

Oli und ich haben nur noch lachen müssen, urkomisch war das.

Am Ende schaffte Tano die Prüfung zum C-Trainer mit Bravour, und natürlich ging es ja wirklich ausschließlich darum.

20
Der schöne Schein

GERIT

Du musst ausgesehen haben wie ein Gespenst. Die hatten bestimmt Angst vor dir.

ANJA

Ich hätte zu gern das Gespräch der beiden gehört, als ich auf dem Klo war. »O Gott, ist die runtergekommen! Was ist denn mit der passiert?«

GERIT

»Die ist jetzt bestimmt Alkoholikerin. Hat sich ja auch nur Rotwein bestellt.«

ANJA

»Jetzt sitzt die hier völlig verrottet im Zug und säuft Rotwein. Auweia. Ganz traurig.«

GERIT

»Die arme Anja. Die sah ja früher mal so gut aus.«

ANJA

Ich stand damals für den ZDF-Zweiteiler *Tod eines Mädchens* vor der Kamera. Eine ganz traurige Geschichte, die damit begann, dass am Strand einer fiktiven Kleinstadt in Schleswig-Holstein die Leiche der 14-jährigen Jenni angespült wurde, deren Mutter ich spielte. Die Szene, in der die Mutter ihre tote Tochter findet, drehten wir an einem Freitag. Langsam wurde es Nachmittag, und die ganze Zeit hatte ich nur einen Gedanken im Kopf: Hoffentlich sind wir hier bald fertig, und ich schaffe es heute noch nach Hause. Ansonsten wäre ich erst irgendwann am nächsten Tag wieder in Wilhelmshorst gewesen, der freie Samstag wäre zerrissen und das Wochenende zu kurz. Denn am Sonntag musste ich schon wieder am Drehort anreisen. Ich rechnete mir aus, wann ich losmüsste, um in Hamburg den letzten Zug nach Potsdam zu erwischen, und bat den Fahrer, der mich zum Bahnhof bringen sollte: »Starte den Motor bitte in der Sekunde, in der das Wort ›Drehschluss‹ fällt, okay?«

Es war grau, kalt und stürmisch, der Wind peitschte über den Strand und uns Schauspielern den Sand ins Gesicht. Alles in allem eine gespenstische, düstere Atmosphäre, nicht einfach zum Spielen, aber wie geschaffen für die Szene. Die Maske hatte mir – der verzweifelten Mutter – hektische, rote Flecken ins Gesicht geschminkt, ein bisschen Rot ins Auge und so weiter. Ich musste natürlich viel weinen in der Szene.

Um 18 Uhr fiel das magische Wort, auf das ich gewartet hatte. »Drehschluss!«, rief der Regisseur – und ich in die Runde: »Tschüss, tschüss, tschüss, ich muss los!«

Rein ins Auto. »Gib Gas. Das schaffen wir.« Hamburg Hauptbahnhof, im Laufschritt zum Gleis. Da stand er noch, mein Zug, was für ein Glück. Ich setzte mich in den Speisewagen, bestellte mir einen Rotwein und war einfach glücklich. Wochenende!

Und dann betrat Reinhold Beckmann mit seiner Frau Kerstin den Speisewagen. Der Zug war rammelvoll, alle Plätze besetzt, nur an meinem Tisch war noch etwas frei. Ach, den kenne ich doch, dachte ich und winkte den beiden zu, um ihnen zu signalisieren, sie könnten sich zu mir setzen. Ich war völlig euphorisch, um nicht zu sagen ein bisschen überdreht. Die Szene war gut gelaufen, ich hatte meinen Zug bekommen, der Rotwein schmeckte mir – alles war gut.

Reinhold setzte sich hin und verhielt sich mir gegenüber irgendwie komisch. Und seine Frau auch. Beide sehr distanziert, sprachen kaum ein Wort mit mir, guckten mich immer nur an, aber nicht offen, sondern ganz verstohlen. Hat der mich vielleicht gar nicht erkannt?, dachte ich. Und laut sagte ich: »Mensch, ich bin es doch! Anja. Anja Kling. Ich war doch schon mal in deiner Sendung.«

Nun wussten die beiden zwar, wer ich war, aber das änderte nichts an der Stimmung. Und dann musste ich mal aufs Klo.

»Ich komm gleich wieder, passt ihr mal schön auf meinen Rotwein auf«, sagte ich und marschierte zur Zugtoilette. Ich schloss die Tür hinter mir und sah in den Spiegel. Und was mir da entgegenblickte, ließ mich beinahe rückwärts aus der Kabine springen. Wie sah ich denn aus? Übers ganze Gesicht verteilten sich rote Flecken, alles noch von der Maske. Die Haare waren vom Salzwasser hart geworden und wie nach hinten toupiert, mit einer dicken Salzkruste am Haaransatz. Und überall Sandkörner, auf der Haut, in den Wimpern, im Haar. Meine Augen vom Make-up wie blutunterlaufen, die Wimperntusche in dicken Streifen über das Gesicht verteilt. Ich sah aus wie ein Monster. Zumindest aber bot ich einen in höchstem Maße verstörenden Anblick.

Nachdem ich den ersten Schock überwunden hatte, machte ich mich in der Toilettenkabine notdürftig sauber, beseitigte die schlimmsten Spuren, um wieder wie ein halbwegs normaler Mensch zu wirken. Als ich zu meinem Platz zurückkehrte, war ich erstaunt, dass Reinhold und Kerstin zwischenzeitlich nicht die Flucht ergriffen hatten – vor dieser abgewrackten, saufenden Schauspielerin. Vielleicht dachte er auch, er müsse sich um mich kümmern und dafür sorgen, dass ich abgeholt wurde oder sonst was. Immerhin konnte ich jetzt die bizarre Situation erklären, und die Fahrt nach Berlin war dann doch noch ausgesprochen lustig mit uns dreien.

GERIT

Manchmal trügt der schöne Schein der Schauspielwelt, manchmal kann er im wahren Leben aber auch sehr hilfreich sein. Als »Ärztin« habe ich während meiner Laufbahn einiges an Erfahrung sammeln können. Fünf Jahre lang war ich Notärztin Dr. Maren Maibach in *Die Rettungsflieger*, seit 2007 spiele ich Dr. Jasmin Jonas, Stationsärztin in der ZDF-Serie *Notruf Hafenkante*. Macht zusammen 17 Jahre im weißen Kittel.

Vor ein paar Jahren knickte unsere Mutter im Garten unglücklich um und brach sich dabei den Fuß, gleich dreifach, unter anderem war das Sprunggelenk zertrümmert. Wir riefen sofort einen Krankenwagen. Nun hatte sich meine Schwester einige Jahre zuvor ebenfalls den Fuß gebrochen, auch mit allen nur denkbaren Komplikationen, und erlebte anschließend eine wahre Odyssee, bis sie in einem bestimmten Berliner Krankenhaus endlich die richtige Behandlung durch einen Spezialisten erfuhr. Uns allen war sofort klar, dass unsere Mutter in diese Spezialklinik und nur dort eingeliefert werden sollte. Nun weiß man allerdings: Ein Krankenwagen ist dazu verpflichtet, den Patienten ins nächstgelegene Krankenhaus zu transportieren. Die Sanitäter dürfen gar keine andere Klinik ansteuern, schon gar nicht in einer anderen Stadt. Das aber war unsere dringende Bitte. Wir redeten auf das Rettungsteam ein, ohne Erfolg. »Geht nicht, dürfen wir nicht.«

»Bitte verbinden Sie mich mit Ihrer Einsatzzentrale«, sagte ich schließlich sehr bestimmt zu den Sanitätern. Und wer da aus mir sprach, das war auf einmal Frau Dr. Jonas.

»Wie bitte?«

»Bitte verbinden Sie mich sofort mit Ihrer Einsatzzentrale. Ich möchte mit denen reden.«

»Gern. Die werden Ihnen aber auch nichts anderes sagen.« Er gab mir den Hörer in die Hand.

»Guten Tag. Folgendes Problem: Wir haben hier eine Patientin, die in ein Krankenhaus nach Berlin gebracht werden müsste, weil dort Spezialisten sind … Ja … Ja … Verstehe … Ja …«

Die Sanitäter, meine Mutter und Anja lauschten.

»Vielen Dank, damit haben Sie mir sehr geholfen. Danke schön, ja. Einen guten Tag noch.« Aufgelegt.

Ich schaute die beiden Fahrer an und meinte nur: »Fahren Sie bitte in dieses Berliner Krankenhaus. Ihre Einsatzzentrale hat gerade grünes Licht gegeben.«

Das war natürlich gelogen.

ANJA

Ich wusste das in der Sekunde, als Gerit auflegte. Dreist, aber gut. Sie hatten ihr das wirklich geglaubt. Das musst du erst mal hinkriegen.

GERIT

Tatsache ist: Unsere Mutter konnte sofort operiert werden, und wir ersparten ihr möglicherweise ähnliche Erfahrungen wie die, die Anja nach ihrem Unfall gemacht hatte. Dank meiner kleinen Notlüge.

Bei einer anderen Gelegenheit, damals spielte ich noch in *Die Rettungsflieger*, hatte ich selbst einen Unfall, mit dem Fahrrad. Vorab muss ich erklären: Ich nahm meine Rolle als Notärztin sehr, sehr ernst. Jedenfalls fuhr ich mit dem Rad zur Drogerie, musste abrupt abbremsen und überschlug mich und kam mit dem Kopf zuerst auf dem Beton auf. Ich war wirklich ziemlich böse gestürzt, und mein Kopf blutete stark. Doch anstatt irgendwie aufzustehen oder nach Hilfe zu rufen, blieb ich liegen. Denn ich erinnerte mich an einen Fall von den *Rettungsfliegern*, an einen Motorradfahrer, der nach einem Unfall im Krankenhaus verstarb, weil man ihm den Helm abgezogen hatte. Und ich dachte in dem Moment: Die haben seinen Kopf bewegt, und deshalb ist er tot, der arme Kerl. Das darf mir nicht passieren. Also manövrierte ich mich ganz sanft in die stabile Seitenlage, die ich ja von meinen *Rettungsflieger*-Übungen kannte, und drehte meinem Kopf so, dass der einigermaßen sicher lag. Irgendwann fand mich eine Passantin, eine ältere Dame, und wollte mir etwas unter den Kopf schieben.

»Nicht anfassen«, flüsterte ich. »Bloß nicht anfassen. Rufen Sie den Krankenwagen.« Zwischenzeitlich hatte jemand Anja herbeigeholt.

ANJA

Ich sah nur Blut, überall Blut. Gerit war ganz schlimm aufs Gesicht gefallen. Alles dick und angeschwollen. Und wir wussten nicht, ob sie innere Verletzungen hatte. Dann kam der Rettungswagen, Gerit wurde untersucht, und der Notarzt meinte, dass es zwar übel ausschaue, Gerit aber nichts weiter passiert sei. Sicherheitshalber wolle man sie aber mit ins Krankenhaus nehmen.

In dem Moment ging es Gerit gleich schon wieder ein bisschen besser. Als man sie gerade auf einer Liege in den Krankenwagen schieben wollte, sagte sie zu dem Notarzt, wegen der dicken Lippe nur schwer verständlich, normalerweise sei sie ja im Rettungshubschrauber unterwegs. Und der Arzt ganz ehrfürchtig: »Oh, eine Kollegin!«

Ich wusste genau, was da in ihr vorging: Am liebsten würde ich Ja sagen, aber meine Schwester steht dabei …

Sie schaute mich an, schaute wieder weg und sagte: »Fast.«

GERIT

Wenn wir schon bei Schein und Sein sind, können wir bei der Gelegenheit mal aufklären, dass wir gar keine Schwestern sind – sondern Brüder. Daran erinnert werde ich, wenn ich zum Beispiel Post von Fans bekomme, die sich in etwa so liest: Sehr geehrter Herr Kling, Sie sind ein toller Schauspieler, ich schaue alle Ihre Filme …

Eine Frechheit, denke ich dann. Früher bekam ich auch Briefe von Behörden, die an Herrn Kling adressiert waren. Herrn Gerrit Kling! Nun, das hat – leider – seine Richtigkeit. Gerit lautet die weibliche und Gerrit die männliche Form meines Vornamens. Meine Eltern haben mir bei der Namensgebung irrtümlicherweise ein zweites R verpasst und somit einen Männernamen.

ANJA

Die Fans denken vielleicht, du bist ein Mann, der sich als Frau verkleidet … Ach, und übrigens: Ich bin Franz. Franziska Kling. Diesen Namen gaben mir meine Eltern, als ich geboren wurde. Mein Vater, der sich einen Jungen gewünscht hatte, aber eine zweite Tochter bekam, nannte mich immer nur Franz. Andere sagten Fränzi, Franzi, aber niemand Franziska. Nach einem Jahr hatte unsere Mutter die Faxen dicke. Sie beschloss: Das Kind muss anders heißen. Meine Eltern einigten sich auf den Namen Anja. Sie fanden, er passte gut zu mir. Also wurde ich ganz offiziell umbenannt. Gegen eine Gebühr von 125 Ostmark wurde aus Franziska Anja.

GERIT

Aus dem Gerrit die Gerit zu machen war da schon deutlich günstiger. Meine Eltern zahlten damals auf dem Amt fünf Ostmark, damit ein R gestrichen wurde. Diese kleine Korrektur fand aber, warum auch immer, keinen Eingang in meine Dokumente. Laut Geburtsurkunde oder Pass heiße ich also immer noch Gerrit Kling.

ANJA

Wobei ich es heute lustig finden würde, wenn man mich Franz nennen würde.

GERIT

Gerrit und Franz, zwei echte Männer.

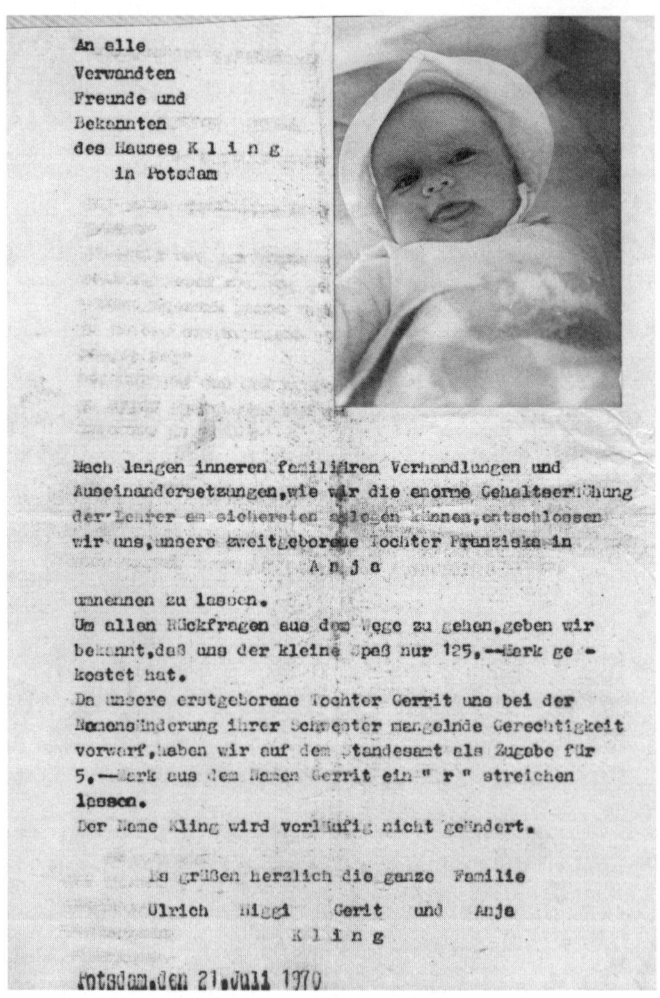

An alle
Verwandten
Freunde und
Bekannten
des Hauses K l i n g
in Potsdam

Nach langen inneren familiären Verhandlungen und Auseinandersetzungen, wie wir die enorme Gehaltserhöhung der Lehrer am sichersten anlegen können, entschlossen wir uns, unsere zweitgeborene Tochter Franziska in

A n j a

umnennen zu lassen.
Um allen Rückfragen aus dem Wege zu gehen, geben wir bekannt, daß uns der kleine Spaß nur 125,--Mark gekostet hat.
Da unsere erstgeborene Tochter Gerrit uns bei der Namensänderung ihrer Schwester mangelnde Gerechtigkeit vorwarf, haben wir auf dem Standesamt als Zugabe für 5,--Mark aus dem Namen Gerrit ein " r " streichen lassen.
Der Name Kling wird vorläufig nicht geändert.

Es grüßen herzlich die ganze Familie
Ulrich Biggi Gerit und Anja
K l i n g

Potsdam, den 21. Juli 1970

Brief der Eltern nach Anjas Namensänderung

21
Führe mich nicht in Versuchung

ANJA
Ich sollte Kaffeewerbung machen.

GERIT
Und ich sollte Werbung machen für eine Backmischung.

ANJA
Wir könnten Kaffee trinken und Kuchen essen bis zum Umfallen, bis ans Ende unserer Tage, wenn wir das gemacht hätten. Aber ich bin froh, dass nichts draus wurde …

GERIT
Du hast recht, aber lecker wär's gewesen.

ANJA

Im Alter von drei Jahren stand ich für einen DDR-Werbespot vor der Kamera. Für Florena Creme, gut für kleine Kinder. Nachdem Gerit die Hauptrolle in *Hund über Bord* spielen durfte, wollte auch ich mal so was machen. Das Dokumentarfilmstudio, in dem unser Vater arbeitete, produzierte auch Werbefilme. An meinen Auftritt für Florena habe ich ein paar Erinnerungsfetzen, oder man hat mir die Geschichte so oft erzählt, dass ich glaube, mich zu erinnern. Zum Beispiel daran, wie man mich für den Film eincremen wollte. Ich sollte mich ausziehen, darauf hatte ich aber gar keine Lust (das macht mir übrigens vor der Kamera bis heute keinen Spaß). Damals gefiel mir jedenfalls bei diesem Dreh gar nichts. Aber die Kleine hatte es mal probiert und musste nicht mehr neidisch auf ihre große Schwester gucken. Das Thema Werbung war abgehakt. Fürs Erste.

Zeitsprung. Kurz nach der Wende. Werbung die Zweite. Ich sollte das neue Kaffeemädchen werden. Ein großer Kaffeeproduzent suchte ein neues, unverbrauchtes Gesicht für eine neue Werbekampagne. Ich war damals schon ein bisschen bekannt, aber noch nicht richtig. Über meine damalige Agentur kam ich an das Casting.

»Geh mal da hin, die brauchen jemanden für eine Kaffeewerbung«, sagte die Agentin. Das Casting selbst war keine schauspielerische Herausforderung.

»Oh, das Aroma«, musste ich immer wieder in die Kamera hauchen. Das machte ich offenbar gut genug, um von Runde zu Runde weiterzukommen. Zuletzt, im dritten Durchlauf, waren mit mir nur noch drei Mädchen im Rennen. Und dieses Mal erschien auch der Regisseur persönlich, der den Werbespot drehen und mitentscheiden sollte, wer von uns dreien die Glückliche sein würde. Er entschied sich für mich. Aber, und das muss ich ihm hoch anrechnen, er nahm mich beiseite und fragte mich: »Was hast du später vor? Möchtest du als Schauspielerin arbeiten? Ist das dein Berufsziel?«

Damals hatte ich noch keinen Plan für mein Leben und antwortete ihm wahrheitsgemäß: »Weiß ich noch nicht. Kann sein, kann nicht sein, ich hab keine Ahnung.«

»Also, ich sag es mal so: Ich persönlich gehöre nicht zu den Regisseuren, die damit Probleme haben, wenn ein Schauspieler in einem Werbeclip spielt. Ich weiß aber, dass es ganz viele Kollegen gibt, die durchaus Probleme damit haben, jemanden für eine gute Rolle in einem Film zu besetzen, den sie im Vorabendprogramm um 18:15 und 18:30 Uhr mit Kaffeewerbung gesehen haben. Das wird dann schwierig. Die Glaubwürdigkeit geht in deren Augen ein bisschen flöten. Ich habe mich für dich entschieden, weil ich finde, dass du im Casting wirklich gut warst. Aber überleg dir, ob du das wirklich machen möchtest.«

Das war natürlich eine Ansage, darüber musste ich erst einmal nachdenken.

Ich weiß noch, dass man mir für die Werbung ein Wahnsinnshonorar angeboten hatte. Das würde bis ans Ende meines Lebens reichen, war ich überzeugt. Ich rechnete in Gedanken immer noch 1 : 10 um – also Ostmark und D-Mark.

Dann ging es los, ein ewiges Hin und Her. Mach ich's oder lass ich's besser bleiben? Schadet es mir oder nicht? Und wenn es das tut, kann mir das doch auch egal sein, oder etwa nicht? Ich wusste nicht, was ich tun sollte. Wochenlang ging das so. Ich fragte Gott und die Welt um Rat. Freunde, Familie, Kollegen. Die eine Hälfte meiner Schauspielkollegen sagte: »Na klar machst du das! Lass dir das bloß nicht entgehen. Das schadet dir überhaupt nicht, und wir trinken auch alle gern Kaffee. Vielleicht kannst du uns ein paar Packungen mitbringen.«

Und die andere Hälfte – genau das Gegenteil. »Mach es nicht. Auf gar keinen Fall«, warnten sie eindringlich. »Du wirst es bereuen, du zerstörst dein Image für alle Zeiten, keiner wird dich mehr ernst nehmen. Du wirst für immer ›die mit dem Kaffee‹

sein. Und das Geld, das ist auch irgendwann futsch. Geld ist nicht alles.«

Um auf der sicheren Seite zu sein, mich nicht festlegen zu müssen, tat ich also erst einmal – nichts. Ich sagte nicht zu, ich lehnte nicht ab. Dafür tauchte ich ab. Solange ich mich nicht äußerte, würde ich mir alles offenhalten. Dieser Entscheidungsprozess zog sich über Monate, und da ich mich nicht gemeldet hatte, gingen die Verantwortlichen, also die Agentur und der Hersteller, automatisch davon aus, dass ich an Bord war. Bis sie mich eines Tages von selbst kontaktierten, um mir mitzuteilen, dass sie mir jetzt die Flüge für die Dreharbeiten buchen würden. Alles sei organisiert, der Zeitplan stehe, hieß es. In der Sekunde, am Telefon, sagte ich ab, spontan, unvorbereitet …

»Ach so, nee. Äh, nee. Ich mach das doch nicht. Aber danke«, stammelte ich und legte auf. Keine Ahnung, was die Agentur für einen Eindruck von mir haben musste. Unprofessionell, unkalkulierbar, bescheuert. Aber mir war das egal, und dem Regisseur bin ich bis heute dankbar für seine Warnung.

GERIT

Der Name meiner zartesten Versuchung trug den Namen Kathi Backmischung. Was es damit auf sich hatte? Zu der Zeit drehte ich einen Film in Köln. Kurz zuvor war *Die Gerichtsreporterin* im Fernsehen gelaufen, mit Millionen Zuschauern, woraufhin ich das Angebot bekam, Werbung für Kathi Backmischung zu machen. Es handelte sich nicht um TV-Spots, wie es bei Anjas Kaffeekampagne der Fall gewesen wäre, sondern ich sollte auf Plakaten und in Anzeigen mit meinem Gesicht werben. »Kathi und ich – ein starkes Team« oder »Hand in Hand mit Kathi«, so oder so ähnlich sollten die Slogans lauten. Man hatte mir eine dicke Mappe mit allen Unterlagen zugeschickt, und um mich zu überzeugen, rollte man mir einen roten Teppich aus. Es ging damit los, dass man mich mit einer Jaguar-Limousine zu Hause abholte und zum Firmensitz chauffierte.

Kathi Backmischung – das war so etwas wie Dr. Oetker aus dem Osten, die Produkte gibt es heute noch zu kaufen. Ich selbst war immer ein Riesenfan von Kathi Backmischung und verwende sie heute noch. So viel zum Thema Glaubwürdigkeit in der Werbung, also, ich wäre die Richtige gewesen. Zu der damaligen Zeit war es allerdings ein bisschen verpönt, als Schauspieler Werbung zu machen. Mittlerweile hat sich das geändert.

Als ich im Jaguar vorfuhr, wurde ich mit einem großen Schild empfangen: *Willkommen, Gerit Kling* stand in goldenen Lettern über dem Eingang geschrieben. Das ist ja der Wahnsinn, dachte ich, ganz großer Bahnhof. Ich möchte mich nicht auf die Summe festlegen, die man mir anbot, aber ich weiß noch, das Honorar konnte sich sehen lassen. Besser als jede Filmgage. Kurzum, alles stimmte.

Bevor ich den Vertrag unterschrieb, wollte ich mir aber noch den einen oder anderen Rat einholen. Unter anderem sprach ich eine sehr bekannte Kollegin an. »Gucken Sie doch mal, dieses Angebot habe ich bekommen. Was würden Sie dazu sagen?«

»Sie wollen doch noch länger als Schauspielerin arbeiten, oder? Ich kann mir nicht vorstellen, dass jemand, der für eine Backmischung Werbung macht, später noch etwas anderes zu tun bekommt«, lautete ihre Antwort. Ganz klar: Werbung oder Karriere. Beides sei nicht möglich.

Das war nicht das, was ich hören wollte. Ich machte mir die Entscheidung nicht leicht, lief Runde um Runde um den Kölner Dom, aber der Rat der Kollegin gab letztlich den Ausschlag dafür, dass ich das Superangebot ausschlug.

Ein halbes Jahr später – was sehe ich da im Fernsehen? Die geschätzte Kollegin machte selbst Werbung für was auch immer. Und mir hatte sie abgeraten. Ich muss zu ihrer Ehrenrettung sagen, dass sie damals schon ein großer Star war und die Werbung ihrer Karriere nicht schaden konnte. Mich hatte sie sicherlich davor bewahren wollen, in meinen Anfängen in solch eine Werbe-Schublade gesteckt zu werden.

Was Anja und ich später, als wir schon bekannt waren, gemeinsam machten, waren Werbekampagnen für ein damals sehr großes Modeunternehmen, Olsen. Eigentlich waren wir sogar zu dritt: Anja, Christina Plate und ich. Riesige Plakate mit uns hingen überall in den Shops, wurden in Modemagazinen abgedruckt, in den Katalogen, sogar die Tragetaschen waren mit unseren Fotos bedruckt. Dieser Job war insofern toll, als dass die Kampagnen gut gemacht und auf uns zugeschnitten waren. Insgesamt kamen irrsinnig viele Fotos zusammen.

Unsere gemeinsamen Jahre bei Olsen waren eine erfolgreiche Zeit, sowohl für uns als auch für das Unternehmen. Später machte die Firma leider pleite, und der Markenname wurde aufgekauft. In den ersten Jahren fanden die Shootings in Hamburg statt, doch bald wurden die Locations immer exotischer. Job und Reisen zu verbinden – diese Kombi war ja immer schon mein Favorit. Wir flogen beispielsweise auf die Seychellen. Oder nach Kuba. Einmal machten wir Aufnahmen in Miami …

ANJA

Miami? Das stimmt nicht. Da war ich nie.

GERIT

Natürlich.

ANJA

Definitiv nicht. Ich war noch nie in Miami.

GERIT
Schatzi, wir waren zusammen dort. Die Fotos zeig ich dir. Hast du vergessen.

ANJA
Da bist du allein gewesen, als du auf dem Traumschiff gedreht hast.

GERIT
Nein.

ANJA
Wollen wir wetten?

GERIT
Wir wetten um eine Flasche Champagner. Ich zeig dir zum Beweis die Fotos, ich hab die alle noch. Hatte die neulich erst in der Hand. Die Fotos, wo wir mit der Kamera so tun, als würden wir fotografieren.

ANJA
Das war auf den Seychellen. Ich war noch nie in meinem Leben in Miami. Das wüsste ich doch.

GERIT
Hast du vergessen. Nicht so schlimm.

ANJA
Du hast auch mal einzelne Shootings gemacht, wenn du auf Reisen warst. So wie ich in Marokko. Das hast du in Miami gemacht. Siehst du, jetzt wirst du gerade unsicher, das sehe ich dir an.

GERIT
Ich gucke mal nach.

ANJA
Und gerade jetzt denkst du an die schöne Flasche Champagner, die du verloren hast.

GERIT
Die teile ich gern mit dir. Ich weiß das mit Miami ganz genau. Jetzt könntest du mir den Hals umdrehen. Aber wir gucken das in Ruhe nach, Anja. Alles gut.

ANJA
Ich würde mich über Taittinger freuen. Oder Veuve Clicquot.

22

Fehlt dir was?

GERIT

Unser Beruf ist der schönste Beruf der Welt, wenn er funktioniert, und der grausamste, wenn er nicht funktioniert. Das kann ich aus Erfahrung sagen. Wie Katja Riemann mal so schön formulierte: »Ab 50 heißt es dann ›die Mutter‹, ›die Tante‹ oder ›die Anwältin‹.« Diese Rollen haben schon keinen Namen mehr. Und ab Mitte 50, da wird's erst richtig hart.

ANJA

Aber dann ist man ja noch nicht in Rente. Und man kann sich in unserem Beruf mit 50 nicht zur Ruhe setzen. Das funktioniert nicht, existenziell geht das nicht. Und das will man auch nicht.

GERIT

Wenn ich noch einmal jung wäre und mein Leben planen könnte, würde ich einiges anders machen. Ich würde das Schauspielern anders angehen. Und darauf achten, dass ich beruflich zweigleisig fahre. Was viele Schauspieler heutzutage vernünftigerweise tun. Sie studieren nicht Schauspiel, sondern etwas anderes, und lernen den Schauspielberuf, üben ihn nebenbei aus. Solange es auf diese Weise gut läuft, ist es okay, und sollten sich die Zeiten ändern, dann haben sie ihr zweites Standbein. Der Schauspielberuf war immer mein Traum, wie gesagt, der schönste Beruf der Welt, wenn er funktioniert. Viele werden sich fragen: »Wieso beklagt sie sich? Bei ihr funktioniert es doch. Sie hat immer gedreht, ist ständig im Fernsehen zu sehen …« Und ja, ich weiß, das ist keine Selbstverständlichkeit. Erst neulich sagte ein Regisseur zu mir: »Na, bei dir hat es ja immer funktioniert.« Und ich dachte in dem Moment: Hä? Meint der mich?

Ich sehe mich natürlich immer auch im Vergleich zu anderen Schauspielerinnen. Auch zu Anja. Tatsächlich sichert mir der Job mein Auskommen, aber im Vergleich zu anderen war es manchmal schwierig. Es gibt in Deutschland nur eine Handvoll Schauspielerinnen und Schauspieler, die in der Lage sind, sich ihre Rollen aussuchen zu können. Die anderen rennen und rennen und können froh sein, wenn sie überhaupt besetzt werden. Ich kenne viele in unserer Branche, die hart kämpfen müssen. Wie viele Schauspieler verschwinden im Laufe der Jahre in der Versenkung? Sie wollten hoch hinaus, aber dann sind sie plötzlich weg, und man sieht sie nie wieder.

Auch zwischen Anja und mir entstand irgendwann so etwas wie eine Kluft, und ich merkte: Verdammt, meine Schwester spaziert da oben lang, und ich bin ins Mittelfeld abgerutscht. Das machte mich einerseits traurig, andererseits gönnte ich ihr wirklich alles von Herzen.

Und es kam der Punkt, an dem der Beruf für mich schwieriger wurde. Doch ich glaube, dass diese Phase überstanden ist, und zwar in dem Moment, als ich begriff: Ich backe meine eigenen Brötchen, und auch wenn es nicht die größten sind, so sind es doch meine eigenen, die ich mir hart erarbeitet habe. Ich schaue nicht mehr nach rechts und links, wie ich es früher getan hätte, und überlege nicht mehr, warum diese oder jene Schauspielerin eine tolle Rolle bekommen hat und nicht ich. Was ich heute anpacke, sei es Fernsehen, sei es Theater – wo ich auch Regie führe –, mache ich mit ganzem Herzen. Und was danach kommt, wird man sehen. Seitdem ich diese Einstellung zum Beruf habe, gehe ich zufriedener durchs Leben und nehme die Dinge leichter. Ich kann mich mehr dem Leben öffnen. Auch die Verzweiflung, die zeitweise zwischen uns, Anja und mir, herrschte, gehört der Vergangenheit an. Wir haben aus unseren Fehlern gelernt, sind älter geworden, reifer und hoffentlich ein bisschen klüger.

Ich übe meinen Beruf nun schon seit mehr als 30 Jahren aus, was mir immer wieder bewusst macht, wie schnell die Zeit vergeht. Mit wie vielen hervorragenden Schauspielern ich schon zu tun hatte, als ich noch ganz jung war. Und heute bin ich so alt wie diese tollen Menschen damals, die mich geprägt haben. Wie Karin Eickelbaum, die mich einmal zu Hause bei meinen Eltern besuchte. Bei Anja war es Hansjörg Felmy, der einen nachhaltigen Eindruck bei ihr hinterließ.

Mir ist mal eine sehr eindringliche Geschichte mit einer berühmten Kollegin widerfahren. Wir alle kannten und verehrten sie aus den Loriot-Filmen. Die Rede ist von Evelyn Hamann. Nach dem Tod von Loriot drehte sie eine Fernsehserie mit vielen lustigen Geschichten, und ich sollte ihre Tochter spielen. Das war natürlich eine große Ehre für mich. Das Problem war nur, dass ich gerade erst Leon geboren hatte, und wenige Tage nach der Geburt sollte es bereits in Hamburg mit den Dreharbeiten losgehen.

Ein verlockendes Angebot – aber wie sollte ich das schaffen? Meine noch anhaltende Schwangerschaftsdemenz verklebte mir das Hirn, dazu hatte ich einen gewaltigen Stillbusen, und das Produktionsbüro stellte eine Bedingung: Kein Baby am Set! Warum nicht? Das wolle Frau Hamann nicht, wurde geantwortet.

Matti, Leons Vater, bot sich an, mit nach Hamburg zu kommen. Wir kauften eine Milchpumpe und eine Kühltasche, und ein Fahrer wurde Stand-by abgestellt, um die von mir regelmäßig befüllten Nuckelflaschen ins Hotel zu chauffieren.

Der Plan war nicht schlecht, und ich ließ mich zwar ängstlich, aber dennoch optimistisch darauf ein. In dem Film sollte die Tochter sehr busy sein, hantierte mit Wirtschaftskonzepten, Merchandising und lauter solchen Begriffen, die heute geläufig sind, von denen ich aber damals noch nie etwas gehört hatte. Ich stillte, wickelte, lernte, stillte erneut, lernte und verzweifelte. Ich bin eine schnelle Textlernerin, aber mein Hirn wollte nur Mama sein, und ich konnte die schwierigen Begriffe einfach nicht behalten.

Zwei Tage vor Drehbeginn war ich das reinste Nervenbündel. Wegen meines Stillbusens passte ich natürlich auch in keinen gut sitzenden Businessanzug. Glücklicherweise fand ich noch eine cremefarbene Hose mit Weste in meinem Kleiderschrank, und damit konnte ich alles ganz gut kaschieren.

Wir zogen mit Sack und Pack in ein Hamburger Hotel. Auf der einen Seite war ich voller Ängste, aber ich freute mich andererseits auch auf die Arbeit. Frau Hamann kannte ich, wie gesagt, als legendäre Filmpartnerin von Loriot, und ich liebte ihre komödiantische Art, ihren Perfektionismus. Eine von mir bewunderte Kollegin so hautnah zu erleben empfand ich als großes Geschenk.

Mit Herzklopfen, Milchpumpe und Kühltasche ausgerüstet begann mein erster Drehtag. Die ersten Stunden verliefen nach Plan. Mir gegenüber war Frau Hamann distanziert freundlich, sie musterte mich jedoch von oben bis unten. Irgendwann war ihr Blick starr auf meine Oberweite gerichtet. Sie verdrehte die Augen und schüttelte leicht den Kopf. So jung und lässt sich schon den Busen machen, stand auf ihrer Stirn geschrieben. Aber ich durfte ja nichts sagen, konnte mich ja nicht verteidigen.

Nach jeder Szene bekam ich einen Wink vom Beleuchter oder Aufnahmeleiter, dann nutzte ich die Umleuchtpause, um in einer kleinen Kammer zu verschwinden, wo ich in rasendem Tempo die Muttermilch in große Nuckelflaschen abpumpte. Diese kamen in die Kühltasche, und ab zum Baby ins Hotel. Keiner merkte irgendwas.

Schließlich waren wir kurz vor der letzten Einstellung des ersten Drehtages. Zu unser aller Bedauern musste aber noch ein Fahrstuhl für das letzte Bild ausgeleuchtet werden. Da wir schon mehr als spät dran waren, wurden alle etwas nervös. Zeit zu überziehen bedeutet, dass sich der gesamte Plan verschiebt und sich in der Folge ganze Drehtage anders gestalten müssen. Ich bekam wieder den gewünschten Wink, verschwand in meiner Kammer und pumpte. Doch die Nervosität des Teams und die Anspannung der letzten Stunden übertrugen sich auf mich. Nervös und hibbelig setzte ich die Milchpumpe an und füllte die Flasche in einem enormen Tempo. Da klopfte es an der Tür.

»Gerit, komm! Der Fahrstuhl ist eingeleuchtet, wir müssen uns beeilen.«

»Ja, ja, ich komme!«, rief ich aufgeregt zurück.

Ich wollte gerade den Deckel auf die Flasche setzen, da flutschte sie mir aus den Händen, und die gesamte Muttermilch ergoss sich über meinen beigefarbenen Anzug. Ohne Milch und pitschnass stand ich in der Kammer. Die Tränen liefen mir übers Gesicht – damit war auch mein Make-up nicht mehr zu gebrauchen.

Ich zog meine Sachen aus, streifte mir einen alten Bademantel über, und als ich vor das Team trat, war ich plötzlich ganz klar und ruhig.

»Liebe Kollegen, ich habe ein 14 Tage altes Baby im Hotel, das nicht hier sein darf. Und soeben ist meine wertvolle abgepumpte Muttermilch über mein Kostüm gelaufen. Es ist mir egal, was mit mir passiert und ob man mich rauswirft. Aber das Kostüm muss getrocknet werden – und was noch viel wichtiger ist, mein Baby braucht eine neue Flasche Milch. Das kann jetzt dauern, es tut mir sehr leid.«

Dann verschwand ich wieder in meiner Kammer. Was dann passierte, werde ich nie vergessen. Frau Hamann kam zu mir und nahm mich in den Arm, reichte mir etwas zu trinken und bat den Produktionsleiter, meinen Sohn sofort bringen zu lassen. Als ich Leon sah, schoss mir augenblicklich die Milch in die Brüste, und ich stillte ihn glücklich.

Mit einer Verzögerung von einer Stunde hatten wir am Ende auch die Fahrstuhlszene im Kasten. Von diesem Tag an war Leon immer dabei, und Evelyn und ich wurden Freundinnen.

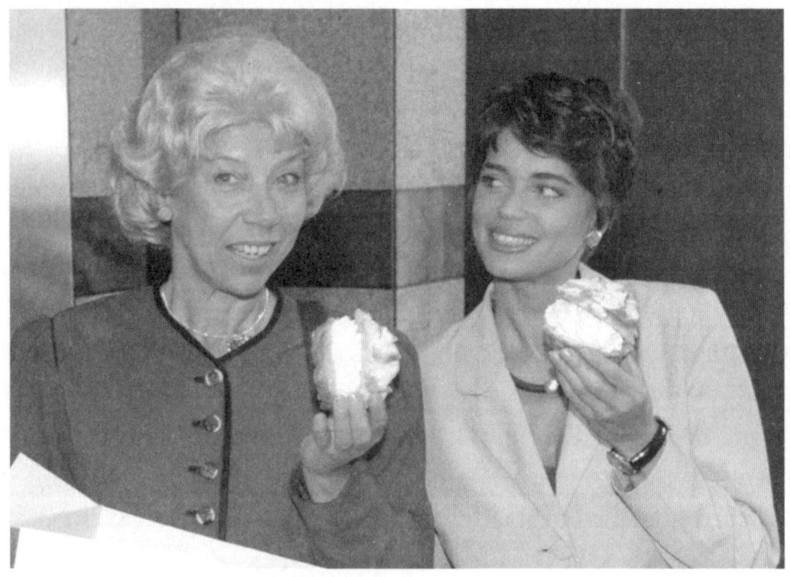

Gerit Kling mit Evelyn Hamann

Viele Kollegen, von denen ich in meiner Anfangszeit gelernt und die ich bewundert habe, sind heute alt, in der Versenkung verschwunden oder längst verstorben. Und wenn ich jetzt meine Filmtöchter am Set erlebe, denke ich: In 30 Jahren geht es denen genauso, wie es mir jetzt geht. Dann sind sie 50, und ich bin weit über 80. Mal gucken, ob ich dann überhaupt noch bin – und wie ich dann bin.

Mit solchen Fragen beschäftigt man sich in seiner Jugend nicht. Es gibt einen Satz von Blacky Fuchsberger: »Älter werden ist nichts für Feiglinge« – und der stimmt leider.

ANJA

Viele Jahre dachte ich, dass es doch furchtbar sei, wenn man nicht entspannt älter werden kann. Wie diese Frauen, die anfangen, ihr Alter zu verleugnen oder zu kaschieren oder die peinlich auf jugendlich machen. Jetzt komme ich langsam in das Alter, in dem ich sie ein bisschen besser verstehen kann, und ertappe mich selbst dabei, dass ich denke: Ach, wenn ich mir jetzt einen Zopf mache, sehe ich gleich ein bisschen jünger aus. Ist natürlich Quatsch. Mich optisch zu verändern oder gar anzupassen, um anderen zu gefallen, das war nie mein Ding. Ich bin, als ich in meinem Beruf startete, auch nicht herumgerannt, um mich überall zu bewerben und jeden Caster persönlich kennenzulernen. Und trotzdem ist es gut gegangen. Ich hatte wirklich Glück.

Als ich jung war, kannte ich keine Existenzängste und machte mir keine Sorgen über die Zukunft. Wenn es nicht mehr läuft, mache ich was anderes, beruhigte ich mich.

Heute weiß ich, dass so etwas schnell dahingesagt ist. Was ist denn das andere? Und wie stellt man es an? Ich wäre mir auch heute nicht zu fein dafür, noch einmal neu durchzustarten, in einem anderen Job, aber ich hätte schon Manschetten. Würden mir die Anerkennung und der Applaus fehlen? Überhaupt nicht.

Gerit würde diese Frage vermutlich anders beantworten, denke ich. Sie ist eher eine typische Schauspielerin. Jemand, der die Bühne liebt, will auch das Publikum haben. Und wenn er kein Publikum hat, ist er enttäuscht, dass keiner zuschaut. Bei mir ist das nicht so. Ich brauche auch weder den roten Teppich noch den Glamour-Faktor für mein persönliches Glück. Und nicht die Oberflächlichkeit, die leider auch Teil unserer Branche ist. Ich habe gelernt, damit umzugehen.

Ich liebe meinen Beruf wirklich sehr, aber ich brauche nicht den unmittelbaren Kontakt zum Publikum. Das mag seltsam klingen, aber mir macht es einfach Spaß, mich durch Rollen in andere Gefühlswelten hineinzubegeben und zu versuchen, das nachzuempfinden, was der Charakter fühlt und denkt. Dabei brauche ich keine Zuschauer. Gerit ist da anders. Sie spielte zum Beispiel die Elisabeth in *Maria Stuart*. Auf einer riesigen Naturbühne in Bad Hersfeld, mit mehr als 2000 Zuschauern auf den Rängen. Bei der Premiere saß ich ganz vorn im Publikum und ja, ich machte mir ins Hemd, allein schon, weil es meine Schwester war, die gleich vor diesen Menschenmassen auftreten sollte. Ich war so aufgeregt und dachte nur: Wenn ich jetzt da raus müsste! Es wäre für mich Horror! Mir reichen schon die 50 bis 100 Leute bei Dreharbeiten für einen Film. Schon da denke ich: Müsst ihr alle zugucken? Geht doch bitte woanders hin. Das Fernsehpublikum sehe ich ja zum Glück nicht.

So, und jetzt Auftritt Gerit in Bad Hersfeld. Sie musste als Erste auf die Bühne, alle Augen waren auf sie gerichtet. Und dann donnerte sie los als Elisabeth. Klassischer Text, ganz schwierig, aber kein Versprecher, kein Patzer. Perfekt! Völlig souverän, während ich vor Lampenfieber starb.

Natürlich, kurz vor einem Auftritt ist auch Gerit aufgeregt. Genauer: Sie leidet unter fürchterlichem Lampenfieber, das, so sagt sie selbst, im Laufe der Jahre immer schlimmer geworden ist. Aber wenn sie draußen ist – Schalter umgelegt –, findet sie alles nur noch großartig.

Gerit und ich waren mal zur Hochzeit von zwei Männern eingeladen, die wir sehr mögen, aber mit denen wir gar nicht so eng befreundet sind. Wir hatten uns ein wenig gewundert, als wir eine Einladung bekamen, zumal es sich um keine große Feier handelte, sondern um ein Essen an einer langen Tafel. Zu dem Zeitpunkt spielte Gerit gerade Theater, *Oben bleiben* hieß das Stück, und sie war es gewohnt, dass jeden Abend um Punkt 20 Uhr der Vorhang aufging.

Am Tisch saßen Gerit und ich uns gegenüber. Ich konnte beobachten, dass meine Schwester anfing, unruhig auf ihrem Stuhl herumzurutschen, sie schaute mal hierhin, mal dorthin. Und ich dachte: Was hat sie denn bloß? Plötzlich griff sie ihr Glas, pling, und stand auf. Hält sie jetzt etwa eine Rede?, fragte ich mich. Sie ist hier doch nur Gast. Und zwar einer von vielen.

Und dann hielt sie tatsächlich eine Rede und erzählte vor der Hochzeitsgesellschaft, wie schön sie es finde, Zeugin sein zu dürfen, wie zwei Liebende den Bund fürs Leben schließen und so weiter. Eine schöne Ansprache, aber keine sehr persönliche. Ging ja auch gar nicht.

Nach ein paar Minuten war Gerit fertig, alle klatschten, und sie setzte sich wieder auf ihren Platz. Jetzt rutschte sie auch nicht mehr hin und her.

Ich beugte mich zu ihr rüber und flüsterte ihr ins Ohr: »Na, Geritchen? 20 Uhr? Brauchtest du deinen Auftritt?«

Sie lachte.

Der erste Drehtag ist für mich schlimm. Immer noch, jedes Mal aufs Neue, nach all den Jahren, in denen ich meinen Beruf schon ausübe. Weil ich denke, jetzt kommt der große Bluff raus, alle werden merken, dass ich gar nichts kann. Ich tue nur so, als wüsste ich, was ich da mache. Den Text habe ich drauf, klar, den habe ich gelernt. Aber ich habe noch keine Idee für die Figur. Null. Niente.

Aber diese Unsicherheit verschwindet nach den ersten Proben, und ich fange an, meine Figur zu verstehen, bekomme ein Gefühl für ihre Sprache und merke, dass meine Kollegen überhaupt nicht angewidert weggucken, wenn ich spiele. Ah, okay, es geht. Ich finde einen Zugang. Auch zu dieser Figur, die ich da spiele, denke ich dann erleichtert.

In der ersten Mittagspause, wenn ich mit den anderen zusammensitze, den Schauspielern, Beleuchtern, Kameraleuten, Fahrern, und wir uns auch über was Privates unterhalten, spätestens dann beginne ich, mich auf die nächsten fünf Wochen, auf die Dreharbeiten, zu freuen. So geht es mir jedes Mal. Ich kenne es nicht anders. Aber ich bin da nicht allein.

Mitte der 1990er-Jahre drehte ich einen Dreiteiler fürs Fernsehen, *Tödliche Wahl*, für den ich damals meine erste Goldene Kamera erhielt. Jürgen Prochnow spielte meinen Vater. Bevor es losging, hatte ich mal wieder Schiss, weil ich dachte: Wieder so ein Superstar. Wieder so einer wie Götz George, dem ich nicht gewachsen bin. Mit dieser Gefühlslage kam ich am ersten Drehtag ans Set. Und stand ihm plötzlich gegenüber.

»Tag«, sagte Prochnow zu mir.

»Tag.«

»Prochnow.«

»Kling.«

»Ich bin dein Vater.«

Dann unsere erste gemeinsame Szene. Wir warteten hinter einer Tür, sollten gleich gemeinsam einen Raum betreten und einen Dialog führen. Noch probten wir, ohne Kamera. Meine Hand lag auf dem Lauf eines Geländers. Und als ich sie dort wegnahm, zitterte sie, was Prochnow sofort auffiel.

Er schaute mich an. »Bist du aufgeregt?«

»Ja, und wie. Tut mir wirklich leid, sorry. Geht bald weg. Wird gleich besser.«

Und Prochnow sagte nur: »Guck mal, ich.« Auch er hielt jetzt seine Hand hoch. Und sie zitterte.

Der ist ein Weltstar, dachte ich. Der dreht in L.A. Will der mich verarschen?

»Wenn du denkst, das wird besser, nur weil du älter wirst – vergiss es«, sagte Prochnow.

»Nicht?«

»Eher andersrum. Es wird schlimmer. Bei dir erwarten die Leute doch noch gar nichts, wenn du jetzt rauskommst. Die sagen: Ja, die Kleine. Mal gucken, was die Anja da spielt. Aber eine richtige Erwartung hat noch keiner. Bei mir denken sie alle: Oh, der Jürgen Prochnow, der zaubert bestimmt. Der kommt raus und kann alles. Tatsächlich habe ich keine Idee, was ich hier spielen soll. Aber ich weiß, dass alle von mir sonst was erwarten.«

Diese Ehrlichkeit fand ich unglaublich beeindruckend. Und von dem Moment an wurde ich ruhiger. Prochnow gab mir während der Dreharbeiten Sicherheit, und er brachte mir Respekt entgegen, obwohl ich nur ein kleines Mädel war. Er behandelte mich auf Augenhöhe. In jenem Jahr, 1995, bekam ich die Goldene Kamera in der Kategorie Beste Nachwuchsschauspielerin, und Jürgen Prochnow hielt die Laudatio.

GERIT

Seit einiger Zeit führe ich auch Regie im Theater. Wenn ich ein Stück inszeniere oder wenn ich hinter der Kamera stehe, bin ich nicht im Rampenlicht, sondern hinter den Kulissen. Und je älter ich werde, desto mehr sehne ich mich eigentlich nach dieser Aufgabe. Ich habe das Rampenlicht immer sehr genossen. Dazu stehe ich. Aber heute kann ich mir wirklich vorstellen, noch einmal die Seiten zu wechseln.

Was ich sehr vermissen würde, das sind diese besonderen Momente mit meiner Schwester, die wir in unserer Branche immer wieder erleben. Geschichten, wie sie nur das Leben schreiben kann. Vor ein paar Jahren zum Beispiel besuchten wir die Verleihung des Studio Hamburg Nachwuchspreises. Plötzlich kam eine Regisseurin, die wir schon zu DDR-Zeiten kannten, auf uns zu und rief: »Ah, ihr beiden, ist das schön, dass ihr da seid, wo ich doch heute Geburtstag habe! Ich freue mich so, meine beiden Mädels endlich mal wiederzusehen.«

Und wir, ohne Sinn und Verstand: »Du hast Geburtstag? Heute?« Und wir schmetterten los:

»Happy Birthday to you,
Happy Birthday to you,
Happy Birthday, liebe …«

Schweigen. Ich guckte Anja an. Und Anja mich. Schulterzucken. Beide dachten wir natürlich das Gleiche: Die andere würde schon wissen, wie das Geburtstagskind hieß. Ganz schön peinlich. Von hinten schrie zum Glück ein Produktionsleiter aus der 28. Reihe: »Christaaaa!«

Und wir:

»Happy Birthday, liebe Christa,
Happy Birthday to you!«

Unsere liebe Christa nahm es mit Humor:

»Ihr dummen Gänse. Habt ihr etwa nicht mehr gewusst, wie ich heiße?«

Das war ein typischer Anja-und-Gerit-Moment, wie er nur uns passieren kann.

ANJA

Wenn es um das Erinnern von Namen geht, bin ich ganz schlecht, das gebe ich zu. Ist in unserer Branche nicht unbedingt von Vorteil. Aber was soll ich machen? Das miserable Namensgedächtnis habe ich von meinem Vater geerbt. Gerit ist da aber genauso schlimm. Zwei Minuten, nachdem wir mit jemandem gesprochen haben, wissen wir schon nicht mehr den Namen der Person. Ich nehme es auch keinem übel, wenn es ihm mit mir genauso geht.

Uta und Otto kenne ich seit gefühlten hundert Jahren. Sie ist Schauspielerin, er Regisseur. Ich weiß also, dass Utas Mann Otto heißt. Eigentlich weiß ich das.

Einmal war ich mit einem guten Freund, der nichts mit unserer Branche zu tun hat, bei einer dieser Filmpartys. Das war natürlich eine ganz besondere Herausforderung, denn ich musste ihn, der niemanden kannte, überall vorstellen. Und das, wo ich selbst nicht weiß, wer mir da so freundlich zuwinkt. Ich entdeckte aber Gott sei Dank eine Gruppe von Leuten, bei denen ich mir sicher war, dass ich sie namentlich draufhatte.

»Das da drüben ist Uta mit ihrem Mann«, sagte ich zu meinem Freund und ging mit ihm zu der Gruppe.

»Mensch, Uta, darf ich euch mal vorstellen. Uta ist eine tolle Kollegin von mir, und das hier ist ihr Mann, das ist der Kai.«

Sie stieß mich irritiert an. »Wie Kai? Das ist Otto.«

»Ach ja, Otto! Wie komme ich denn auf Kai? Ist ja auch ein kurzer Name, also, Otto wollte ich sagen. Tut mir leid.« Und an meinen Freund gewandt fuhr ich fort: »Otto ist übrigens Kameramann.«

Uta zu mir: »Otto ist Regisseur, immer schon gewesen.«

Drei Wochen später. In Berlin fand die Premiere eines Films statt, in dem ich die Hauptrolle spielte. Zu meiner Ehrenrettung muss ich voranstellen: Der Kameramann bei diesem Film hieß Arno. Arno und Otto, die Namen haben schon eine gewisse Ähnlichkeit, oder? Bei der Premierenfeier sah ich Otto, den Regisseur, er kam mir entgegen und ich – stolz wie Oskar, dass ich ihn erkannte – rief laut: »Arno! Mein Gott, was hast du uns für schöne Bilder gemacht, so eine tolle Kamera. Ganz super, Arno.«

»Anja, ich bin Otto. Nicht Arno. Ich bin Regisseur. Und mit deinem Film habe ich gar nichts zu tun. Ich bin nur als Gast hier.«

Ich entschuldigte mich tausendmal für die erneute Verwechslung. Es vergingen wieder drei Wochen, und ich kam nach Hause. Meiner Mutter hatte ich von dem zweifachen Malheur nichts erzählt, weil sie sich nämlich jeden Namen und jedes Gesicht merkt und sich immer, wenn mir ein Name entfallen ist, über mich aufregt: »Das gibt es doch nicht! Du hast gerade mit dem gearbeitet, da musst du doch den Namen noch kennen.«

Ich kam also nach Hause, und da sagte meine Mutter: »Stell dir mal vor, was mir heute Doofes passiert ist, sehr untypisch für mich. Ich telefoniere mit Uta und denke während unseres Gesprächs: Mensch, wie heißt noch mal ihr Mann? Es wollte mir partout nicht einfallen. Deswegen habe ich Uta gefragt, wie es denn ihrem Mann so geht. Weil ich dachte, dass sie dann seinen Namen sagt. Und was macht sie? Sagt zu mir: ›Ach, der kommt grad zur Tür rein, warte, ich gebe ihn dir schnell mal.‹ Im nächsten Moment ist er am Hörer, und ich sage spontan: ›Hallo, Bruno!‹ Und weißt du was? Der hat ganz komisch reagiert.«

»Warte mal, Mama«, sagte ich daraufhin, »du hast jetzt nicht zu Otto Bruno gesagt?«

»Doch …«

Der arme Mann muss seitdem traumatisiert sein. Und immer wenn er mich heute sieht, egal wo, ruft er schon von Weitem:

»OTTO! REGIE!«

23

Das richtige Maß an Nähe

ANJA

Vermisst du eigentlich manchmal Wilhelmshorst?

GERIT

Eigentlich nicht. Manchmal nur unsere Klönerei in der Küche bis in die Morgenstunden.

ANJA

Hast du jetzt immer so Fotos in der Tasche, für jeden parat, so nach dem Motto: mein Mann, meine Kinder, mein Haus?

GERIT

Hm, du hast den Anlageberater vergessen. Und du? Spielst du jetzt immer mit deinen tausend Lichtschaltern rum und bestaunst deine Kabelkanäle, die dein neuer Mann in meiner ehemaligen Haushälfte kunstvoll installiert hat?

ANJA

Einfach mal die Klappe halten.

GERIT

Und entschuldige bitte, ich habe es mit 50 Jahren jetzt genau sieben Kilometer weg von Mama und Papa geschafft. Das sind sieben Kilometer weiter als du.

GERIT

Kurz vor meinem 50. Geburtstag hatte ich das Gefühl, ich müsste mein Leben noch mal umkrempeln. Ich hatte einen neuen Partner und einfach Lust auf eine Totalveränderung. Dazu gehörte auch mein Auszug aus unserem, aus Anjas und meinem Haus. Ich ging mit einem lachenden und einem weinenden Auge. Indem ich mein Glück einfach ergriff, konnte ich loslassen. Ich war mir sicher, durch den Umzug würde sich auch mit Anja vieles wieder entspannen, würde ich den Druck etwas herausnehmen. Ich startete in ein ganz neues Leben. Wenn Anja und ich zusammen sind, haben wir wieder den alten Draht zueinander, der uns zeitweilig abhandengekommen war. Wir lachen, streiten, versöhnen und lieben uns wie zu unseren besten Zeiten. Wir sind wieder die geliebte Schwesternschaft. Manchmal bringt Distanz das richtige Maß an Nähe.

ANJA

Ich habe mir nie gewünscht, dass unser Zusammenleben endet. Ich habe mir immer nur gewünscht, dass die Situation sich verändert. Dass wir zusammen wohnen in Harmonie und ohne Probleme. In meinen Augen hatte das Zusammenwohnen trotz unserer Krisen, der Aufs und Abs in einer Schwesternbeziehung, immer mehr Vor- als Nachteile. Das Positive überwog, das habe ich immer so gesehen. Als Gerit damals ankündigte, sie würde ausziehen, verstand ich sie zwar sofort, gleichzeitig sträubte sich aber alles in mir. Anfangs wusste ich auch gar nicht, was ich mit der leeren Haushälfte anfangen sollte. So viel Platz brauchte ich nicht. Gerit und ich hatten unser ganzes Leben lang diese sehr intensive Schwesternbeziehung. Ich kenne nicht viele andere Geschwister, die überhaupt auf die Idee gekommen wären, zusammen in einem Haus zu leben, Tür an Tür, und die dieses Miteinander 18 Jahre lang gut hinbekommen hätten. Solange ich mich zurückerinnern kann, tauschten wir uns über alles aus, was uns beschäftigte und belastete, was uns umtrieb und darüber, welche Pläne wir hatten. Inklusive Männer und Liebesleben. Wenn wir mit unseren Partnern schwierige Phasen durchmachten, was sich wiederum gelegentlich auf unser Schwesternverhältnis auswirken konnte, fuhren Gerit und ich einfach mal für ein paar Tage weg, und wenn wir zu zweit waren, hat es mit uns wieder funktioniert. Gerit ist der Typ Mensch, der sich gut auf eine Person, deren Eigenheiten, Befindlichkeiten, ja auch Macken einstellen kann. Sie besitzt ein gutes Einfühlungsvermögen. Kompliziert wird es, wenn mehrere Menschen zusammenkommen, auf die sie sich einstellen soll, zumal wenn jeder eine andere Macke hat und der eine mit dem anderen nicht klarkommt. Deshalb genoss ich es früher immer sehr, wenn Gerit und ich mal ohne Männer unterwegs waren. Dann machten wir zusammen Wellness-Urlaub, besuchten Events oder fuhren, auch mit Kindern, in die Berge zum Skifahren.

In den existenziellen Dingen hielten wir auch in Krisenzeiten zueinander, da waren wir uns immer einig. Wenn wir uns fetzten, ging es um profane Themen. Lächerlichkeiten, so banal, dass ich mich heute gar nicht mehr an sie erinnere. Ein Wort gab das andere. Einmal wurden wir als Duo in die damalige *Late-Night-Show* von Thomas Gottschalk eingeladen. In der Show war noch alles Friede, Freude, Eierkuchen. Aber mitten in der Nacht wurden wir in unserem Hotelzimmer wach, und eine von uns sagte: »Was du auf die Frage geantwortet hast, das war total bescheuert …«

Worum es ging, weiß ich nicht mehr, eine Nichtigkeit. Und die andere meinte: »Na, aber du hast doch gesagt, dass …«

»Im Gegenteil, ich habe erklärt …«

»Das stimmt gar nicht …«

»Du behauptest immer …« So schaukelten wir uns gegenseitig hoch, bis wir uns in dem Hotelzimmer anbrüllten. Woran sich der Streit entzündet hatte, spielte schon gar keine Rolle mehr. Wir machten in jener Nacht kein Auge zu.

Eine ähnliche Situation trug sich vor ein paar Jahren zu, als wir Gäste in der *NDR Talk Show* waren. In der Sendung schwärmten wir in höchsten Tönen von unserer Schwesternschaft, wie toll die andere sei, wie harmonisch wir miteinander umgingen und wie gut das Zusammenleben in unserem Haus funktionierte.

Nach der Sendung brachte uns ein Fahrer von Hamburg nach Wilhelmshorst. Er habe das Interview gesehen und fände uns großartig, meinte er, als wir losfuhren. Er freue sich, diese tollen Schwestern nach Hause bringen zu dürfen. Nun, es dauerte nicht lange, bis wir im Auto einen Streit anfingen, der so eskalierte, dass wir an einer Tankstelle anhalten mussten, um auszusteigen und uns auf dem Parkplatz weiter anzuschreien. Dann setzten wir die Fahrt fort. Der Fahrer war in Schockstarre, traute sich nicht mehr, nur ein einziges Wort an uns zu richten, blickte stoisch nach vorn.

Und wir machten weiter. »Das ist so eine Frechheit, was du hier von dir gibst!« Wir hatten den armen Mann völlig vergessen. Als wir zu Hause ankamen, war die dicke Luft verflogen. Wir stiegen aus dem Auto, nahmen uns in den Arm: »Komm, Schwamm drüber« und gingen versöhnt ins Haus. »Schöne Heimfahrt und Entschuldigung!«, riefen wir dem verstörten Fahrer noch zu.

GERIT

Ich glaube, was es wirklich eine Zeit lang schwierig zwischen uns machte, war die berufliche Komponente. Am Anfang arbeiteten wir beide viel fürs Fernsehen. Jede von uns zog ihr Ding durch. Aber es gibt nun einmal in diesem Beruf auch Zeiten, in denen es nicht so gut läuft. Das trifft jede und jeden irgendwann. Und wenn man im selben Beruf arbeitet und es bei der einen vielleicht schlechter läuft, sind es plötzlich keine normalen Hausstreitigkeiten mehr, die Konflikte auslösen. Man kann der anderen gar nichts vorwerfen. Man wünscht sich ja, dass es der Schwester beruflich gut geht. Ich spreche auch nicht von Neid oder Missgunst, solche Gefühle spielten unter uns Schwestern nie eine Rolle. Was ich meine, ist vergleichbar mit einer gewissen Verzweiflung und Unzufriedenheit mit sich selbst. Und dann neigt man dazu, ungerecht zu werden, macht der anderen Vorwürfe, die gar nicht so gemeint sind, die aber, sobald sie ausgesprochen wurden, im Raum stehen. Der Konflikt schwelt vor sich hin. Solche Phasen gab es. Zeiten, in denen wir uns voneinander entfernten, aufgrund des Berufs oder auch des Partners. In solchen Zeiten gingen wir uns auch innerhalb des Hauses, sofern es möglich war, aus dem Weg. Es war eine ganz unangenehme Erfahrung, beieinander zu wohnen, anstatt gemeinsam das Leben zu genießen. Wir haben alles durchlebt. Alle Höhen und Tiefen.

ANJA

Es wird sicher bis an unser Lebensende so bleiben. Wir werden miteinander streiten und lachen, uns gegenseitig doof finden und uns lieben. Wir werden uns übereinander beschweren und uns jeweils die Schuld zuschieben. Aber wehe, jemand haut von außen in die Kerbe rein. Derjenige hat verloren, weil wir uns dann sofort wieder voreinander stellen und eine sehr starke Front sein werden. Denn wir sind froh und glücklich, dass wir uns als Schwestern haben und bisher jede Krise meistern konnten. Nicht einen einzigen Tag in unserem Leben hat sich eine von uns ein Einzelkind-Dasein gewünscht. Im Gegenteil, wir finden es ausgesprochen schade, dass es in unserem »Stall« nicht noch mehr von uns gibt, mit denen man sich zum Beispiel wegen eines Buchtitels so herrlich streiten kann.

GERIT

Dem, liebe Schwester, habe ich nichts hinzuzufügen.

Epilog

Zwei wunderliche, alte Frauen

GERIT

Früher, als wir jünger waren, haben wir uns vorgestellt, wie wir irgendwann zu zweit in unserem Elternhaus übrig bleiben. Zwei wunderliche, alte Frauen. Die Kinder sind aus dem Haus, die Männer weggestorben. Und wir – mit langen, weißen Haaren – hocken am Fenster und glotzen raus.

ANJA

Ganz böse.

GERIT

Und die Leute, die vorbeigehen, sagen über uns: »Die beiden waren mal Schauspielerinnen …«

ANJA

»Eigentlich lief es immer ganz gut bei ihnen, mit allen Höhen und Tiefen. Die haben doch sogar noch ein Buch zusammen geschrieben …«

GERIT

»… das war das Letzte, was man von ihnen hörte. Danach hat man sie nie wieder gesehen.«

ANJA

Vor der Tür unseres Elternhauses wurde mal eine provisorische Bushaltestelle gebaut. Damals malten wir uns aus, das wäre eine

Haltestelle für Touristen. Nach dem Motto: Komm, wir gucken mal die beiden Alten an. Starwatch – wie in Beverly Hills.

GERIT

Starwatch. So könnte das Buch auch heißen.

Danke

Nie hätten wir gedacht, dass allein schon die Suche nach einem passenden Titel endlose Diskussionen hervorrufen würde. Tagelang gingen Vorschläge hin und her, am Ende haben wir immer alles irgendwie nicht gut gefunden: zu langweilig, zu kitschig, zu unverständlich, zu plump, zu peinlich, zu süßlich … Und dann das Titelfoto. Hilfe! Was die eine mochte, wollte die andere partout nicht. Typisch Frauen, typisch Geschwister.

Auch inhaltlich waren wir uns keinesfalls immer sofort einig. Hin und wieder hatten wir völlig unterschiedliche Erinnerungen, und wenn wir unsere Eltern fragten, gab es oft noch eine dritte Variante. Aber alle zusammen haben wir es dann geschafft und die Geschichten aufgeschrieben, wie sie tatsächlich passiert sind. Sicher gäbe es noch viel mehr zu erzählen über uns. Nicht nur Lustiges, sondern auch über die schwierigen Momente und die Karussellfahrten, die unser Beruf mit uns unternommen hat. Aber wir sind ja noch blutjung, haha, und können vielleicht irgendwann weitererzählen – wir hätten jedenfalls große Lust dazu.

Jetzt bleibt uns erst mal nur, Danke zu sagen. Zuallererst den beiden Männern, die nicht nur die Idee zu diesem Buch hatten, sondern auch unsere Co-Autoren wurden, Olaf Köhne und Peter Käfferlein. Wir haben so viele fröhliche Stunden und Tage miteinander verbracht, gefrühstückt, geredet, sortiert, diskutiert, aufgeschrieben und einiges auch wieder rausgeschmissen. Danke für eure Geduld, euren liebevollen Blick auf unsere Geschichten und euren Humor.

Und wir danken von ganzem Herzen unseren Eltern. Dafür, dass ihr immer bedingungslos an unserer Seite wart und seid. Familie kann man sich nicht aussuchen, wir hätten nie eine andere haben wollen. Das ist ein ganz großes Glück.

Zum Schluss bedanken wir uns noch bei all jenen, die Teil dieses Buches geworden sind, und natürlich tausend Dank an unseren Verlag.

Bildnachweis

Innenteil:
DEFA Studio für Kurzfilme: 43
Getty Images: 39 re (Jean-Pierre BONNOTTE/ Gamma-Legends); 238 (Peter Bischoff/PB Archive)
Privatarchiv Familie Kling: 10 – 37, 53 – 224
Karin Seggelke: 39 li.

Bildteil:
Dirk Bartling: 1, 11 o.
© Eventpress: 15
Foto Atelier Schendzielorz: 7
Henschel-Verlag: 8 (filmspiegel, 1989, Nummer 11)
Mirjam Knickriem: 11 u., 13
Jens Koehler, www.jenskoehler.biz: 14 u.
© Barbara Köppe, Berlin: 10
Benno Kraehahn, Berlin: 12
Privatarchiv Familie Kling: 2-6
picture alliance: 14 o. (Senator-Film dpa-Film); 16 (Eventpress Golejewski)
Saarländischer Rundfunk (SR): 9